『현자의 돌을 만드는 제1질료』(*Materia Prima Lapidis Philosophorum*)
수사본 표지(18세기경)

# 연금술

일상언어로 표현할 수 없는 무엇이 현실에 존재한다고 믿는 사람들에게 연금술의 꿈은 여전히 살아 있다. 이 꿈속에서 연금술의 언어와 언어의 연금술이 수렴한다. 여기에는 대립하는 것들의 공존을 볼 수 있는 직관, 굳어버린 지성보다는 생생한 감각, 고정된 형상에 적합한 보통명사보다는 구체적인 상황에 적합한 고유명사의 감수성이 필요하다.

존 밀레 경(Sir John Millais) 「오필리아」(Ophélie)

# 물

옛 그리스의 현자 탈레스는 생명이 있는 모든 것은 물에서 태어난다고 했다. 그러나
물속에는 삶과 죽음이 함께 있다. 물은 모든 것을 씻어주고 흘려보내고 삼켜버리며,
뒤집힌 그림자를 내놓는다. 그래서 물은 "감각의 혼돈"이다. 그 속에는 창조의 비밀이
들어 있다.

윌리엄 터너(William Turner)
「국회의사당의 화재」(The Burning of the Houses of Lords and Commons)

# 불

불은 모든 형태의 급격한 변화를 대표한다. 태우고 정화하며, 식어버린 잿더미 깊숙이 따뜻함을 불어넣는다. 불은 빛이며 열이다. 빛은 지성(과학)에, 열은 정열(예술)에 상응한다. 둘 가운데 하나라도 없으면 생명이 살 수 없다. 암흑 속에서는 아무것도 자라지 않는다. 그러나 생각해보라. 인간은 암흑 때문에 죽는 것이 아니라 추위 때문에 죽는다.

끌로드 베르네(Claude Vernet) 「정오의 폭풍」(Tempête de Midi)

# 공기

공기는 물질적인 원소라기보다는 어떤 기적적인 '자웅동체'이다. 하늘과 땅, 은총과 중력, 가벼움과 무거움, 오름과 내림, 비상과 추락을 잇는다. 공기는 '보이지 않는 사물들의 바다'이다.

칼 하이더(Karl Haider) 「암머호반」(Ammersee)

## 흙

흙은 어둠으로부터 만들어진 '근원질료'이다. 따라서 가장 어두운 질료이다. 그러나 바로 그 때문에 인간은 땅속에서 쉴 수 있다. 어둠, 밤, 죽음은 모두 땅속의 삶이며, 근원적 휴식에 대한 그리움과 연결되어 있다. 그리고 땅은 조용히 새로운 시작을 준비한다.

## 바슐라르

(Gaston Bachelard 1884.6.27~1962.10.16)

그는 과학에 대한 책을 십여권, 시학에 대한 책을 십여권 남겼다. 이처럼 자신의 철학이 과학과 시학을 아우르듯이 그는 상반된 두 세기를 겪었고, 상빠뉴(Champagne)의 작은 시골마을에서 태어나 빠리라는 국제도시의 근교에서 생을 마감했다. 그는 47세가 될 때까지 고향의 시골마을에서 살았다. 그리고 여기서 얻은 네 원소의 추억을 그 뒤로 한 번도 잊은 적이 없다.

Gaston Bachelard

바슐라르에 관한 깊고 느린 몽상

# 예술과
# 연금술

이지훈 지음

창비

# 대립의 공존을 위한 상상력

연금술은 비록 실패한 과학이었지만 성공한 시학(詩學)이었습니다. 저는 연금술과 짝지어 바슐라르(Gaston Bachelard, 1884~1962)가 들려준 이야기를 옮겨보려 합니다. 그것은 네 원소의 꿈 이야기입니다. 물·불·공기·흙의 꿈 말입니다. 네 원소는 늘 우리 곁에 있고, 우리 속에 살아 있지만, 곧잘 우리는 그 의미를 잊고 살아갑니다. 하지만 네 원소는 실로 눈앞에 드러난 정신이며, 정신은 실로 눈에 보이지 않는 원소입니다. 그래서 에트나화산에 몸을 던진 어느 현자는 네 원소를 가리켜 '세상 모든 사물의 뿌리'(rhizome)라고 했던 모양입니다. 연금술사들과 바슐라르도 이 점을 잘 알았던 것 같습니다. 그래서 저도 이 이야기를 옮겨볼까 합니다. 세계의 네 뿌리를 찾아간다는 실로 대단한 주제에 첫걸음을 디뎌볼까 합니다.

비록 짧은 시간이긴 하지만 지금까지 철학과 과학의 역사를 훑어보면

서 한 가지 느낀 바가 있습니다. 바로 인간이 만들어낸 관념 가운데 완전히 사라지는 것은 없다는 점입니다. 어떤 관념이 만들어지면 그것은 끝없이 살아 있습니다. 옛 성인들의 말씀은 아직도 우리를 사로잡지요. 관념의 역사에서 시효 만료는 없으며 다만 그 관념을 지지하는 사람이 많은가 적은가 하는 변화만 있을 뿐입니다. 그러므로 과거의 관념이 새것으로 대체되는 것처럼 보여도 전자가 완전히 사라지는 법은 없습니다. 저는 "기원전 6세기 무렵 그리스에서 합리적인 철학이 비합리적인 신화의 세계관을 물리쳤다"고 써놓은 교과서들을 믿지 않습니다. 관념의 세계에서 '이기고 지는 일'은 없을뿐더러 한 관념이 다른 것을 완전히 물리칠 수는 없습니다. 하물며 특정한 때와 장소에서 일어난 사건 하나가 관념이 살아갈 방향을 최종적으로 결정할 수는 없습니다. 오히려 이질적이고 대립되는 것들의 지속적인 공존과 상호작용이 관념의 세계를 구성합니다.

  아니, 관념뿐만 아닙니다. 사람의 감정을 비롯하여 자연의 모든 커다란 힘은 서로 상반되는 대립을 보여줍니다. 탄생과 죽음, 성장과 노쇠, 창조와 파괴, 하늘과 땅, 물과 불, 빛과 어둠, 남자와 여자, 어린이와 늙은이, 보이는 것과 보이지 않는 것, 말과 사물…… 그런데 이들은 서로 맞서는 듯하지만 실은 동일한 자연의 양끝과도 같습니다. 빛이 없다면 어둠도 없으며 슬픔이 없다면 기쁨의 느낌은 줄어들 것입니다. 서로 이어진 양극이라고 할까요? 저는 연금술로부터 대립의 일치라는 개념을 배웠습니다. 가장 깊은 대립조차 서로 맞물린 바람에, 하나를 부정하면 다른 하나가 없어질 뿐 아니라 둘이 모두 없어집니다. 그러므로 둘을 함께 긍정할 때에야 비로소 모든 것이 이루어집니다. 그러기에 탄생과 죽음 사이에 삶이 있고 창조와 파괴 사이에 존재가 있으며 하늘과 땅 사이에 이 세상이 있을 수 있습니다.

대립의 일치에서 '일치'란 본디 라틴어에서 '동시발생' 또는 '같은 곳에 공존함'을 뜻합니다. 완전한 동일성이나 통일이 아닙니다. 관념의 삶도 마찬가지입니다. 다수와 소수가 반전되고 그 생각들이 또한 모습을 바꿔 함께 살아가는 과정이 곧 관념의 삶을 이룹니다. 그러므로 중요한 것은 이질적이고 대립되는 것들의 갈등과 더불어 그 공존과 상호작용을 인정하는 것입니다. 여기서 무작정 통일을 하려 들면 모든 일을 그르치게 됩니다. 다만 우리가 할 일은 조심스럽게 공존의 터를 마련하는 일입니다. 나머지는 우리의 몫이 아닙니다.

이렇게 보면 새로운 진실을 찾아내는 것보다 급한 일이 있습니다. 그것은 이미 주어졌으되 그 가치를 알지 못하는 진실, 혹은 그 가치를 안다고 해도 덮어버린 진실, 나아가 실천되지 않고 있는 진실을 되새기며 이들에게 적합한 장소를 우리 삶 속에서 제공하는 것입니다. 이런 뜻에서 저는 연금술과 바슐라르로부터 배운 게 많습니다. 먼저 하나를 꼽으라면 자연과 서정의 회복을 들겠습니다. 사실 근대사회 전체가 바로 '사람의 뿌리가 자연에 있다'는 진실을 잊지는 않았나 하는 인상을 주기도 합니다. 그런데 바슐라르는 네 원소의 상상력을 통해 이 오래된 진실을 확인하려 합니다. 서양에서 네 원소 개념은 고대 그리스의 엠페도클레스(Empedocles)가 만든 것으로 알려져 있지만 실제로 그는 원소라는 말 대신 '사물의 네 뿌리'라는 말을 썼습니다. 만물의 뿌리로서 네 원소는 자연뿐만 아니라 사람의 뿌리이기도 하다는 뜻이겠지요. 바슐라르는 이러한 고대의 관념을 되살린 듯합니다. 인간의 정신활동은 자연과 더불어 있는데, 이 자연을 대표하는 것이 넷이라는 관념 말입니다. 이때 우리가 숫자 4에 매달릴 필요는 없습니다. 중요한 것은 마음의 뿌리가 자연이라는 주제입니다. 이 주제는 질료(물질)적 상상력이라는 말로 요약됩니다.

이 점을 놓치고 다만 주관적인 상상력이나 자유로운 몽상에 초점을 맞춘 독자들도 있었습니다. 그러나 바슐라르는 심지어 예술적 상상력조차도 자연에 바탕을 두고 있음을 강조한 것으로 보입니다. 물론 예술적 상상력이 모두 자연의 원리로 환원된다거나 아니면 상상력의 내용이 모두 자연을 소재로 해서 이루어진다는 뜻은 아닙니다. 다만 자연과 교감하여 이루어지는 상상력이야말로 오래도록 사람의 심금을 울리고 달랠 만한  생명력이 있다는 뜻입니다. 사실 눈앞의 나무 한 그루를 보고도 아름다움을 느끼지 못하는 사람이 어떻게 다른 아름다움을 느낄 수 있겠습니까? 우리는 먼저 자연의 감수성을 되살리는 데서 시작해야 할 것입니다. 네 원소는 이 자연적 미감으로 들어가는 네 개의 문입니다. 문이란 것이 늘 안팎 양쪽으로 통하는 것이라면 네 원소도 그렇습니다. 우리 바깥에도 있을뿐더러 우리 안에도 있는 것으로 두 세계를 서로 통하게 해줍니다. 그러므로 네 원소를 통해 일어나는 미적 체험도 양방향입니다. 내 안에 있는 것과 내 바깥에 있는 것이 마주치며 동화(同化)되는 체험입니다. 그리하여 나도 바뀌고 자연도 바뀌는 변형의 체험입니다. 바슐라르가 '상호교감'이나 '울림' 같은 낱말을 좋아했던 까닭이 바로 여기에 있습니다.

따라서 우리는 네 원소가 미적 체험의 대상이라고 하지 않을 것입니

다. 대상이라는 말은 일방적이기 때문입니다. 차라리 네 원소는 미적 체
험의 방향을 잡아주는 네 가지 큰 길이며 우리는 그 속에서 자신의 삶과
감수성을 실어나른다고 할 것입니다. 마찬가지로 우리는 미적 체험이 단
순히 개인적 정서라고 하지는 않을 것입니다. 네 원소는 모든 사람에게 똑
같이 열리는 길이기에 개인성을 넘어 일종의 보편성을 띠기 때문입니다.

바슐라르는 이렇게 자연적 미감을 되살림으로써 참된 서정성을 회복
하려고 했습니다. 그럼으로써 자연과 인간 본래의 연관성을 확인하고 그
속에서 인간에게 적합한 자리를 찾아내려 했습니다. 현대문명이 마주한
여러 어려움 앞에서 인간성과 서정의 회복을 말한 분들이 많이 있었지만
바슐라르의 이야기가 더 솔깃한 까닭은 자연이라는 구체성 때문입니다.
구체적인 자연과의 만남 속에서 우리는 자신을 돌아보는 시간을 가질 수

있고, 이 휴식의 시간을 통해 문명의 원점에서 다시 출발할 수 있을 것입
니다. 이런 뜻에서 이 책은 연금술의 의미를 다시 살폈습니다. 제1장 '연
금술의 상상력'은 가히 '자연 시학'이라고 할 만한 르네쌍스 연금술의 언
어와 자연철학을 바슐라르의 예술언어와 연결한 것입니다. 이 연결을 바
탕으로 해서 물·불·공기·흙의 상상력을 펼쳐보았습니다. 이 대목에는
사실상 새로운 문명에 대한 함축이 들어 있습니다. 오늘날 인터넷이 만
들어낸 싸이버공간은 현실을 탈(脫)물질화된 세계 속에서 체험하게 합
니다. 그러나 싸이버공간은 탈물질성 덕분에 시공간을 넘어 누구에게나
열려 있지만, 역으로 그 탈물질성 때문에 결코 안정될 수 없으며 불안합
니다. 따라서 우리에게는 싸이버공간과는 다른 리듬이 필요합니다. 다시
말해 싸이버공간의 분절되고 가속화된 리듬보다 훨씬 느리며 지속적인

리듬이 필요합니다. 그와 동시에 어떠한 정보전달도 따라올 수 없는 빠름, 번개처럼 번쩍하는 직관의 리듬이 필요합니다. 네 원소의 상상력은 그 공존의 가능성에 대한 고찰입니다. 저는 바슐라르의 생각에 덧붙여 고대 그리스나 서유럽, 동아시아의 전통 문명을 아울러 들여다보고자 했습니다.

  방금 저는 '문명'이라는 낱말을 썼습니다만 실제로 바슐라르는 사회문제를 거의 언급하지 않습니다. 다만 네 원소로 대표되는 자연을 놓고 사람과 자연의 교감을 이야기할 뿐입니다. 질료적 상상력은 끝내 역사적 상상력을 드러내지 않았습니다. 사회성의 문제는 천지인(天地人)관계 속에서 매우 간접적으로 표현됩니다. 저 역시 이 부분을 조심스럽게 짚어보았습니다. 제6장 '자연과 같은 예술'에서는 바슐라르의 반(反)사회성 경향을 "근대사회에 대한 비판"으로 풀이했습니다. 같은 맥락에서 아방가르드정신과 낭만주의가 바슐라르와 만나는 지점을 짚어보았으며, 이들의 미학적인 의미뿐만 아니라 사회적인 의미를 짚어보았습니다. 그런 끝에 아방가르드정신은 자연 속에서 인간이 차지할 자리를 고민하지 않았으며, 이 부분에 관해서는 바슐라르의 생각이 이들을 보충한다고 이야기했습니다. 그것은 여러 이질적인 것을 통일하는 게 아니라 서로 다른 것을 다른 대로 두고 인정하되, 그들을 더 큰 틀에서 바라보는 것입니다. 이때 '더 큰 틀'에 해당하는 것은 바로 자연이며, 자연을 구체적으로 보여주는 것이 곧 예술입니다. 한편 '언저리 이야기'에서는 대립의 일치를 '새로운 동일성'의 운동이라고 부르며, 그것이 오히려 얼어붙은 차이의 체계를 무너뜨린다는 점에서 사회적 의미를 얻을 수 있다고 말했습니다.

제가 말씀드릴 수 있는 것은 여기까지입니다. 여러 측면에서 바슐라르는 루쏘(Rousseau)를 닮았습니다. 루쏘는 억지스런 귀족문화를 물리치고 자연으로 돌아가기를 희망하며 고독의 가치를 음미하려 했습니다. 마찬가지로 바슐라르는 사회성을 인간의 본질로 여기지 않는 반면 네 원소의 상상력, 그리고 꿈꾸는 자의 고독을 향유하려고 했습니다. 하지만 그는 루쏘만큼 자신의 역사적 상상력을 뚜렷하게 들려주지 않았습니다. 그러므로 저는 바슐라르의 생각처럼 자연과 사람의 연관성을 미적 감수성에서 찾을 때, 그리하여 인간에게 적합한 자리를 자연 속에서 찾을 때 우리에게 열리는 삶이 어떤 것일지 아직 알 수가 없습니다. 그리고 우리가 네 원소의 명상을 통해 우주적 향유를 누릴 때, 그리하여 더이상 예술과 삶이 분리되지 않을 때 우리의 사회적 삶이 어떤 모습일지도 알 수가 없습니다. 다만 현실성과 비현실성이 완료되지 않은 방식으로 공존하는 삶일 것이라는 짐작을 해볼 뿐입니다. 그의 표현을 빌리면 고통보다는 기쁨(la joie), 경직된 정신보다는 기분 좋음(l'agréable), 강제된 있음보다는 잘-있음, 끝없이 자신을 채우려는 신경증보다는 스스로 생명으로 가득 찬 둥근 것(le rond)의 존재론이 현실 속에 공존하리라는 추측을 해볼 따름입니다. 여기에는 바슐라르가 말하지 않은 것을 들을 수 있는 귀가 필요합니다. 그런 귀를 가진 분이라면 아마 질료적 상상력에 이어 역사적 상상력에 대한 이야기를 우리에게 들려줄 것입니다.

2003년 12월
이지훈

차
례

**머리말** 대립의 공존을 위한 상상력 ‒ 3


물 · 불 · 공기 · 흙의 자연 1 **연금술의 상상력**

　　　　 1. 연금술의 기호학과 변형의 상상력 ‒ 15
　　　　 2. 고유명사의 세계와 보통명사의 세계 ‒ 26
　　　　 3. 신성한 질료의 운동과 고유명사의 직관 ‒ 30
　　　　 4. 감동의 자연 ‒ 43


물 · 불 · 공기 · 흙의 자연 2 **물의 상상력**

　　　　 1. 히드라, 뱀 ‒ 55
　　　　 2. 질료의 꿈, 취상 ‒ 66
　　　　 3. 오필리아, 흐르는 슬픔 ‒ 73
　　　　 4. 고유체험을 담은 원소 ‒ 80
　　　　 5. 정신분석과 원소의 상상력 ‒ 85
　　　　 6. 나르키소스: 망연자실의 자연 ‒ 91
　　　　 7. 투사와 역투사 ‒ 103


물 · 불 · 공기 · 흙의 자연 3 **불의 상상력**

　　　　 1. 연금술의 언어 ‒ 111
　　　　 2. 과학의 기원과 몽상 ‒ 119
　　　　 3. 프로메테우스 ‒ 124
　　　　 4. 엠페도클레스와 호프만, 지귀와 혜공 ‒ 128
　　　　 5. 순수한 불 ‒ 138
　　　　 6. 기원의 신화, 바슐라르가 말하지 않은 것 ‒ 144

물·불·공기·흙의 자연 4  공기의 상상력

    1. 용 — 157
    2. 직관의 상상력 — 161
    3. 새 — 166
    4. 소리 — 173
    5. 빛의 현재, 영원 회귀의 순간 — 180
    6. 높이 오르기 — 189


물·불·공기·흙의 자연 5  대지의 상상력

    1. 하강의 색깔과 음예 — 197
    2. 괴테의 색채와 흰 그늘 — 207
    3. 솟구치는 산과 땅속의 삶 — 212
    4. 밤의 찬가 — 220
    5. 사물 속의 밤, 사건 없는 삶 — 224
    6. 추억의 무용지용 — 244
    7. 걷기와 미로의 의식 — 250


물·불·공기·흙의 자연 6  자연과 같은 예술

    1. 큰 죽음과 큰 삶 — 265
    2. 낭만주의와 아방가르드 — 272
    3. 아방가르드의 한계 — 282
    4. 에메랄드의 말씀: '그것'의 시학 — 288


언저리 이야기 — 305

물 · 불 · 공기 · 흙의 자연

*1*

연금술의 상상력

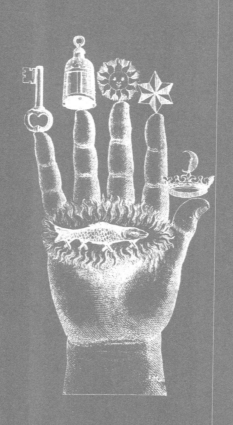

# 1

## 흙

## 1. 연금술의 기호학과 변형의 상상력

저는 바슐라르가 보여준 네 원소의 상상력을 연금술과 연결하여 이야기하려고 합니다. 그래서 먼저 둘이 연결되는 지점에 대한 제 생각을 말씀드리고자 합니다. 간략하게 말하려다 보니 딱딱한 용어가 곧잘 등장하고 설명이 인색한 듯한 모양이 되었지만 이 책 전체의 개괄이라 여기고 너그럽게 들어주기 바랍니다.

서구에서 비학(秘學, occult science)에 속하는 연금술은 크게 보아 전통 연구의 한 대상이었습니다. 그러므로 전통을 어떻게 보는가, 다시 말해 버릴 것인가 계승할 것인가 하는 입장에 따라 연금술의 평가도 갈라질 수밖에 없었습니다.

"수치스러움" 혹은 "미성숙"(이종흡)을 벗어나겠다는 계몽주의의 표어가 이른바 근대적 합리성의 바탕을 이룬다면 연금술만큼 벗어나야 할 전통도 없었습니다.[1] 디드로(D. Diderot)가 『백과전서』를 쓸 때 "단어의 정의"를 확립하여 "사람들의 구태의연한 사고방식을 변혁할 힘"을 얻겠다고 했을 때, 단어의 모호한 사용으로 악명 높은 연금술이야말로 변혁의 대상에 속하는 것임을 새삼 밝힐 필요는 없을 것입니다. 계몽주의 기획이 진행되는 동안 비학은 계몽주의의 적(敵)이었습니다. 한편 이에 대한 낭만주의적 반발이 있었습니다. 바르부르크(Aby Warburg)로부터 예이츠, 곰브리치를 비롯하여 여러 사람들이 서구의 근대적 합리성을 대신할 만한 대체물로서 전근대적 비학의 정신을 연구했습니다. 그러므로 연금술은 계몽주의와 그 반발세력으로서의 낭만주의 사이에서 중요한 논쟁 영역이었습니다.

반면 저는 연금술 속에서 두 '세력'이 공존할 가능성을 찾으려 했습니다. 말하자면 연금술과 같은 전근대적 관념을 끌어들임으로써 계몽주의와 낭만주의 또는 근대성과 탈근대성 가운데 어느 한 편을 대체하는 것이 아니라 둘 모두를 끌어안을 만한 넉넉한 틀을 찾으려 했습니다. 어느 한 편의 완전한 승리나 양자의 통일이 아니라 대립의 동시 발생과 공존을 인정하는 것이야말로 연금술의 핵심임을 알게 되었기 때문입니다.

오늘날 문자 그대로 연금술사의 꿈이 이루어질 수 있다고 믿는 사람은 거의 없을 것입니다. 더구나 이들의 언어를 보면 예나 지금이나 이해하기가 여간 어렵지 않습니다. 알쏭달쏭한 우의(allegory), 동음이의어의 병렬, 유비(analogy)와 인유(allusion), 시각표상과 도상들로 가득하기 때문입니다. 따지고 보면 연금술은 이러한 언어적 특성 때문에 과학의 역사에서 뒤안길로 접어들었습니다. 객관적인 언어를 표방하는 근대화학에 과학의 자리를 내준 것입니다. 과학은 대중에게 열린 공공(public)

언어, 누구라도 직접 경험해볼 수 있다는 뜻에서 객관적인 언어를 요구했습니다. 그러나 연금술이 인류의 뇌리에서 말소된 관념인가 하면 꼭 그렇지도 않습니다. 그러면 이 관념을 살아 있게 만드는 것은 무엇일까요? 과학 대접을 받지 못하게 만들었던 언어적 특성, 바로 그것이 연금술을 살아 있게 합니다. 즉 공공언어와 객관적 언어로 표현할 수 없는 무엇이 있다고 믿는 사람에게 연금술의 이상은 여전히 살아 있습니다. 뵈메(Jacob Böhme)를 거쳐 낭만주의시대의 블레이크(Blake), 노발리스(Novalis), 독일 관념론철학의 헤겔(Hegel), 셸링(Schelling), 그리고 현대문학을 대표하는 예이츠(Yeats), 조이스(Joyce), 랭보(Rimbaud), 브레히트(Brecht), 앙드레 브르똥(André Breton), 앙또넹 아르또(Antonin Artaud)에 이르기까지.

'표현할 수 없는 무엇'이 현실에 존재한다는 믿음을 우리는 신비주의(mysticism)라고 부릅니다. 그렇다면 일반적인 언어로는 표현할 수 없는 것이 있다는 믿음은 적어도 언어적 신비주의로 지칭할 수 있습니다. 신비주의라는 용어가 '눈이나 입을 닫다'(myein)는 그리스 말에서 나왔다는 주장이 있는데, 진실 여부를 떠나 흥미있는 해석입니다. 볼 수도 없으며 말할 수도 없는 무엇, 따라서 눈이나 입을 쓸모없게 만드는 무엇이 존재한다는 믿음이 곧 신비주의이기 때문입니다. 그런데 반어적이긴 하지만, 이 신비주의적 언어관이 곧 연금술의 언어에서 드러나는 역설적인 양상을 설명해줍니다. 한마디로 연금술의 언어는 과잉입니다. 다채롭다 못해 혼돈에 가까운 지칭체계로 이루어져 있고 이 체계 속에서 술어와 상징들은 어학사전에 들어 있는 동의어 계열과는 거의 무관한 방식으로 끊임없이 교체됩니다. 이러한 기호의 범람은 어떻게 신비주의와 양립할 수 있는가? 즉 '표현할 수 없는 것'이 요청하는 침묵 앞에서 이들은 너무 말수가 많지 않은가? 저는 여기서 이질적인 두 흐름의 공존을 언급하지 않을 수 없습니다. 하나는 어떤 근원적인 언어에 대한 믿음이며, 다른 하나는 일상적인 언어의 보조적 역할에 대한 믿음입니다.

연금술사에게 일상언어는 바빌론 이후의 타락과 연결되어 평가되었습니다. 그 불경한 알파벳과 더불어 추상적으로 공식화된 언어규칙들, 형식주의, 논리주의, 문법형식은 성령(聖靈)의 약진을 가로막는 것으로 여겨졌습니다.[2] 그러므로 중요한 것은 '태고의 지혜'(prisca sapientia)로부터 근원언어를 다시 찾아내는 것이었습니다. 근원언어란 흔히 '아담(Adam)의 언어'로 불리는 것으로 사물의 이름과 본질이 완전히 일치하는 언어입니다. 사실 모든 기호는 자신과는 다른 무엇을 지칭한다는 뜻에서 추이적(transitive)입니다. '꽃'으로 소리나고 표기되는 청각영상이 꽃의 개념을 가리키듯이 모든 기호는 그 자신이 아니라 다른 무엇을 가리킵니다. 그리고 지칭대상과 청각영상 사이에 필연적인 연결은 없습니다. 즉 우리말로는 꽃이지만 일본어로는 하나(はな)입니다. 반면 근원언어를 믿는다는 것은 지칭대상과 지칭형식이 필연적으로 일치하는 언어를 믿는다는 뜻입니다. 이런 믿음에 따르면 사물의 표현형식이 곧 사물입니다. 아니, 모든 사물 하나하나가 곧 언어입니다. 연금술사들은 스스로 태고의 지혜로부터 찾아낸 것으로 믿었던 이 아담의 언어를 현실에 복원하려 했습니다. 그러나 그게 어디 생각처럼 쉬운 일이겠습니까? 그래서 대안으로 만들어낸 언어가 오늘날 상형문자나 표의문자로 불리는 상징체계였습니다.

얼른 생각하기에도 사물의 모습을 본뜬 문자는 그것이 표현하려는 내용과 형식이 자연스레 일치할 것도 같으며, 여러 민족의 규약을 넘어 보편적인 매체가 될 것 같기도 합니다. 그러나 상형문자로 추상적인 관념을 표현하는 데는 한계가 있습니다. 이 경우에 상형문자는 부득이 규약이나 관례를 끌어들이지 않을 수 없습니다. 그런 까닭에 연금술사들이 사용한 도상들은 실제로 순수한 상형문자는 아니었습니다. 실물의 시각 표상뿐만 아니라 여러가지 우의나 격언, 경구 등을 포함하게 되었습니다. 이 가운데 어떤 것은 단순히 전설이나 신화에 바탕을 두고 만들어진 것으로 조잡한 우의나 수수께끼에 불과합니다. 반면 비교적 성공한 것들도 있습니다. 어떤 것들은 연금술의 역설적 명제를 자못 이상적으로 담아내기도 합니다. 물론 여기서도 도상의 세부적 부분들은 다소 경직된 지칭관계로 묶여 있지요(가령 붉은 사자는 태양과 황금을, 두꺼비와 까마귀는 부패putrefaction를 의미하는 것으로 정해져 있습니다). 그럼에도 이러한 부분들로 이루어진 전체로서의 도상은 어떤 독자적인 메씨지를 담아냅니다. 일반문자로는 담기 어려운 역설적인 상황을 총체적이고 직관적인 방식으로 단번에 표현합니다. 그리하여 마치 도교의 각종 도상이나 티베트의 만다라가 그렇듯이 역설을 직면할 때 일어나는 숭고함의 정서를 드러내기도 하며 심지어 그로테스크 또는 잔혹성의 예술적 정감마저 현시하기도 합니다. 그러므로 설령 전체 도상의 세부 각각이 상징하는 바를 알지 못한다 해도 우리는 그 전체 그림으로부터 하나의 독자적인 이미지를 느끼게 됩니다. 이 독자적인 이미지는 그림의 부분들이

19

가리키는 의미관계로 환원되지 않으며 오직 전체로서의 그림으로부터 창출되는 것입니다.

다시 말하면 연금술이 사용한 이미지들은 엄밀한 뜻에서 상형문자가 아니며, 말과 사물이 완벽하게 일치하는 언어도 아닙니다. 그럼에도 근원언어의 이상에 접근하는 언어입니다. 부분들의 지칭관계로 환원되지 않는 총체적인 의미를 즉각적으로 직관에 전달하기 때문입니다. 우리는 이 점을 여러 각도에서 말할 수 있을 것입니다. 추이의 정도로 보자면 전체로서의 도상은 덜 추이적이며, 자신이 창출하는 이미지를 스스로 지칭합니다. 또한 표현의 직접성으로 말하면, 다른 어떤 부분들로 환원될 수도 없으며 다른 어떤 기호로 대체될 수도 없는 이미지, 오직 자신의 도상으로만 표현할 수 있는 이미지를 직접 표현합니다. 그러므로 자신의 의의는 자기 바깥의 무엇을 지칭하는 데 있지 않고 자기 자신에게 있습니다. 즉 자기내재적입니다. 그런데 이러한 즉각성과 직접성 또 내재성이 가장 돋보이는 영역은 어디일까요? 바로 예술입니다. 연금술사들이 믿었던 마술적 언어의 기호학적 함축은 바로 성공한 예술작품에서 전형적으로 계시되는 '표현형식과 내용의 필연적인 일치'에 있었습니다. 그리고 이런 맥락에서 연금술은 보통 언어보다는 '말없는 이미지(=침묵)'의 사용을 선호했습니다.

그러나 적합한 이미지를 찾아내기가 쉬울 수는 없습니다. 심지어 그것을 찾아낸다 해도 여러 사람에게 공감을 일으키기란 쉬운 일이 아닙니다. 한 연금술사는 이렇게 말한 적이 있습니다.

사물들에 대하여 개방적으로 언급할 때 우리는 사실상 아무것도 언급하지 않는 것이다. 그러나 우리의 언어가 암호와 이미지로 표현될 때 우리는 진실을 은폐하는 것이다.[3]

또한 다른 이(C. 호를라커)는 이렇게 말했습니다.

헤르메스의 현자들은 신비를 재현하는 이미지들을 통해 더 자유롭고 분명하며 엄밀하게 자신의 사상을 표현할 수 있다. 그러나 언어로 표현될 때와 마찬가지로 여기서 쓰이는 도상들은 다만 수수께끼처럼 제시될 뿐이다.

그러므로 보충되어야 합니다. 즉 담론과 설명에 적합한 언어의 도움을 받아야 합니다.

연금술 언어의 과잉은 여기서 비롯되는 것처럼 보입니다. 그것들은 오직 근원언어로만 표현될 수 있는 반면 일반언어로 표현할 수 없는 무엇을 전달하려 했습니다. 이 표현불가능한 것은, 그것을 적합하게 전달해 줄 이미지를 찾아 헤매게 만들 뿐만 아니라 좀더 일반적인 언어, 즉 담론과 설명언어 측면에서 끝없는 보상활동을 일으킵니다. 근원언어를 대신하여 끝없이 주변적인 연상을 불러세움으로써, 표현할 수 없는 것을 일반언어로 지칭하는 일의 원천적 불가능성을 다수의 표현으로 대신하려 합니다. 그러므로 언어를 뛰어넘은 무엇이 오히려 과잉의 언어를 낳는다는 역설적인 결과가 나오게 됩니다.

우리는 지금 연금술 언어의 '혼탁함'을 보고 있습니까? 하지만 근원언어와 일반언어의 보충-대리 관계에 주목해보면 어떨까요. 연금술의 역설적 명제를 담으려 할 때 후자가 전자보다 열등한 매체임에는 틀림없습니다. 그러나 후자는 전자를 보충하며 이 보충-대리 관계는 지속됩니다. 우리는 여기서 이질적인 매체들의 공존과 상호작용을 목도하게 됩니다. 근원언어는 표의문자에 가까우며, 총체적이며 즉각적인 직관에 호소합니다. 즉 감각을 통해 지성에 도달하는 매체로서 "발화(parole) 없는 담론"이며 침묵의 표현입니다. 반면 일반언어는 표음문자의 알파벳에 바탕을 두었으며 시간의 소요를 필요로 하는 논리적 담론의 능력에 호소합니다. 여기에다 우리는 맥루언(McLuhan)이 『미디어의 이해』에서 보여준 매체간의 대립을 거의 완전하게 적용할 수 있습니다. 좀더 일반적으로는 총체적 직관과 추론적 이성, 또는 이미지와 개념의 대비를 떠올릴 수도 있습니다. 그럼에도 더욱 중요한 점은 여기서 대립되는 것들이 공존하는 터가 마련되어 있다는 점입니다.

물론 대립적인 것들이 아무리 접근한다고 해도 완전히 동일하게 될 수는 없습니다. 연금술을 떠받치는 핵심 관념 가운데 '대립의 일치'(coincidentia oppositorum)라는 것이 있습니다. 이때 '일치'란 정확하게 말해 '동시 발생' 또는 '(같은 곳에) 공존함'입니다. 동일성이나 통일과는 다르다는 점에 유의해야 합니다. 15세기에 꾸자누스(Nicolaus Cusanus)는 기하학으로 대립의 일치를 설명한 적이 있습니다. '곡선과 직선은 무한의 관점에서 일치한다'는 예를 들었습니다. 우리는 좀더 직관적인 예를 들어 무한급수 0.999…가 극한 1에 수렴하는 경우(0.999… =1)를 생각해볼 수 있습니다.

실제로는 소수점 뒤에 아무리 9를 많이 써넣어도 완전하게 1이 될 수는 없는 법입니다. 저는 다만 1의 바로 곁에 0.999…가 공존할 수 있음에 주목합니다. 그리고 0.999… 뒤의 무한(…)을 보세요. 우리가 알지 못할 정도의 무수한 차이가 공존하고 있습니다. 여기서 1은 완전한 동일성의 중심이라기보다는 오히려 무한한 차이를 동시에 인정하고 발생시키는 터가 되어 있습니다. 다시 말해 무한한 차이가 수렴하고 발산하는 터, 이것이 공존의 미덕이 아닐까요? 그 미덕은 역설적으로 0.999…가 1이 아니라는 데 있습니다. 즉 0.999…=1을 연결하는 등호 사이에 수많은 빈틈을 허용하는 데 있습니다. 꾸자누스에게 대립의 일치가 신의 본성이었다면 저도 이를 따라 공존의 터야말로 신성한 것이라고 생각합니다.

저는 기호학적 의미에서 공존의 터를 무의미라고 부릅니다. 그것은 아무런 의미나 의의가 없다는 뜻이 아닙니다. 오히려 너무나 숱한 의미가 공존하기 때문에 특정한 하나의 의미로 확정되지 않는 그 무엇을 가리킨다는 것입니다. 마치 가만히 놓여 있는 거문고 줄과도 같습니다. 수많은 소리를 담고 있되 아직 특정한 소리로 한정되지 않은 무엇입니다. 하지만 한 군데 손을 짚어 줄을 퉁길 때 특정한 높이와 길이를 가진 소리가 납니다. 즉 의미가 발생합니다. 이런 뜻에서 무의미는 그것으로부터 모든 의미와 대립들이 발생하여 나오는 공존의 터를 가리킵니다. 이렇게 무한한 의미를 담고 있는 무의미는 딱히 하나의 이미지로 가두어지지도 않을 것입니다. 그러므로 끝없는 상징의 대체를 끝없이 낳을 것입니다.

한편 무의미는 '표현할 수 없는 것'에 상응합니다. 표현한다는 것이 결국 무엇을 다른 무엇에 견주는 것이라면, 자신과 견주어볼 만한 모든 것을 스스로 자기 속에 품은 이것을 어떻게 표현할 수 있을까요? 다른 무엇으로 재현(representation)될 수는 없으며 다만 그것 자체를 제시(presentation)할 수 있을 뿐입니다. 즉 표현하는 형식과 내용이 일치된 그것을 있는 그대로 내놓을 수 있을 뿐입니다. 이러한 제시를 만족시키는 이상적인 매체가 바로 근원언어라고 했습니다. 그리고 근원언어의 이상에 가장 근접하는 것처럼 보이는 것이 곧 직관에 호소하는 이미지이며 이를 끝없이 보충하고 대체하는 것이 담론의 언어라고 했습니다. 공존의 장이 무의미로부터 근원언어에 다시 자리를 잡았다고나 할까요? 그러나 공존의 장은 수많은 빈틈을 허용합니다. 이질적인 것들이 아무리 접근한다 해도 동일한 것이 될 수는 없습니다. 이미지가 아무리 근원언어에 가깝다고 해도 동일한 것은 아니며, 담론언어가 아무리 촘촘히 이미지를 보충하려 해도 끝내 빈틈은 남는 법입니다.

그렇다면 0.999…가 1과 더불어 공존하는 순간은 어떻게 찾아올까요? 여기에 연금술사들은 영혼의 정화를 통한 직관을 언급하는 한편 그 직관을 무한한 대체와 보충으로 표현하였습니다. 아니, 그 역도 성립합니다. 언어의 무한한 대체와 보충을 통해 그들은 영혼의 상승과 직관을 얻으려고 했습니다. 이렇게 1에 끝없이 다가서는 과정을 두고 동화(同化), 즉 신적인 것에 유사하게 되는 과정(homoiosis theo)이라고 했습니다. 나아가 마침내 1과 공존하는 순간을 신비적 합일(unio mystica)이라고 불렀습니다. 이러한 여정은 그들이 '현자의 돌'(lapis philosophorum)을 완성하는 과정에 상응합니다. 그렇습니다. 연금술은 물질적인 실천인 동시에 정신적인 실천이며 또한 언어적인 실천이었습니다. 그들은 현자의 돌을 찾아 헤매었으며 동시에 그들의 영혼을 이끌어줄 언어, 또는 높이 오른 영혼을 노래해줄 언어를 찾아 헤매었던 것입니다.

우리는 여기서 바슐라르의 상상력을 떠올리게 됩니다. 그에게 상상력이란 터무니없는 공상도 아니며 감각적인 이미지를 만들어내는 심리작용도 아닙니다. 그것은 일종의 직관입니다. 결코 넘을 수 없는 빈틈(…)을 넘어 1과 공존하는 순간을 직접 바라보려는 정신활동입니다. 이때 지나치게 시각이미지에 집착하는 것은 도리어 직관의 걸림돌이 됩니다. 가시적 형상은 감각에만 머물며 그 자체로 하나의 사물처럼 얼어붙기 십상이기 때문입니다. 직관으로서의 상상력은 타성에 빠진 이미지를 바꾸어 그보다 의미 깊은 이미지를 얻으려 합니다. 상상력의 알맹이가 "이미지의 형성이 아니라 변형(deformation)에 있다"는 것은 바슐라르가 거듭 강조했던 주장입니다. 변형은 곧 버리는 일이기도 합니다. 주어진 이미지를 버리고 대체하며 시인의 넋은 상승합니다. 따라서 그의 상상력은 변형, 아니 탈태(奪胎)의 동력학입니다.

바슐라르에게 변형의 운동은 실로 끝나지 않습니다. 1과의 절대적 통일과 동일성을 전제하지 않기 때문입니다. 스칠 만큼 가까울지라도 언제나 남아 있는 빈틈은 다시금 변형을 부추깁니다. 그렇다면 바슐라르에게 1은 무엇인가? 다시 말해 상상력의 끝없는 변형으로 다가가려는 극한은 무엇인가? 그리고 이 변형의 힘은 어디에서 나오는가? 우리는 여기서 네 원소라는 개념을 살펴보아야 합니다. 물론 이 개념은 인류역사를 통틀어 매우 오래된 관념입니다. 하지만 바슐라르가 받아들인 연금술의 네 원소 경우에는 유별난 데가 있는데, 이 부분은 한번 짚고 넘어갈 만합니다.

## 2. 고유명사의 세계와 보통명사의 세계

어떤 분(이마미찌 토모노부)의 말씀처럼 요즘도 사람이 주거를 정할 때는 토지의 지반, 수질과 수도시설, 공기와 통풍조건, 채광조건과 난방 등을 살핍니다. 흙·물·공기·불이라는 네 영역을 살피는 것입니다. 3천년 전이나 요즘이나 사람이 의식하는 자연환경은 비슷할 성싶습니다. 그러므로 우리를 둘러싼 자연환경의 뿌리에는 네 원소가 놓여 있다는 생각은 요즘에도 통하는 것입니다. 심지어 현대 영어나 프랑스어에서도 '자신의 원소 속에 있다'(in one's element)는 표현은 마치 물고기가 물속에 있듯이 알맞은 환경에 있다는 의미를 나타내기도 합니다. 이때 원소는 고유한 생활환경, 활동영역을 가리키는 것입니다.

그렇다면 네 원소라는 관념은 어디에서 비롯되었을까요? 그것은 아마도 자연에 대한 놀라움과 외경으로부터 시작하였을 것입니다. 자연은 늘 우리 곁에 있지만, 참 알 수 없는 존재입니다. 자연은 '숨기를 좋아한다'는 말을 들을 정도로 다채로운 모습을 갖고 있기 때문입니다. 그런데 이런 자연에도 몇가지 근본적인 원리나 요소가 있다는 생각이 고대문명 곳곳에서 자리를 잡았고, 특히 인도를 비롯한 서양에서는 네 원소라는 관념이 싹텄습니다. 이것은 물·불·공기(바람)·흙(대지)을 높여 부르는 이름입니다. '근원'이나 '으뜸 원리'라는 뜻에서 말입니다. 모든 것이 자기

원소를 품고 있으므로 네 원소는 늘 우리 곁에 있습니다. 그럼에도 우리가 볼 수 없는 데까지 깊숙이 숨어 있습니다. 따라서 일상적인 차원에만 머물지는 않습니다. 심지어 썩 내키는 표현은 아니지만, 과학적 차원에 닿아 있기도 합니다.

기원전 6세기 무렵의 탈레스가 제 이야기를 도와줄 듯합니다. 그는 물을 두고 우주의 근원이라고 했답니다. 언뜻 듣기엔 허황하지만, 꼭 그렇지만도 않습니다. 물은 수증기로 되기도 합니다. 하늘에 오르면 구름이 되었다가 다시금 땅 위로 비가 되어 떨어집니다. 겨울이 되면 얼기도 하고요. 그런데 겉모습이 이리저리 바뀜에도 불구하고 물은 여전히 물로 남아, 여러 변화의 바탕이 됩니다. 아마 탈레스는 여기에 착안했을 것입니다. 고체, 액체, 기체가 자연물이 취하는 기본 꼴이라고 할 때 이 셋을 하나로 아우르는 물에서 자연의 근원을 찾으려 한 것입니다. 이런 발상은 과학과도 통합니다. 다양한 현상을 통일적으로 설명해주는 실체와 질서를 찾기 때문입니다. 그리고 네 원소 개념에는 이러한 '과학적 세계관'의 원초적인 형태가 담겨 있기도 합니다.

거듭 말하자면 탈레스의 물이나 네 원소는 신화적 관념이 아닙니다. 신화에서는 구체적인 이름을 가진 여러 신들이 나옵니다. 강의 신, 민물의 신, 소금물의 신, 바다의 신, 비의 신 등, 이렇게 신이라는 캐릭터를 통해 자연현상의 구체적인 이미지를 제시합니다. 그럼으로써 수많은 자연현상을 설명해내기도 하고요. 사실 신화가 설명하지 못하는 자연현상은 하나도 없습니다. 그러나 제대로 설명되는 현상 또한 하나도 없다는 비판을 받기도 했지요. 그 까닭은 신화가 모든 것을 신의 자유로운 의지에 따라 설명하는 데 있습니다. 변덕에 무슨 논리가 있을 수 없듯이, 신의 자유의지로 모든 것을 설명하는 신화에는 논리적인 연결이랄까 법칙적인 구조가 없습니다. 그래서 요즘 관점으로 보면 설명이라고 부를 수 없는 것이 대부분입니다. 그 대신 신화는 매우 세세한 것까지 설명합니다. 심지어 돼지 울음소리는 왜 "꿀꿀"인가 하는 것도 설명할 정도로 말입니다.

이 점에서 볼 때 가령 탈레스의 생각은 건조하기 짝이 없습니다. 다만 자연의 근원이 물이라고 했을 뿐, 태양은 왜 하나인지, 수수깡은 왜 붉은지 같은 문제는 조금도 설명하지 못합니다. 그러나 서양사람들은 탈레스를 과학의 시조로 여깁니다. 과학은 우연한 현상보다는 필연적인 현상의 설명을 추구하기 때문입니다. 그리고 필연적인 현상이 필연적인 방식으로, 즉 어디서나 납득이 되는 보편적인 방식으로 설명되기를 바랍니다. 이 점에서 탈레스의 사고방식은 과학정신으로 발전할 수 있었습니다. 천둥번개도 구름(물)의 충돌로 설명함으로써 변덕스런 신의 손아귀에서 자연현상을 빼내었으니까요.

그런데 이렇게 필연적인 현상을 필연적으로 설명할 때 꼭 거쳐야 할 일이 있습니다. 그것은 우연이라고 생각되는 현상들을 솎아내는 일입니다. 일반화라고 해도 좋고 추상화라고 해도 좋을, 하여간 탈레스의 머릿속에서 이런 변환이 일어났음에는 틀림이 없습니다. 이것은 신화적 세계관에서는 찾기 어려운 발상입니다. 가령 바빌로니아신화를 살펴봅시다. 아버지 민물과 어머니 짠물 사이에서 여러 자손들이 태어났는데, 아버지 민물은 결국 자식들 손에 죽습니다. 이 주검 위에 자식들이 궁전을 세웠고, 이 궁전이 바다가 되었다고 합니다. 자, 여기까지만 해도 민물, 짠물, 바닷물, 이렇게 셋이 나왔습니다. 그런데 신화에 따르면 우주를 구성하는 이 세 가지 물은 서로 전혀 다른 것들입니다. 아버지, 어머니, 궁전이 서로 다른 것처럼 말입니다. 그러나 탈레스는 오직 하나의 물을 이야기할 뿐입니다. 즉 물 일반을 이야기합니다. 우리는 이 차이를 어떻게 이해해야 할까요? 바빌로니아신화와 탈레스의 생각, 신화와 과학의 차이를 어떻게 보아야 할까요? 저는 여기서 고유명사와 보통명사의 차이를 떠올립니다. 신화가 구체적인 고유명사의 세계라면 과학은 추상적이며 보편적인 보통명사의 세계라는 생각이 듭니다. 그리고 제가 볼 때 전통적인 네 원소 개념은 후자에 치우쳐 발전했습니다.

보통명사의 세계로 들어간 네 원소는 더이상 북풍의 신과 남풍의 신을 가르지 않으며, 부뚜막 신의 불과 호롱불을 나누지 않습니다. 바람은 바람이며 불은 불일 뿐입니다. 신화처럼 하나하나 고유명사가 붙어 있지 않습니다. 실명(實名)의 개체들이 변덕스레 날뛰지도 않으며 익명의 추상적인 힘이 나름대로 일정한 원리에 따라 작동합니다. 그러므로 강물이 넘쳐흘러도 용신(龍神)이 노했다고 하지 않고, 가뭄이 들어도 더이상 빌지 않습니다. 하소연을 들어줄 만한 특정한 이름의 개체가 없기 때문입니다. 그만큼 과학의 세계로 진입할 수 있습니다. 이것이 옛 인도유럽문명에서 나와 주류를 이루었던 네 원소 개념입니다. 아리스토텔레스를 거쳐 중세과학에 이르기까지 실로 2천년 가까이 지속된 패러다임으로서, 세계를 몇가지 실체로 환원하여 설명하려는 과학적 발상의 산물입니다.

그렇습니다. 저는 방금 '환원'이라는 말을 썼습니다. 네 원소 개념은 정넝 우연으로 가득 찬 자연현상을 몇가지 원리로 줄여 설명하는 프로그램입니다. 그리고 이 프로그램의 꼭대기에는 근대물리학의 원자론이 놓여 있습니다. 거기에는 물·불·공기·흙조차도 보편적인 원자로 이루어져 있다는 발상이 깔려 있습니다. 그리하여 네 원소라는 이름마저 사라집니다. 물은 다만 $H_2O$에 지나지 않으며, 불은 다만 $O_2$와 결합하는 물질의 작용에 지나지 않습니다. 모든 것은 보편적인 원자로 설명됩니다. 철저한 익명의 세계가 되는 것입니다. 이렇게 해서 원소 개념의 추상화 작업은 한편으로 근대과학의 원자론에서 완성됩니다.

그러나 네 원소의 관념은 본디 고유명사와 보통명사 사이에 걸쳐 있는 것입니다. 그러므로 과학으로 발전할 가능성만 있지는 않을 것입니다. 신화보다는 훨씬 덜하지만 여전히 고유명사의 흔적이 남아 있기 때문입니다. 그 덕분에 과학과는 다른 길로 뻗어갈 여지도 있을 것입니다. 우리는 이 다른 가능성을 연금술에서 찾을 수 있습니다.

## 3. 신성한 질료의 운동과 고유명사의 직관

과학을 향한 전통 네 원소 개념과 연금술의 그것에는 차이가 있습니다. 이 차이를 알려면 고대 그리스의 자연철학을 언급하지 않을 수 없습니다. 여기서 네 원소 개념은 엠페도클레스라는 현자가 만든 것으로 알려져 있습니다. 물론 그는 원소라는 말 대신에 "모든 사물의 네 뿌리"(rhizome)라는 말을 썼습니다. 히포크라테스는 이것을 인체의 네 체질이론으로 적용하였으며 아리스토텔레스는 이것을 발전시킨 동시에 수정했습니다. 먼저, 발전시킨 측면을 보자면 무엇보다 의학에서 찾을 수 있습니다. 흔히 4장기(臟器)이론이니 4체액, 4체질이론으로 불리는 것인데, 이후에 로마의 의학자 갈레노스(Galenos)에 이르러 완성되어 별다른 수정 없이 그대로 중세까지 이어집니다. 기본적으로는 네 원소가 우주를 구성하는 동시에 인체를 구성한다는 생각에 바탕을 두고 있습니다. 이것을 소우주와 대우주의 일치로 설명해도 좋을 것입니다. 사람은 '작은 우주'로서 우주의 축소판인데, 네 원소 가운데 어느 하나가 강하면 그에 따라 한 장기가 강하고, 그 결과 한 체액이 우세해서 특정한 체질이 이루어진다는 생각입니다. 이렇게 해서 아리스토텔레스의 네 원소 이론은 우주로부터 사람 몸에 이르기까지 일관된 체계로 발전한 셈입니다. 그런데 이 과정에서 이전의 네 원소 개념은 수정됩니다. 엠페도클레스에게 그것이 말 그대로 우주의 근원적인 네 뿌리라고 한다면 아리스토텔레스는 그보다 한층 더 근원적인 것을 설정합니다. 이제 이들은 하나의 근원질료로부터 갈라져나온 것으로 간주됩니다. 즉 네 뿌리의 뿌리를 이루는 어떤 제1물질이 있다는 것입니다.

연금술은 이런 생각을 자기 식으로 고쳐서 받아들입니다. 근원물질은 흔히 악마로 알려져 있는 루시퍼(Lucifer)와 아담의 전락에서 온 '혼돈' 또는 '어두운 대지의 흙덩이'에서 만들어진 것이라고 했습니다. 그리고 이 흙덩이에 잠재된 성질을 승화하고 고양하여 마침내 현자의 돌에 이르려 했습니다. 이 작업은 어떻게 이루어지는 걸까요?

아리스토텔레스는 근원물질이 네 가지 성질을 받아들임으로써 네 원소를 이룬다고 했습니다. 즉 근원물질은 건조함, 차가움, 축축함, 뜨거움이라는 성질들 가운데 한 쌍을 받아들임으로써 흙·물·공기·불이라는 원소를 이룬다는 의미입니다. 물론 납득하기 어려운 부분도 많습니다. 가령 공기는 네 형상(성질) 가운데 따뜻함과 축축함이 한 짝으로 된 것입니다. 계절로는 봄에 상응합니다. 그런데 축축한 봄이라는 말이 어색하게 들리지 않습니까? 그렇습니다. 그리스의 봄을 생각하지 않는다면 이 부분을 이해하기 어렵습니다. 또한 물은 겨울에 상응한다는 생각도 마찬가지입니다. 지중해성 기후에서는 겨울에 비가 많이 내립니다. 이처럼 아리스토텔레스의 이론은 보편적이라기보다는 오히려 그리스 지역의 특수성을 담은 것이지요. 하지만 이제 와서 공기가 왜 봄인가, 물은 왜 겨울인가를 따질 필요는 없습니다. 차라리 계절 상호간의 관계가 원소의 상호관계에 부합하느냐, 만약 부합한다면 어떤 방식이냐를 따지는 것이 의미가 있습니다.

마찬가지로 연금술은 네 원소에 상응하는 성질 자체를 문제삼지는 않았습니다. 다만 원소가 품고 있는 성질들의 상호관계에 주목했습니다. 가령 흙은 건조함과 차가움이 결합한 것이며 불은 건조함과 뜨거움이 결합한 것입니다. 이때 연금술이 주목한 물음은 이렇습니다. 만약 흙으로부터 차가움을 빼고 뜨거움을 넣는다면 어떻게 될까? 흙이 불로 바뀌지 않겠는가? 그렇습니다. 이들은 원소를 구성하는 성질의 조합을 바꿔볼 생각을 한 것입니다. 그럼으로써 원소들로 이루어진 물질덩이의 성질을 바꿀 수 있다고 생각한 것입니다. 이때부터 연금술에서는 "원소들의 역전과 순환"(rotation)이라는 관점이 나옵니다. 이에 따르면 흙덩이의 성질을 차곡차곡 바꾸어 마침내 '순수한 물질'에 이를 수 있습니다.

그리고 아리스토텔레스에 따르면 '제5원소'(quint essence)라는 것이 있습니다. 사람이 살고 있는 세계가 앞의 네 원소로 이루어진 반면 이 물질은 하늘을 채우고 있답니다. 하늘과 땅은 이렇게 완전히 갈라져 있는 셈입니다. 그러나 연금술은 제5원소를 지상에서도 만날 수 있다고 믿었습니다. 즉 원소가 순환을 거듭하면 지상에서 이 천상의 물질을 만날 수 있다고 믿었습니다. 이 점에서 전통적인 네 원소 개념과 결정적으로 갈라집니다. 우리가 주목할 것은 주정(酒精)을 증류함으로써 천상의 물질을 얻을 수 있다는 매우 의심스러운 가설이 아닙니다. 다만 천상의 원소가 지상으로 내려오는 과정에 그들이 부여한 의미입니다.

한편으로 우리는 근대과학의 성립에 미친 연금술의 순기능을 짐작할
수도 있습니다. 하늘과 땅을 이루는 물질이 다르지 않으며, 그 물질을 다스리는 법칙도 다르지 않다는 게 근대과학의 전제이기 때문입니다. 그러나 좀더 중요한 의미가 있습니다. '위에 있는 것'과 '아래에 있는 것'의 일치라는 연금술의 근본 교설에 관한 의미입니다. 천상의 원소가 지상으로 내려오는 과정은 하늘과 땅을 궁극적으로 가르는 토성(Saturn)을 가로질러 이루어집니다. 그런데 토성은 로마인들이 '사투르누스'(Saturnus)라고 부르던 신으로서 주피터 이전의 황금시대를 지배한 자이기도 합니다. 즉 그리스인에게 제우스의 아버지이자 시간의 신인 크로노스(Chronos)에 다름아닙니다. 이로부터 한 가지 관념이 나옵니다. 제5원소를 지상에 가져옴으로써 토성을 넘어서며 시간을 넘어선다는 관념입니다. 연금술은 이렇게 하여 과거를 되돌리며 황금시대를 지금 이 땅에

되살릴 수 있다고 믿었습니다. 즉 황금시대와의 신성한 동시성, 그리고 이 시간성 속에서의 영원한 젊음이 지상에서 가능하다고 믿었습니다. 그러므로 근대과학과는 전혀 다른 시간 관념을 제시하게 됩니다.

다음으로는 아리스토텔레스의 생각에 담긴 형상 우위의 발상에 주목해봅시다. 바탕물질에는 아무 성질도 없으며, 거기에 형상(성질)이 들어와야 비로소 온전하게 된다는 생각 말입니다. 이 관념은 유럽에서 기독교와 결합하여 중세까지 이어집니다. 그러니까 형상 우위의 관념은 통틀어 2천년 가까이 서양을 사로잡은 셈입니다. 그런데 연금술은 이 지점에서 전통 네 원소 개념과 갈라섭니다. 질료, 아니 더 정확하게 말하면 질료의 운동양상을 으뜸으로 보기 때문입니다. 이런 관점에서 보면 형상은 다만 질료의 운동으로부터 만들어진 산물에 지나지 않습니다. 물감이 물 속에서 퍼지는 움직임에 따라 스스로 갖가지 모양이 만들어지는 것에 빗댈 수 있을까요? 연금술은 대립의 일치가 자연의 모든 영역에 스며들어 있다고 했습니다. 그 대표로 남성원리(animus)와 여성원리(anima)를 들었지만 두 원리 또한 질료의 운동양상입니다. 그러므로 같은 재료라 해도 그것이 운동하는 방식에 따라 남성이 될 수도, 여성이 될 수도 있는 셈입니다. 즉 중요한 것은 질료가 아니라 질료의 운동양상이며 이것이 곧 형상입니다.

그렇다면 물질이 전부라는 유물론하고 다를 바 없지 않느냐라고 묻는 분도 있을 것입니다. 언뜻 보기에는 그렇습니다. 하지만 이때 물질이 문제인데, 연금술은 물질이 정신과 마찬가지로 살아 있다고 봅니다. 이른바 물활론(hylozoism)입니다. 그래서 유물론의 좁은 울타리를 벗어납니다. 말하자면 물질은 생명이나 영혼의 반대말이 아니라, 그들을 대체할 수 있는 범주인 것입니다.

잠깐 16세기 유럽으로 돌아가보면 이야기가 분명해집니다. 당시 자연에 대한 관념은 두 가지 커다란 개혁을 겪습니다. 하나는 프로테스탄트 자연철학이며, 다른 하나는 연금술을 둘러싼 흐름 속에서 일어납니다. 누구보다도 파라켈수스(Paracelsus)를 꼽을 수 있겠지요. 이 기인은 연금술과 마법을 종합했고, 나아가 기독교 교리 안에 있던 영성(靈性) 개념마저 포괄하려고 했습니다. 이런 종합적인 특성 때문에 가톨릭교회와 정면으로 맞선 적은 없는 모양이지만, 결국 기독교 전통에 맞지 않는다는 비판을 받기 시작했습니다. 특히 개신교 쪽의 비판이 거셌습니다.

먼저 천지창조에 대해 파라켈수스는 태초에 질료가 분리됨으로써 천지가 생겼다고 했습니다(연금술로는 분리와 승화에 연결되는 생각입니다). 그런데 태초의 질료가 문제였습니다. 가령 창조 이전에 이미 질료가 있었느냐고 묻는다면, '처음부터 이미 있었다'고 하는 것이 파라켈수스의 대답이었습니다. 그렇다면 무(無)로부터의 창조, 즉 모든 것의 절대 창조를 가르치는 기독교와 맞설 수밖에 없었겠지요.

다음으로는 사람의 육체에 대한 부분인데, 이것은 최후의 심판날에 관한 문제로 이어집니다. 기독교는 마지막 심판일에 몸과 영혼이 결합된 온전한 사람 전체가 부활한다고 가르칩니다. 그런데 파라켈수스는 묘한 이야기를 합니다. 사람 몸에는 부모로부터 물려받은 '아담의 살'과 '신성한 살'이 있는데 오직 후자만이 부활한다고 했습니다. '살아 있는 살' '하늘의 살'(heavenly flesh), '성령에서 온 살'이 부활한다고 했습니다. 언뜻 보기에 지상과 천상의 질료를 분리하는 발상일 듯하지만, 근본적으로 다릅니다. 하늘이 땅속에도 섞여 있다는 말이기 때문입니다. 우리 몸에도 신성한 하늘의 살이 섞여 있다는 뜻이지요.

하늘의 살이라는 개념은 하늘을 세속화하기보다는 지상을 신성화하는 개념입니다. 적어도 두 가지를 말할 수 있습니다.

첫째, 하늘에도 거기에 걸맞은 살이 있다는 것입니다. 우리는 보통 하늘에는 순수한 불멸의 영혼만 살고 있다고 생각합니다. 그러나 파라켈수스에 따르면, 비록 하늘의 몸이기는 하지만 어쨌든 몸을 가진 존재가 삽니다. 둘째, 하늘과 땅에 있는 존재들은 '하느님의 살'(divine flesh)을 함께 나누었다는 점에서 모두 신성하다는 것입니다. 사람은 성령으로부터 받은 살을 갖고 있습니다. 그렇다면 성분 함량은 미달이지만 어쨌든 사람도 하느님의 살을 가졌다는 점에서, 신격을 가진다는 뜻이 됩니다. 요컨대 사람 몸에는 이처럼 부모에서 나온 살과 성령에서 나온 살이 함께 있기에, 사람에게는 하늘 몸으로 거듭날 가능성과 목표가 있습니다. 이것이 바로 파라켈수스가 하고 싶은 이야기였습니다. 그러므로 기독교나 플라톤 전통과 맞서며 다른 한편으로 동아시아의 전통에 가깝다는 인상을 주게 됩니다. 특히 연상되는 것은 신선사상(神仙思想)입니다. 온몸으로 고스란히 삶을 누리는 것이 신선의 전제이지만, 이때 몸이 우리의 보통 몸하고 다르다는 것 또한 신선의 전제입니다. 부모로부터 받은 뼈와 태를 벗어난다(換骨奪胎)는 몸 바꾸기가 필요없다면 고달픈 수행이 요구될 까닭도 없을 것입니다. 이렇게 해서 몸 얻기 개념은 '새 몸 얻기', 나아가 '몸 바꾸기'로 펼쳐집니다.

이야기가 이쯤 되면 연금술이 유물론이나 기존 네 원소 개념과 얼마나 다른지 알 수 있습니다. 연금술에서 질료(몸)는 늘 신성과 연관되어 있습니다. 이미 신성할뿐더러, 더 신성한 거듭나기로 이어집니다. 영혼과 생명에 대립하기는커녕 그들을 내포하는 살아 있는 질료(몸)입니다. 파라켈수스는 소금·수은·황이 각각 육체·정신·영혼에 상응한다는 새로운 삼위일체를 선언했습니다. 또한 앞에서 연금술은 어두운 흙덩이(근원물질)를 차곡차곡 바꾸어 현자의 돌에 이른다고 했는데, 이것 역시 흙덩이가 자신 속에 이미 신성함을 내재한 질료이기에 가능한 일임을 알 수 있습니다. 형상의 각인을 기다리는 무력한 질료가 아니라는 말입니다. 이로부터 우리는 겉보기에 동떨어진 모든 것들이 공존하고 상응하는 광경을 목격하게 됩니다. 어두운 흙덩이가 현자의 돌로 되살아나는 것은 참으로 질료의 내적인 자기갱신이라는 측면에서 육신의 부활에 상응합니다. 나아가 현자의 돌과 예수는 모두 신성한 살을 가졌다는 점에서 서로 상응합니다.

이처럼 아무리 보잘것없어 보이는 질료라 해도 어떤 신적인 것을 담고 있으므로, 중요한 것은 질료이며, 질료의 운동입니다. 파라켈수스는 질료에 들어 있는 운동의 내적 원리를 '씨앗'(semina)이라고 불렀습니다. 그리고 씨앗은 모든 사물에 서명(signature)처럼 새겨져 있다고 했답니다. 사람을 비롯하여 모든 미세한 소우주나 동식물, 거대한 천체에 이르기까지 말입니다. 하지만 '사물의 기호'(signatura rerum)를 읽기란 쉬운 일이 아닙니다. 가시적으로 드러나는 외부 형상으로부터 그것이 감추고 있는 의미를 찾아내야 하기 때문입니다. 여기에는 굳어버린 지성보다는 감각과 직관적 정신 자체의 각성이 중요합니다. 다시 말해 고정된 형상과 이미지에 적합한 보통명사보다는 구체적인 기미를 감지하는 고유명사의 직관이 필요한 것입니다. 제가 볼 때 바슐라르는 이런 관념을 상당부분 그대로 이어받습니다.

바슐라르는 『물과 꿈』 머리말에서 "나는 잠자는 물 앞에서, 언제나 변치 않는 우수(憂愁)를 발견한다. 물이라는 삶의 미세한 세부가 내게는 종종 하나의 본질적인 심리적 상징이 된다"고 이야기합니다. 네 원소가 심리유형이랄까 원형으로 도입되었습니다. 이에 따르면 시적인 이미지들도 네 원소의 범주로 분류될뿐더러, 철학도 네 체질로 나눌 수 있습니다. 가령 베르그쏜(Henri Bergson)은 불의 철학자인 반면 자기 스스로는 물의 철학자라고 했지요. 나아가 사람의 꿈이나 상상도 네 원소의 운동에 따른다고 합니다. 과연 다양한 정신활동이 고작 넷으로 가두어질까 하는 의심이 들지만, 그가 말하려는 바는 이렇습니다. 모든 정신활동은 자연과 더불어 있는데, 이 자연을 대표하는 것이 넷이다.

그런데 자연의 네 원형이, 질료 바깥에서 들어온 형상이 아니라 질료에 내재한 것임을 잊어서는 안됩니다. 더욱이 이때 질료는 어떤 물질적 재료(소재)가 아니라 물질의 운동방식임을 놓쳐서도 안됩니다. 이 점에서 그는 연금술의 전통에 가까운 것입니다. 예를 들어 우리는 석도(石濤)가 말했듯이 "숨었다 올라오는 산줄기를 보며 거대한 바다의 파도를 느낄" 수도 있습니다. 하나의 형상(산)으로부터 다른 질료(물)의 운동을 감지할 수 있다는 뜻입니다. 여기서 중요한 것은 질료의 운동양태이지 외적 형상이나 소재가 아닙니다. 전자가 후자를 낳기 때문입니다. 따라서 형상을 통해 운동을 직관하는 것이 중요합니다. 이때 투입되는 것이 상상력입니다. 상상력은 눈에 보이는 영상(image)을 만드는 활동이 아니라, 오히려 가시적인 형상으로부터 출발하되 이 형상을 여의고 질료의 운동으로 들어가는 활동입니다. 마치 연금술사들이 사물의 기호(외적 형상)를 통해 사물의 내적 의미를 읽으려 했듯이 바슐라르는 형상으로부터 질료로 들어가는 벡터(vector)에 주목하고 거기에 투입되는 상상력을 연구했다고 하겠습니다.

그러므로 상상력이 여는 세계는 고유명사를 바탕으로 합니다. 같은 산의 형상이라 해도 불의 느낌을 주는 산과 물의 느낌을 주는 산이 있기 때문입니다. 직관으로서의 상상력은 현대인의 세계처럼 눈과 귀로 감지되는 메마른 정보라든가 아니면 아예 머릿속에서만 펼쳐지는 추상적인 개념의 세계가 아닙니다. 사람과 생명체를 비롯하여 여러 사물에 대한 육감(肉感)적인 감수성, 그리고 물·불·공기·흙에 대한 생생한 감수성을 바탕으로 하는 세계입니다. 다른 한편으로 상상력은 이러한 구체적인 감수성의 내용들을 한데 잇습니다. 내용들 각각을 매우 특이한 방식으로 결합하여 새로운 복합체를 내놓는 바람에 마치 처음 내용들의 고유한 성격들이 이 복합체 속에서 흔적도 없이 사라져버린다는 인상을 줍니다. 훌륭한 조각품일수록 대리석이라는 재질이 눈에 띄지 않는 것처럼 말입니다(바슐라르의 표현을 빌리면 '변형'되기 때문입니다).

따라서 상상력의 결실은 구체적인 현실에 바탕을 둔 동시에 이것을 떠나 있습니다. 그리하여 현실성과 비현실성의 경계에 존재하며, 둘 사이에 대단히 유동적인 통로를 마련해줄 수 있습니다. 사실상 둘 가운데 어느 하나만을 보는 것은 온전한 전체를 놓치는 것입니다. 물론 상상력이 내포하는 역동적인 비약이나 대립의 일치라는 역설은 비현실성의 인상을 강하게 심어줍니다. 하지만 우리는 상상력의 근본이 구체성의 세계에 있음을 알고 있습니다. 이런 점에서 상상은 나름대로 통제를 받습니다 (이 통제가 곧 네 원소의 양태에 상응하겠지요). 이중성, 곧 현실에 닿아 있으면서 현실을 떠난다는 이중성을 통해 우리는 세계를 깨닫는 폭을 넓힐 수 있습니다. 이른바 현실성에만 파묻히면 현실적인 것과 상상적인 것이 한데 이어졌음을 보지 못합니다. 그리고 우리가 현실로부터 벗어나는 방식이 실제로 우리의 현실을 드러내줌을 보지 못합니다. 바슐라르는 『공기와 꿈』의 서론에서 이렇게 말합니다.

> 비현실적인 것에 대한 기능을 잃은 존재는 현실적인 것에 대한 기능을 잃은 존재와 마찬가지로 신경증 환자이다. 비현실적인 것에 대한 기능의 혼란은 현실적인 것에 대한 기능에 영향을 미친다고 할 수 있을 것이다. 상상력의 고유한 기능인 열림의 기능이 잘못되면 지각마저도 둔해진다.

한마디로 비현실성을 모르면 현실성도 모른다는 뜻이겠지요. 또한 심리학적인 언급을 덧붙이면 이렇습니다.『대지와 의지의 몽상』머리말은 심리학자들이 내세우는 현실 기능에 견주어 비현실성의 기능을 언급합니다. 현실 기능이 사회에 대한 적응을 돕는다면 비현실성 기능도 이에 걸맞게 정신적 안정을 돕는답니다. 다만 후자가 주는 안정은 사회의 검인을 받지 않으며, 오히려 "고독의 여러 가치를 재발견"하게 해줍니다. 마음은 이 고독 속에서 이루어지는 비현실성, 즉 상상적 현실에 의해 다시금 충전된다는 것입니다. 『공기와 꿈』에서는 이를 "변증법적 승화"라고 불렀습니다. 요점은 현실 기능을 통한 승화가 수직적으로 현실을 초월하려는 데 반해, 변증법적 승화는 현실성을 곁에 끼고 비현실성을 오고가는 승화라는 데 특징이 있다는 것입니다. 어려운 일은 마냥 크게 걷기도 아니며 제자리에서 높이 발돋움하는 일도 아닙니다. "발돋움하면 제대로 오래 설 수가 없고 가랑이를 마냥 벌리고 걷는 자는 제대로 걸을 수 없다"(노자)고 했습니다. 참으로 어려운 일은 걸어가되 땅을 밟지 않는 일입니다. 현실성과 비현실성을 더불어 긍정하는 곳에 신경증을 벗어날 실마리가 있다는 뜻입니다.

바슐라르에게 두 '현실성'을 함께 긍정할 수 있는 힘은 무엇보다 자연과 인간의 소통으로부터 나오는 것입니다. 자연의 꿈을 듣고 자연에게 내 꿈을 들려줌으로써 우리는 두 현실성의 공존을 마련할 수 있다고 본 것입니다. 그리고 자연이 기본적으로 네 원소로 이해될 수 있다면 우리는 그 공존을 또한 네 원소의 관계로 이해할 수 있습니다. 이를테면 공기의 가벼움과 대지의 착근(着根), 불의 연소와 물의 흐름이 일치하는 데서 공존을 이해해야 할 것입니다. 이때 상상력이 개입된다는 것은 두말할 나위도 없지만, 바슐라르는 좀더 구체적으로 언어적 상상력의 중요성을 덧붙입니다. 언어야말로 자연과 인간이 소통하는 매개가 된다고 보았기 때문입니다. 여기서 언어란 단지 자연의 말씀을 알아듣는 수단으로 그치지 않으며, 오히려 우리의 말을 자연에게 들려주는 수단이 되기도 합니다. 자연을 체험하며 노래할 때 우리는 스스로의 변형을 경험하며, 그와 동시에 우리가 바라보는 자연 또한 변형된다는 것을 경험할 수 있습니다. "자기 귀의적인 순환"(M. 피치노) 속에서 언어는 세계를 기술(記述)하는 수단일뿐더러 세계에 작용하는 수단입니다. 세계에 영향을 주고 움직이는 언어이자 스스로 현실이 되는 언어, 즉 마술의 언어인 것입니다.

우리의 언어가 마술의 언어가 될 수 있는 까닭은 언어가 근원적으로 '울림'이기 때문입니다. 정녕 언어는 소리이며, 소리는 울림입니다. 소리의 울림으로 잔잔한 수면이 흔들리며 파문이 생기고 다시 세상을 흔듭니다. 현대인의 언어, 곧 신경증의 언어는 일방적입니다. 그러므로 자연 속으로 도피하거나 아니면 현실생활의 사건 속으로 도피한다고 해서 치유될 수는 없습니다. 일방적인 언어를 일방적인 방식으로 벗어날 수는 없는 법입니다. 반면 우리가 자연과의 본래 관계를 되찾을 때 자연은 우리안에 있는 네 원소를 울리며, 또한 우리 속에 숨은 네 원소는 언어를 통하여 자연을 울립니다. 그리하여 마치 마법사의 주문처럼 하나의 현실을 창조할 수도 있는 것입니다. 이 자명(自鳴)의 순환에서 바슐라르는 인간에게 적합한 장소를 우주 가운데 제공하려 했습니다. 다시 말해 자연과 인간 본래의 연관성을 찾음으로써 상호관계의 대칭을 되찾으려 했고, 현실성과 비현실성이 공생할 가능성을 되찾으려 했습니다.

# 4. 감동의 자연

> 홀연히 뒤를 돌아 시선을 던지고
> 이제 장차 사방으로 구경 길 떠나려 한다
>
> ─굴원(屈原)「이소(離騷)」

　우리의 꿈이 현실과 부딪히면 문득 뒤를 돌아보아야 할 때가 있습니다. 사실 누구에게나 저마다 멀리하는 곳이 있습니다. 마주보기가 꺼림칙해 얼굴을 돌려버리던 곳이거나, 아니면 아예 잊고 지내던 곳이 있습니다. 여기로 한번쯤 고개를 돌려볼 필요가 있습니다. 삶하고는 멀어진 장면들, 쓸데없는 다툼들, 그리고 이런 다툼의 쓸데없음을 애써 숨기려는 데서 나오는 참으로 쓸데없는 잡담들을 한번 외면하는 것입니다. 그리고 시선을 던집니다. 무엇에 홀린 듯이 붙들려 있던 눈을 자유롭게 풀어주고 놀리는 것입니다. 이렇게 해서 굴원은 "사방"으로 유람길을 떠났답니다. 그러다가 마침내 호남성의 한 강물에 돌을 안고 뛰어들었다고 합니다.

　그 강물 이름이 '멱라(汨羅)'입니다. 한자를 잘 모르는 저는 멱(汨)이라는 글자를 놓고 이런저런 공상을 해본 적이 있습니다. '멱'을 동사로 풀면 '빠질 골'입니다. "물에 빠지다, 잠기다, 가라앉다"라는 뜻인데, 강 이름이 참 묘하게 느껴졌습니다. '빠지는 강'이라니요? 그렇다면 굴원은 이 '빠지는 강'에 빠졌다는 말일까요? 여러가지 물음이 꼬리를 물었습니다. 과연 무엇이 먼저인가? "물에 빠지다"라는 강 이름이 붙은 게 먼저인가, 아니면 굴원이 물에 빠진 사건이 먼저인가? 혹시 굴원이 거기에 잠겼다는 뜻에서 강 이름을 그렇게 붙인 것은 아닐까요? 저로서는 도무지 알 수 없었습니다. 그러나 저는 이 뒤섞임이 좋았습니다. 사람과 강이 뒤섞여 무엇이 먼저고 무엇이 나중인지 알 수 없는 이 지경이 좋았습니다. 사실 멱이라는 글자부터가 그렇습니다. 물과 해가 한데 섞여 있습니다. 당연히 물속에 해가 잠긴 모습을 본떴을 테지만 물과 해, 말하자면 물과 불이 섞이는 이미지입니다.

멱라는 상수(湘水)의 지류인 셈인데, 이것 또한 공교롭습니다. 굴원도 『구가(九歌)』에서 노래했듯이, 거기에는 상군(湘君)과 상부인(湘夫人)으로 불리는 신령들이 산다고 합니다. 이를 두고 여러 이야기가 있는 모양이지만, 가장 오래된 전설 하나가 저를 사로잡았습니다.[4] 순(舜)임금에게 시집간 요(堯)임금의 두 딸이 몸을 던졌다는 이야기 말입니다. 아황(娥皇)과 여영(女英)은 순임금이 죽은 뒤에 상수강변의 대나무숲이 붉어지도록 슬피 울다가 강물에 뛰어들어 상수의 신령이 되었다고 합니다. 푸른 대나무에 새겨진 피눈물의 얼룩, 딸들의 붉은 마음을 담은 깊고 푸른 강물…… 상(湘)이라는 글자가 '삶을 상'이기도 하다면, 이 강에 이 이름이 붙은 것이 어찌 우연이라고 할 수 있을까요? 뜨거운 마음을 담은 강물이 어떻게 끓지 않으며, 여기에 삶아지지 않을 것이 또한 어디에 있겠습니까? 강 이름과 강이 엉켜 있습니다. 사람과 강, 마음과 자연, 말과 사물이 뒤섞여 있습니다. 물과 불도 한데 섞여 있습니다. 나아가 아황이 상군이 되고 여영이 상부인이 되었다는 전설에 따르면 남성과 여성마저 묘하게 섞여 있습니다.

사실 강과 여성의 친화 내지는 일치를 담은 이야기가 상수에만 전해오는 것은 아닙니다. 하지만 상수처럼 슬픈 일치도 드물 성싶습니다. 진(秦)나라의 거센 흐름〔汨〕에 돌을 안고 저항하던 굴원의 마음이 멱라의 바닥에 무겁게 잠겨 있다면, 아황과 여영의 마음은 강이 되어 흐릅니다. 상수는 눈물, 뜨거운 눈물입니다. 대나무처럼 휘청거리며 목줄기에 푸르게 돋은 핏줄입니다. 돌과 물이 다른 만큼 슬픔에도 차이가 있습니다. 굴원의 슬픔이 강바닥이라는 부동(不動)의 대지에 뿌리를 내렸다면 아황과 여영의 슬픔은 강 언저리에 있는 대지와 공기마저 하나로 삶으며 흘러갑니다.

"아아, 두견새 울음소리는 곡(哭)소리 같고 대나무에 새겨진 얼룩은 핏자국 같네"(백거이). 물론 단오절이 어찌 굴원의 죽음 때문에 생겼으며, 반죽(斑竹)이 어떻게 두 딸의 눈물 때문에 생겼겠습니까? 하지만 이들과 더불어 상수의 대나무가 새로운 의미 속에서 다시 태어났다는 점만큼은 분명합니다. 아니, 그뿐이 아닙니다. 두견새·대나무·강물·눈물, 이 가운데 어느 것도 따로 놀지 않았기에 옛 시인을 울린 두견새 울음은 다시금 우리를 울립니다.

제가 들려드릴 이야기는 여기까지입니다. 저보다 많은 것을 이해하고, 그것을 모든 이가 이해하도록 들려줄 수 있는 분이라면 아마 이 이야기의 끝을 근사하게 맺어줄 것입니다. 그런데 저는 이쯤에서 바슐라르에게 고마움을 느끼지 않을 수 없습니다. 방금 말한 멱라와 상수 이야기는 사실 그의 생각을 옮겨본 데 지나지 않기 때문입니다. 그렇지 않다면 똑같은 강물에 잠겨 있는 두 슬픔을 구분하지는 못했을 것입니다. 특히 네 원소라는 개념이 없었다면 가라앉는 강물과 흐르는 강물, 대지처럼 묵직한 강과 불처럼 뜨거운 강을 나눠볼 줄도 몰랐을 것입니다. 그리하여 동일한 보편명사(강)를 특수한 고유명사와 결합할 수 없었을 것입니다.

보통명사의 세계는 과학의 세계에 가까우며 이런 세계의 꼭대기에는 근대원자론의 세계가 있다고 했습니다. 여기서 모든 것은 보편적인 원자로 설명되며 철저한 익명의 세계가 된다고 했습니다. 큰 나무를 베거나 산줄기를 끊어놓아도 두려울 일이 없습니다. 무서울 것도 없고 공경할 것도 없는 이 익명의 자연에서 사람들은 모든 문제를 보편적인 원리에 따라 해결하려 듭니다. 물이 오염되면 몇가지 화학적 조작을 하면 된다고 생각합니다. 우주적 관료주의가 싹트고 자연의 은혜에 감사하며 살아가는 모습 대신에 자연을 이용할 생각만 하게 되며 이에 맞추어 기술적 조작능력만 커집니다.

물론 과학기술의 능력은 절로 탄성을 자아냅니다. 그러나 우리를 감동시키지는 못합니다. 여기에 문제가 있습니다. 탄성보다는 감동을 그리워하는 사람들이 있기 때문입니다. 아마 바슐라르도 그런 사람 가운데 하나였던 모양입니다. 그래서 그는 과학을 뒷받침해주는 추상명사의 세계를 거슬러올라가 해묵은 네 원소를 찾아내었습니다. 그런데 이 몽상가는 전통적인 틀 속에 머물지 않았습니다. 네 원소를 이야기하되, 거기에 담긴 보통명사의 세계를 다시 거슬러올라갔습니다. 살아 있는 고유명사의 숨결을 불어넣어 원소들을 풍성하게 만들었다는 뜻입니다. 그는 이 속에서 여러 신화들을 만났고 끝없는 상상력의 샘을 만났습니다. 그리하여 마침내 네 원소의 꿈을 이야기했습니다.

네 원소의 꿈이라는 것은 네 원소가 내 속에서 꾸는 꿈입니다. 나를 통해 원소가 스스로 꾸는 꿈입니다. 물론 억지스럽게 들릴 법도 하지만 이 표현은 어느정도 사실입니다. '서정적 자아의 감정이입' 같은 말로는 충분하지 않습니다. '자연과의 합일' 같은 말을 떠올려도 좋지만 바슐라르가 아껴 쓰던 '울림'이라는 말을 떠올리는 편이 나을 듯합니다.

> 그대를 스쳐 반짝이며 강물 흐르는 곳에
> 숲속의 새가 나무의 정수리를 넘어 날듯이
> 힘차게 나는 듯 다리 걸쳐 있고
> 마차와 사람들도 그 다리 울리고 있네
>
> — 횔덜린 「하이델베르크」[5]

날아갈 듯한 다리와 그 위를 지나가는 마차와 사람들. 그런데 마지막 구절에 나오는 다리의 '울림'(Tönung), 이 낱말 하나가 들어서자 지금까지 묘사된 것들이 일시에 음향을 얻으며 "한순간에 분리된 요소들을 다시 합쳐 파악하기를 요구"합니다.[6] 울림은 이런 것입니다. 참으로 여러가지를 하나의 색조로 사로잡으며 단번에 감쌉니다. 이런 뜻에서 울림은 존재론적인 비유로 쓰일 수 있습니다. 작게는 자아를 포괄하며 크게는 온 자연을 아우르는 공명(共鳴)을 가리킵니다. 바슐라르는 아마도 원소들과 자아, 자연과 나 사이에 이런 존재론적 울림이 있다고 본 듯합니다. 사실 알고 보면 우리에게도 낯설지 않은 생각입니다. 이를테면 우리말에서 '새가 운다'는 표현을 두고 괜히 사람의 슬픔을 새에게 덮어씌웠다고 하는 사람도 있지만, 이때 운다는 것은 울음보다는, 울림에 속할지도 모릅니다. 울림은 때로는 떨림으로, 때로는 소리로 나타날 수 있고, 이런 뜻에서 울음을 포괄할 수 있습니다. 이만큼 울림은 넓은 뜻을 가진 낱말로서 마침내 사람과 새의 공명이라는 존재론적 의미마저 내포할 수 있는 것입니다.

물론 잠꼬대같이 들릴지도 모르겠습니다. 그러나 우리들 대부분은 스스로 자연과 어떤 관계를 맺고 있는지 잘 알지 못합니다. 자연과의 울림이 감상적이라고 단정하기 전에 먼저 한번 돌이켜보십시오. 어떤 것이라도 좋으니, 우리가 과연 자연에 있는 것들 가운데 무엇과 사귀고 있는지 한번 되새겨보십시오. 도시에 사는 사람들은 나무 한 그루도 제대로 바라보지 않는 날이 많습니다. 정말 우리는 나무를 바라본 적이 있을까요? 물론 이렇게 말할지도 모릅니다. 저 나무는 이런 종류이고, 열매는 저런 종류이고…… 그러나 나무에 붙은 이름이나 거기에 관련된 지식을 떠올리는 것은 나무를 바라보는 것이 아닙니다. 마치 생전 처음 만나듯이 대하는 것이야말로 정녕 바라보는 것입니다. 따뜻한 감수성으로 바라볼 때는 유용함에 대한 지식이 끼여들지 않습니다. 이 나무는 그늘이 좋고, 열매는 어디에 좋고 하는 지식 말입니다. 유용함이란 대개 자기를 중심에 놓을 때 나오는 평가이지만, 중심이 없고 경계선이 없으면 거기 그냥 나무가 서 있을 뿐입니다. 반면 나무를 보고 있는 나의 지식과 선입견은 사라집니다. 이때 나무는 나를 울리며, 내 속에서 스스로 꿈을 꾸기 시작합니다.

블레이크는 언젠가 이런 말을 했습니다.

어떤 사람에게는 기쁨의 눈물을 흘리도록 감동을 주는 한 그루의 나무가 다른 사람의 눈에는 공연히 쓸데없이 갈 길을 방해하는 하나의 푸른 물건에 지나지 않습니다. (…) 그러나 상상력이 있는 인간에게 자연은 상상력 그 자체입니다.[7]

아름다움이 다만 겉모양에만 있는 게 아니라 예민한 감수성 자체에 있다면 우리는 마땅히 자연의 감수성을 회복하는 데서 출발해야 합니다. 이때 되살아나는 감수성은 마치 수면 위에 번지는 무늬처럼 모든 방향으로 퍼질 것입니다. 자연을 향하는 동시에 우리 스스로를 바꿔놓을 것입니다. 울림은 '우리 자신을 존재의 심화'에 이르게 합니다. 그리고 이 존재론적 울림은 언어적 울림으로 이어집니다. 바슐라르는 『공간의 시학』에서 이렇게 썼습니다. "울림 속에서 우리는 우리들 자신의 시를 말한다. 그때에 시는 우리들 자신의 것이기 때문이다." 자연과의 공명이 시인 자신의 언어로 태어나는 순간을 이야기한 것일까요?

자연하고 교감이 이루어진다면 우리는 언어로 교감할 수 있으며 다른 사람과도 교감할 수 있을 것입니다. 자연은 우리 삶의 한 부분이며 우리는 자연의 한 부분이기 때문입니다. 이 단순한 사실을 우리는 곧잘 잊고 삽니다. 사실 지금 자연을 만나지 않은 사람은 더이상 누구도 만나지 않습니다. 만남이 있다면 고작 과거의 기억과 이미지를 중심에 두고 이루어지는 것이 전부입니다. 하지만 과거에 고정된 이미지는 교감의 감수성을 가로막습니다. 교감은 무엇을 기억했다가 실행하는 일이 아니기 때문입니다. 바슐라르는 이렇게 말합니다. "시적 이미지는 과거의 메아리가 아니다. 오히려 반대. 이미지가 번쩍함으로써, 먼 과거가 메아리를 울리는 것이며 얼마나 깊이 그 메아리가 울릴 것이며, 퍼질 것인가를 우리는 모른다. 새로움, 활력 속에서 시적 이미지는 자신에 맞는 존재를, 자신에 맞는 동력을 갖는다. 그것은 직접적 존재론에 속한다." 참된 만남은 과거에 매달리지 않는다는 뜻입니다. "상상력은 이미지의 형성이 아니라 변형" 속에 있다는 유명한 구절도 비슷한 의미일 것입니다.

제가 이 책에서 나누고 싶은 이야기의 뼈대는 이런 것으로, 거의 모두 말한 셈입니다. 저는 '또하나의 이론'을 내놓지는 않았습니다. 세상을 떠난 지 벌써 40년이나 되는 철학자의 이야기를 나름대로 옮길 뿐입니다. 새로운 내용은 없습니다. 차라리 저는 쉬는 책을 쓰고 싶었습니다. 조용히 쉬며 하늘과 땅을 바라보게 하는 책 말입니다. 그러므로 무언가를 하거나 이루려는 뜻을 담지는 않을 겁니다. 그렇다고 자연을 어떤 상위의 실체로 만들려는 기도(企圖)도 담지 않을 겁니다. 자연을 '숭배'하는 것은 대개 자신의 문제로부터 벗어나려는 도피일 때가 많으며, 그것은 공리적인 목적과는 다른 방식으로 자연을 이용하는 일이기 때문입니다. 다만 저는 바슐라르가 열어놓은 네 원소와의 만남을 여러분과 더불어 한가롭게 즐기려 합니다. 따라서 이 책은 어떤 지식을 기대하는 분에게는 실망을 안겨줄 것입니다. 이 책은 잘 요약되지 않는 언어로 채워져 있기 때문입니다.

다만 한 가지, 저는 바슐라르의 이야기를 옮기면서 '대립의 일치'라는 관점을 늘 염두에 두었습니다. 사람의 감정을 비롯하여 자연의 모든 커다란 힘은 서로 상반되는 대립을 보여줍니다. 바슐라르는 이 점을 잘 알았던 것 같습니다. 그래서 심리학자 융(Jung)과 연금술사들의 생각을 곧잘 가져왔고, 네 원소 속에 들어 있는 대립의 일치를 종종 이야기했습니다. 저는 특히 연금술에 무게를 실어 그 이야기를 옮겼습니다. 그러면서 말과 사물, 상징과 의미의 관계를 놓고 몇가지 생각을 간추려보았습니다. 책 뒤에 붙은 '언저리 이야기'는 거기서 나온 덤입니다. 그러나 그것들에게는 말 그대로 시론(試論)이라는 성격을 부여하고 싶습니다. 그저 연필로 그린 소묘 정도에 지나지 않기 때문입니다. 다만 연금술과 바슐라르의 현재적 의의라는 실로 대단한 주제에 여러분들의 관심을 끌어들이는 정도로 만족할까 합니다.

— 1 이종흡 「논평: 르네쌍스 비학과 근대화학의 합리성」, 한국과학철학회 2000년 여름학회 자료집 15~17면.
— 2 르네쌍스 언어철학의 전반적인 경향이기도 하다. Eugenio Coseriu 『서양 언어철학사 개관: 고대에서 현대까지』, 신익성 옮김, 한국문화사(1997) 172~73면.
— 3 Alexander Roob, *Le Musée hermétique: alchimie & mystique*, Taschen(2001) 11면에 나오는 연금술서적 『Rosarium philosophorum』의 한 구절을 재인용했다.
— 4 관련된 전설이 열 가지는 된다고 한다. 선정규 『굴원 평전, 장강을 떠도는 영혼』, 신서원(2000); 김인호 『초사와 무속』, 신아사(2001).
— 5 횔덜린 『궁핍한 시대의 노래』, 장영태 역주, 혜원출판사(1990) 125면.
— 6 횔덜린 『궁핍한 시대의 노래』.
— 7 블레이크 「블레이크의 편지」, 『천국과 지옥의 결혼』, 김종철 옮김, 민음사(1996) 100면.

물 · 불 · 공기 · 흙의 자연 *2*

물의 상상력

# 2

히드라

## 1. 히드라, 뱀

바슐라르가 해준 이야기를 들어보면 상상력이라는 낱말이 커다란 자리를 차지합니다. 그렇다면 상상력이란 무엇일까요? 무엇보다도 상(像)을 떠올리는 활동입니다. 어원을 보면 그리스어 eikon, eidolon, phantasma도 그렇고 라틴어 imago도 그렇습니다. 하지만 문제는 '상'의 정체에 있습니다. 상식으로 미루어 어떤 시각적 형태와 관련이 있음직합니다. 거울상이라거나 물위에 비친 산의 영상 따위가 모두 그렇습니다. 그런데 심상의 경우에는 이야기가 조금 달라집니다. 가령 제주도의 이미지를 떠올린다고 할 때, 우리 마음에 떠오르는 심상이 어디 눈에 보이는 형체뿐이겠습니까? 그래서 상, 곧 이미지를 두고 예로부터 많은 이야기들이 있었습니다. 영상의 측면을 주로 본 사람들도 있었고 심상을 주로 본 사람들도 있었습니다. 시각에 가깝다고 본 이들도 있었고 오히려 추상적인 관념에 가깝다고 본 이들도 있었습니다. 그런데 다들 하나같이 일리가

물의 상상력

있기에 누구 생각이 옳다고 잘라 말하기가 참 어렵습니다. 따라서 복잡한 이야기는 제쳐놓고 한 가지만 말하고자 합니다. 바슐라르는 '시각과 멀어질수록 좋은 이미지가 나온다'고 생각했다는 점입니다.

시각과 멀어진 이미지를 말하자면 이렇습니다. 가령 하늬라는 이름의 여인이 바람결에 머리칼을 날리며 걸어간다고 합시다. 눈에 보이는 대로 말한다면 "여인 하늬가 바람결을 따라 걷는다"고 해야겠지요. 더 나아간다면 "어떤 여인이 바람결을 따라 걷는다"고 할 수 있을 것입니다. 그런데 이것을 네 원소로 말하면 어떻게 될까요? "바람이 걷고 있다." 하늬의 흩날리는 머리칼과 불어오는 바람이 하나의 이미지로 녹아버린 셈이지요. 적어도 두 가지를 생각해볼 수 있습니다. 한편으로 직접 눈에 보이는 시각으로부터 멀어졌습니다. 문자 그대로 '걷는 바람'을 보기는 어려울 테니까요. '걷다'라는 동사의 주체가 고유명사 하늬로부터 보통명사 바람으로 변하면서 직접적인 가시성이 떨어졌습니다. 딱딱하게 말하기를 좋아하는 사람이라면 '우리 직관에 나타난 그대로의 객관적 실재로 환원되지 않는다'고 할 것입니다. 그럼에도 다른 한편으로는 어떻습니까? 눈에 보이지 않는 바람에 하늬라는 고유명사의 체취가 스며들었습니다. 고유명사를 따르던 동사(걷다)가 보통명사에 스며듦으로써 구체성이 높아졌습니다.

방금 든 예가 얼마나 맞아떨어지는지는 모르겠습니다만 분명한 사실은 만일 우리가 어떤 시각적 형체에만 매달린다면 이런 식의 이미지는 나오지 않는다는 점입니다. 그럼 어디에다 초점을 맞춰야 할까요? 바로 운동성입니다. 머리칼과 바람결은 하나의 운동성 속에서 이미지를 만들어내었습니다. 이를 두고 바슐라르는 질료적(물질적, matérielle) 상상력이라고 불렀습니다. 이것에 반대되는 것을 형상적(형식적, formelle) 상상력이라 했고 둘을 늘 구분했습니다. 흔히 '형식'과 '물질'의 상상력으로 번역되지만 저는 질료와 형상의 상상력으로 옮겼습니다. 무엇보다 서양언어에서 '형식'과 짝이 되는 것은 '내용'인 반면 형식과 물질을 한 짝으로 놓기는 어색하기 때문입니다. 또한 서양철학에 익숙한 분이라면 '형상'과 '질료'가 오래전부터 대립되어온 짝임을 알 것입니다. 그래서 바슐라르를 좇아 두 상상력의 유형을 대립시킨다면 아무래도 형상과 질료의 상상력으로 옮기는 게 낫다고 생각되는 것입니다.

질료적 상상력에서 질료란 물론 네 원소, 물·불·공기·흙을 가리킵니다. 그런데 이때 네 원소가 어떤 소재나 재료가 아니라 운동의 양상으로 설정된다는 점이 중요합니다. 아마 우리의 네 원소 이야기에서 가장 중요한 측면이 될 것입니다. 이 점을 분명히하려면 먼저 아리스토텔레스와 연금술의 관점을 간단하게 비교해보는 게 좋겠습니다. 물론 바슐라르는 후자에 닿아 있습니다.

아리스토텔레스는 모든 사물에는 형상(form)과 질료(matter)가 있고, 이들이 한데 뭉쳐 사물을 이룬다고 했습니다. 사실 집을 지으려면 설계도(형식)에 맞추어 자재를 모아야 하지 않겠습니까? 그런데 이 위대한 철학자는 아무래도 재료보다는 형상을 으뜸으로 보았습니다. 네 원소가 만들어지는 과정도 그렇습니다. 흰떡에다 떡살을 박듯이, 아무런 성질도 없는 바탕물질에 네 형상이 들어오면 네 원소가 만들어진다고 했지요. 불은 위로 올라가려고 하고 돌(흙)은 아래로 내려오는데, 이런 양상은 모두 원소에 박힌 형상들이 본디 자기 자리로 돌아가려는 귀향운동에 지나지 않습니다. 나아가 원소들이 섞이면 여러 사물들을 만들어내는데, 이들 또한 마찬가지입니다. 도토리가 나무로 자라는 과정은 어떨까요? 도토리 속에 입력된 형상의 발현이라는 게 아리스토텔레스의 생각입니다. 요즘 이야기되는 DNA유전자 같은 것을 떠올린다면 참 그럴듯하지 않습니까? 그러나 이때 형상은 어디까지나 질료 바깥에서 새겨져 들어온 것임을 잊어서는 안됩니다. 질료에게는 아무런 힘이 없습니다. 형상이 으뜸입니다.

반면 연금술은 질료를 으뜸으로 봅니다. 그렇다면 형상이란 무엇일까요? 형상은 결국 질료가 스스로 만들어낸 산물입니다. 질료의 내적인 자기갱신으로부터 나오는 산물이 곧 형상입니다. 이런 입장에 의하면 가령 DNA는 바깥에서 주입되지 않고, 처음부터 질료 속에 있습니다. DNA는 차라리 질료가 스스로 조직된 형태라는 편이 옳겠지요. 따라서 질료는 대단히 능동적이며 신성합니다. 17세기 초, 영국 왕립의과대학 교수로서 당시 자연과학의 경향에 맞서 케플러를 비롯한 여러 쟁쟁한 과학자들과 논쟁을 벌인 플러드(Robert Fludd)라는 사람이 있었습니다. 이 사람은 질료의 신성함과 능동성을 이렇게 압축하여 보여줍니다. "물질의 내부에는 자유를 갈망하는 의식이 거주한다." 이에 따르면 '현자의 돌' 또한 물질의 자기해방에서 태어나는 결실이라는 것입니다. 말하자면 저급한 단계의 금속을 온전한 금속으로 거듭나게 해준다는 현자의 돌조차도 이미 질료 속에 잠재된 무엇이 발현된 것입니다. 질료의 바깥에 따로 있으면서 힘을 행사하는 존재가 아닙니다. 고대인들이 "만물은 신으로 가득 차 있다"고 하며 이 신들을 "사물 내부에 퍼져 있는 신성한 힘"이라고 보던 것도 모두 이와 연결됩니다. 질료는 스스로 역동적이며 신성하다는 생각입니다. 그래서 16세기 전반에 신성로마제국의 저명한 신비주의 학자 아그립빠(Agrippa)는 이렇게 말했습니다. "원소는 저급한 신체뿐만 아니라 하늘, 별, 악마, 천사 그리고 신에게서도 창조자이며 만물의 원형이다."

연금술은 이처럼 질료를 자기운동의 능동적 주체로 봅니다. 바슐라르는 이 관점을 계승합니다. 형상보다는 질료, 형상적 상상보다는 질료적 상상을 으뜸으로 내세웁니다. 실제로 그는 『물과 꿈』의 머리말을 말라르메(Stephane Mallarmé)의 시 한 구절로 시작합니다. "히드라가 안개 속을 빠져나갈 수 있도록 도와주자." 이때 히드라를 질료적 상상력으로 바꿔보면 우리는 책의 나머지를 이해하게 됩니다.

히드라(Hydra)는 물속의 괴물로서 뱀 머리가 여럿 달려 있습니다. 기본적으로는 일본과 베트남, 서양의 스칸디나비아, 스코틀랜드에 이르기까지 널리 퍼져 있는 전설의 괴물과 상통합니다. 머리가 여럿 달린 뱀(용)에게 정기적으로 제물(처녀)을 바쳐야 하는데 한 젊은이가 나타나괴물을 죽인다는 전설 말입니다. 고대 그리스 남서부의 아르고스(Argos)에도 비슷한 이야기가 있었답니다. 그들은 레르나습지의 한 광천에 사는 머리가 아홉개 달린 뱀을 히드라라고 불렀고 나중에 '물을 다스리는 자'라는 이름을 얻은 헤라클레스의 손에 죽었다고 합니다. 히드라의 집안은 실로 대단합니다. 한번 외가 쪽부터 거슬러올라가보겠습니다.

히드라 ← 에키드나(Echidna, 어머니) ← 크리사오르(Chrysaor, 아

버지) ＋ 칼리로에(Callirhoe, 어머니) ← 포세이돈(Poseidon, 아버
지) ＋ 메두사(Medusa, 어머니)

히드라의 외할아버지는 '황금칼'이란 뜻을 가진 크리사오르입니다. 그
는 바다의 님프 칼리로에 사이에서 머리가 셋 달린 거인 게리온
(Geryon)과 에키드나를 낳습니다. 에키드나는 뱀이라는 뜻으로, 윗몸은
미녀이며 아랫도리는 뱀이지요. 이 에키드나의 자식들이 바로 키메라
(Chimaira), 지옥을 지키는 개 케르베로스(Kerberos), 스핑크스(Sphinx),
프로메테우스(Prometheus)를 쪼는 독수리, 그리고 히드라 등입니다. 하
여간 이름난 괴물은 대충 이 집안으로 보면 맞을 성싶습니다. 한 가지 덧
붙여 히드라와 헤라클레스의 집안에 이어지는 원한을 말하지 않을 수 없
습니다. 알다시피 포세이돈의 아기를 밴 메두사는 결국 페르세우스
(Perseus)의 손에 죽습니다. 이때 메두사 머리에서 흐르는 피에서 날개
달린 천마 페가수스(Pegasus)와 황금칼을 든 아기 용사 크리사오르가 소
리를 지르며 솟구쳤다고 합니다. 이 무슨 인연입니까? 메두사의 증손녀
히드라는 다시 페르세우스의 증손자 헤라클레스의 손에 죽습니다. 3대
에 걸친 원한입니다. 그런데 히드라의 아버지 쪽은 어떻습니까? 이쪽도
만만치 않습니다.

히드라 ← 티폰(Typhon, 아버지) ← 가이아(Gaia, 어머니) ＋ 타르
타로스(Tartaros, 아버지)

히드라의 아버지는 티폰입니다. 어머니 대지(가이아)가 자기 손자뻘인 제우스를 죽이려고 만든 자식입니다. 티폰은 일어서면 머리가 별에 닿았고, 눈에서는 불을 뿜었으며, 히드라 아비답게 뱀 머리를 한 괴물입니다. 그래서 제우스와 맞붙을 만했지요. 하지만 결국 지고 말았습니다. 죽어서 '피의 산'이 되었다는 말도 있지만 불사신인 그는 지옥에서 여전히 살고 있다는 말도 있습니다. 지옥으로 쫓겨났지만 성을 못 참아 한번씩 태풍(typhoon)을 일으킨다는 말도 있답니다. 제우스가 하느님이라면 티폰은 사탄인 셈입니다.

자, 히드라에 이어진 낱말들을 모으면 이렇습니다. 물, 뱀(메두사, 티폰, 에키드나), 여성, 바다(포세이돈, 칼리로에), 혼돈, 대지(가이아, 타르타로스), 반란, 태풍. 그런데 역시 중요한 것은 뱀의 존재입니다. 히드라의 친가, 외가 모두 뱀을 중심으로 이어져 있습니다. 어버이는 티폰과 에키드나이며 외할머니는 메두사입니다. 그렇다면 뱀의 어떤 측면이 물, 여성, 바다, 혼돈, 대지, 반란, 태풍에 연결되게 했을까요? 뭐니 해도 끈질긴 생명력과 관계있습니다. 메두사는 머리가 잘렸어도 천마와 황금칼의 용사를 낳았으며 마침내 히드라의 머리로 되살아나지 않았습니까? 한편 헤라클레스는 히드라의 머리를 쳐서 떨어뜨렸지만, 자꾸 새로운 머리가 돋아나는 바람에 골치가 아팠습니다. 이때 히드라의 여러 갈래 머리가 과연 무의식을 뜻하는 것인지, 아니면 갈래갈래 걷잡을 수 없이 피어오르는 사람 마음을 상징하는 것인지 저로서는 알 길이 없지만, 하여간 잘라도 돋아나는 생명력과 관계있다는 점은 분명합니다. 게다가 히드라의 머리 하나는 끝내 죽지 않아 헤라클레스가 땅속에 파묻어놓았다는

61

물의 상상력

전설을 생각하면 히드라가 바다, 혼돈, 대지, 반란, 태풍 등과 발생관계에 있다는 것이 과히 억지스럽지는 않습니다.

이쯤 되면 바슐라르가 질료의 상상력을 말할 때 히드라 이야기를 꺼낸 까닭을 짐작할 수 있습니다. 형체를 가진 모든 것은 일단 태어나면 언젠가 사라집니다. 하지만 질료는 그렇지 않습니다. 모양을 바꿔 살아남습니다. 옥(玉)은 깨어져도 그 빛은 여전하다고 했던가요? 따라서 질료의 네 패턴인 네 원소와 생명력을 히드라에 빗대는 데는 일리가 있습니다. "히드라가 안개 속을 빠져나갈 수 있도록 도와주자." 질료의 상상력이 활동하여 마침내 끝없는 자기변성을 통해 자기 내부의 어떤 잠재적인 것을 해방하는 경지, 그리하여 하나의 생생한 이미지로 거듭 태어나는 경지를 이야기한 게 아니겠습니까? 만약 히드라가 굳건한 육지에 대비되는 유동성의 바다이며, 우주에 대한 혼돈이며, 로고스의 제우스에 대한 카오스의 반란이며, 생명의 대지 밑에서 솟구치는 태풍이라면 질료도 그와같습니다. 질료의 상상력은 형상이 정해놓은 경직된 형식을 부수고 뛰어오릅니다. 그리하여 스스로 자기 형상을 만들어냅니다.

스스로 자기 형상을 만들어낸다는 말은 한 가지 형상에 얽매이지 않는다는 말이기도 합니다. 질료는 여러 형상을 가로지를 수 있습니다. 심지어 겉보기에 대립하는 형상들조차 넘어서기에 '대립의 일치'마저 이룩할 수 있습니다. 사실 뱀이 그렇습니다. 겨울에는 땅속에 들어갔다가 봄이면 땅 위로 나오듯이, 죽음과 삶, 이승과 저승을 오고갑니다. 뱀이 지닌 독은 말할 것도 없겠지요. 때로는 사람을 살리는 약이 되기도 한답니다. 데리다(Jacques Derrida)가 입심 좋게 이야기했지만, 그리스 말로 파르

마콘(pharmacon)은 독과 약을 함께 가리킨다고 합니다. 우리말에서는 아예 독약이라는 합성어로 이 모순의 공존을 표현하지 않습니까? 의술의 신 아스클레피오스(Aesculapius)가 늘 뱀이 휘감긴 지팡이를 짚고 다녔던 까닭도 여기에 있을 터입니다.

여담입니다만 저는 연금술의 도상 속에서 뱀이 똬리를 튼 모습이 매우 조그맣게 들어 있는 것을 본 적이 있습니다. 무슨 의미인지를 몰라 이리저리 자료를 뒤졌는데 마침내 뱀의 모습이 로마자 S를 가리키며, S는 또한 사탄(Satan)과 쏘피아(Sophia), 즉 악마와 지혜를 함께 의미하는 것임을 알고 놀란 적이 있습니다. 물론 저는 연금술이 말 그대로 악마를 숭배했다고 생각하지는 않습니다. 그러므로 사탄과 지혜가 만난 연금술이 어떤 악마의 학문을 만들려 했다고 생각하지는 않습니다. 다만 우리에게 친숙한 지식이 아니라 어떤 이질적인 지식을 내놓으려 했음을 짐작해볼 수 있습니다. 사실 내 편이 아니라는 뜻에서의 단순한 타자가 적이 되고 이것이 다시 악마로 발전하는 경우를 우리는 많이 알고 있습니다. 그리스 말이 아니라 '외국 말을 하는 자'(barbaroi)가 야만인(barbarian)이 되고 이것이 마침내 악마의 무리로 규정되는 과정이나 그리스어로 '욕설을 하는 자'를 가리키는 데빌(Devil)이 악마가 되는 과정에는 서로 통하는 데가 있습니다. 사탄은 본디 히브리 말에서 적을 가리킨다고 합니다. 시간이 흐름에 따라 타자가 적으로 불리게 되고 마침내 악마가 되었을지도 모릅니다. 따라서 저는 사탄의 지혜란 것을 말 그대로 이교도의 지혜와 연결된 것으로 생각합니다. 정통 기독교처럼 주류를 이루던 사상과 종교가 아니라 영지주의(Gnosticism), 신플라톤주의, 이집트, 아라비아의 지혜와 같은 일종의 소수 담론이랄까 타자의 담론을 받아들인 정도로 생각합니다. 이러한 담론을 가리킬 때 뱀이라는 상징은 매우 적절합니다. 정형화된 내 편과 네 편, 정교와 이교의 분리를 가로지르는 담론이기 때문입니다.

한편 연금술에서는 머큐리(Mercury), 즉 그리스신화의 헤르메스에 상응하는 사자(使者)의 신이 들고 있는 지팡이에 반드시 뱀을 그려넣었습니다. 갈라진 세계를 잇는다고 믿었기 때문입니다. 우리는 비슷한 사례를 여러개 들 수 있습니다. 가령 환태평양 지역에서 뱀장어가 얼마나 신성시되는지 생각해보십시오. 뱀장어는 뭍과 바다, 위와 아래의 매개자로 여겨지며, 더 나아가 양서류도 그러합니다. 대지가 뱀이나 거북 등 위에 놓여 있다거나, 용이나 두꺼비가 신성하다는 까닭은 어디에 있을까요? 대립의 일치 또는 양가(ambivalence)적인 성격 때문입니다. 서양 마녀들이 끓이는 가마솥 안을 한번 들여다보십시오. 박쥐를 비롯해 온갖 '이도 저도 아닌 것'들이 그득합니다.

물론 대립의 일치는 징그러우며 괴물 같습니다. 그러나 전체적이므로 신성합니다. 질료는 신성합니다. 자기변형을 통해 온갖 대립 형상을 넘어서기 때문입니다. 연금술이 내세운 것은 바로 형상을 넘어 가로지르는 운동, 다시 말해 고정된 형상들을 뱀처럼 가로지는 질료의 운동이었습니다. 바슐라르는 이 꿈틀거리는 움직임을 가리켜 질료의 상상이라고 했습니다. 그래서 물에 사는 뱀 히드라를 『물과 꿈』 머리말에 얹어놓았습니다. 히드라는 검은 물을 내며 부글부글 끓는 광천에 몸을 숨기고 있습니다. 그러다가 주위에 누가 나타나면 갑자기 솟아올라 잡아먹습니다. 참으로 질료의 운동을 보여줍니다. 한편 그 괴물의 머리를 가까스로 잘라 내고 부글부글 끓던 샘물을 하나의 물길로 흐르도록 다스렸던 헤라클레스는 형상의 운동을 보여줍니다. '하나의 물길'을 경직되고 유일한 형상을 강요한 것으로 본다면 말입니다. 하지만 '물을 다스리는 자'로 불리던 헤라클레스는 끝내 히드라를 죽이지 못했습니다. 그러므로 히드라가 다시 광천의 안개 속에서 제 모습을 드러내도록 도와주어야 합니다. '하나'의 물길에서 벗어나 다시금 끓는 물로부터 새롭게 솟아나도록 말입니다.

그래도 바슐라르를 대립의 일치나 질료 개념하고 한데 놓는 게 못마땅한 분들은 『물과 꿈』 차례를 한번 보세요. 모두 8장으로 되어 있습니다.

> 머리말(상상력과 질료) → ① 맑은 물, 봄의 물 ② 깊은 물 ③ 카론의 콤플렉스, 오필리아의 콤플렉스 ④ 복합적인 물 ⑤ 모성적인 물 ⑥ 순수성과 순수화 ⑦ 부드러운 물의 우월함 ⑧ 난폭한 물 → 후기(물의 말).

먼저 ①에서 꿈은 물의 표면에 머물러 있습니다. 물은 맑게 반짝입니다. ②부터는 조금씩 깊어집니다. 물의 깊이 자체를 느끼면 마침내 ③에서 죽음의 뱃사공을 만납니다. 그런데 ④가 재미있습니다. 이 장은 일종의 거울입니다. ⑤부터는 유동성 이미지로 넘어갑니다. 물의 표면과 깊이에 대립하는 심상입니다. 그러다가 ⑧을 보세요. 처음 ①에서 들여다보던 봄의 물에 반대되는 난폭한 물을 마주하게 됩니다. 참으로 재치있지 않습니까? 『물과 꿈』은 그 자체가 하나의 거울상입니다. 물을 대표하는 이미지라고 할 법한 거울 모양입니다. 지금까지 『물과 꿈』에서 이런 구조를 찾아낸 사람은 흔치 않을 성싶은데, 그것은 연금술적 대립의 일치 개념을 간과했기 때문일 것입니다. ④는 거울로서, 물에 들어 있는 대립의 일치와 이중성이 '복합적인 물'로 표현되어 있으며, ①②③과 ⑤⑥⑦의 꿈들은 이 거울을 두고 마주 서 있습니다. 그리고 물은 거울을 가로질러 흐릅니다. 여러 형상을 만들어냅니다. 이것이 물이라는 질료의 상상력입니다.


## 2. 질료의 꿈, 취상

내적 자기갱신(육화)

질료의 힘, 운동 ――――→ 질료의 형태

←――――

상상력

투사 / 역(逆)투사(우주적 자기애)


　바슐라르가 말한 질료의 상상력을 간단하게 정리해보았습니다. 왼쪽에서 오른쪽으로 가는 화살표는 질료가 스스로 형상을 만든다는 것으로 일종의 발생과정을 가리키는 것이며, 반대 방향의 화살표는 연금술사들이 사물의 외형(signature)을 통해 사물의 신비를 읽으려던 방향과 합치하는 것으로서 좁은 뜻에서 바슐라르의 질료적 상상력이 향하는 방향이라고 할 수 있습니다. 후자를 투사(projection)로 부르기도 했으며 비

(非)객체화, 도치(inversion), 의인화 등으로 부르기도 했습니다. 요컨대 위에 있는 화살표가 질료의 상승운동을 담은 꿈이라면, 아래 화살표는 그 속으로 파고드는 사람의 꿈을 가리키는 것이지만, 둘은 동시에 하나로 뒤엉켜 있습니다. 질료(원소)는 본디 우리 안에도 있고 바깥에도 있는 것이므로 질료의 상승은 곧 우리 꿈의 상승이기도 하며 꿈의 침투는 곧 질료의 침투에 상응하기 때문입니다.

뒤엉킨 두 축을 바슐라르는 상상력의 두 축이라고 불렀습니다. 우리는 간단하게 형상과 질료라는 범주로 이해할 수 있습니다. 질료는 존재의 근원(뿌리)을 말합니다. 존재 자체입니다. 마찬가지로 질료축의 상상은 표면으로부터 속 깊은 곳으로 내려갑니다. 그러므로 다음과 같은 낱말들이 서로 대비됩니다. 시각(회화)적인 것과 근원적인 것, 형체와 실체, 표면과 깊이, 의식된 광경과 숨은 이미지, 꽃잎과 향기 또는 꽃잎과 씨앗. 이렇게 대립되는 이미지쌍 가운데 앞에 있는 것들은 형상적 상상력에 관계하며 뒤에 있는 것들은 질료적 상상력에 관계합니다. 질료적 상상은 존재의 깊이를 느끼려 합니다. 마침내 존재 자체의 향기에 이르려 합니다. 가령 꽃잎의 모양이 형상의 축에 있다면, 질료의 축은 그 꽃의 향기로 향합니다.

향기가 어떻게 존재 자체나 질료와 곧장 연결되는지 궁금하다면, 한번 바슐라르의 말을 직접 들어봅시다.

그러므로 박하수의 냄새는 내 속에 일종의 존재론적 교감을 불러 일으켜, 인생이란 것이 단순한 향기이며, 어떤 냄새가 실체에서 풍겨

나오는 것처럼 인생은 존재에서 풍겨나오는 것이며, 냇물의 식물은 물의 혼을 발산하고 있는 것이라고 생각하게 한다…… '나는 박하의 냄새, 그것도 박하수의 냄새다'라고 말하지 않을 수 없으리라.

끝부분의 "나는 박하수의 냄새다"라는 표현에는 조금 설명이 필요합니다. 이것은 1754년에 프랑스의 철학자 꽁디악(Condillac)이 내놓은 명제의 패러디입니다. 꽁디악은 '살아 있는 석상(石像)'이라는 가상실험을 하나 제안했습니다. 대리석으로 만든 상이 하나 있는데 사람의 몸처럼 유기적으로 조직되어 있되 아직 어떤 종류의 관념도 갖고 있지 않다고 합시다. 이를테면 사람하고 똑같은 감각기관을 갖고 살아 있지만, 온몸이 대리석으로 덮여 있어서 외부감각이 일체 없는 석상을 생각해보자는 것입니다. 먼저 코 부위를 벗겨볼까요? 오직 후각이 일어나겠지요. 여기에 장미 한 송이를 놓으면, 당연히 장미향기를 맡을 테지요. 따라서 우리는 "석상이 장미향기를 맡는다"고 말할 것입니다. 그러나 실제로는 그렇지 않다는 게 꽁디악의 생각입니다. 석상이 장미향기를 맡는 게 아니라, 석상은 곧 장미향기라는 것입니다. 이상한가요? 하지만 일리가 있습니다. 석상에게는 아직 대상이란 개념이 없습니다. 대상이 없으므로 자기의식도 없습니다. '내'가 장미향기를 맡는다는 자기의식이 없다는 뜻입니다. 그리고 지금은 아직 다른 감각은 참여하지 않았습니다. 그러므로 석상은 완벽하게 집중하여 장미향기에 이끌리게 되고 결국 그것과 동일시됩니다. 그리하여 나는 곧 장미향기입니다. 이 가설에 따르면 자의식이나 에고(ego) 등은 나중에 생깁니다. 자의식은 감각과 독립해서 먼저 있는 실체가 아니라는 것입니다. 거꾸로 감각이 먼저이며, 자아는 그 다음입니다. 바슐라르는 지금 이 테제를 끌어들입니다. "나는 박하수의 냄새다." 이때 나는 무엇의 향기를 맡는 존재가 아니라 바로 향기입니다.

꽁디악이 후각으로부터 사고실험을 시작한 것은 후각이야말로 감각 주체의 작용이 전혀 없는 가장 낮은 단계의 감각이라고 여겼기 때문입니다. "저 형사는 냄새를 잘 맡아"라는 표현을 쓸 수 있듯이 후각은 우리의 자의식이나 반성의식, 나아가 사물을 이리저리 재고 계산하는 논리적 의식에 앞서는 원초적인 감각입니다. 그러므로 정신과 사물의 밑바탕에 닿아 있습니다. 그렇다면 오히려 가장 낮은 단계라기보다는 가장 본질적인 감각이라고 할 수 있지 않을까요? 바슐라르는 아마 그렇게 생각한 듯합니다. 사실 향기에는 깊은 의미가 있습니다. 가령 우리는 '슬기사람'(Homo Sapiens)에서 싸피엔스(Sapiens)라는 말의 본디 뜻을 잊지는 않았습니까? 싸피엔스는 본디 '맛을 보거나 향기를 음미하다'(sapio)라는 동사에서 나왔습니다. 그렇다면 지혜는 곧 음미라는 말이 되지 않겠습니까? 기실 지혜는 사물의 본질을 아는 데서 나오며, 무엇을 제대로 안다는 것은 그것을 음미하는 경지에 이르는 것입니다. 맛과 향기야말로 한 사물의 본질이기 때문입니다. '유방백세(流芳百世)'니, 고룡(古龍)이 쓴 소설에서 "나는 달빛을 밟고 온다(我踏月色而來)"는 멋쟁이 밤손님의 이름이 '초류향(楚留香)'이라는 것은 모두 한 사람의 본질을 향기로 본 데서 나온 것임을 덧붙일 필요는 없을 터입니다.

사람은 사라져도 향기는 남는 법입니다. 우리는 꽃의 형상을 직접 볼 수 있지만 오히려 눈에 보이지 않는 향기야말로 더욱 꽃을 음미하게 해줍니다. 그래서 향기는 질료의 축에 속합니다. 존재의 뿌리에 닿아 있기 때문입니다. 더욱이 보이지 않는 향기는 사람으로 하여금 질료의 뿌리로 파고들게 함으로써 질료와 하나되게 해줍니다. "나는 박하수의 냄새다." 이때 나는 질료를 꿈꾸는 이가 아니라 바로 질료입니다. 이것이 질료적 상상의 극한입니다. 그것은 궁극적으로 질료와 뿌리부터 하나가 되는 움직임입니다. 연금술사 파라켈수스는 이렇게 말했습니다. "사람이란 곧 그가 생각하는 내용이며 그것도 바로 지금 생각하고 있는 내용이다. 사람이 불을 생각하면 그는 곧 불이다." 이때 생각은 상상력(Einbildung)을 가리킵니다. 파라켈수스는 일종의 인력에 의해 사물을 끌어당기는 활동으로서 상상력이 사물로 하여금 사람 속에 들어와 변형되게 하는 동시에 그 사람으로 하여금 사물을 따라 변형되게 하는 활동이라고 했습니다.

이렇게 놓고 보면 왜 '관조'나 '의식된 광경'이 형상의 축에 놓이는지 알 수 있습니다. 사물을 앞에 두고, 그 상을 마주 보기[對象]란 형태나 표면에 머무르는 활동입니다. 사물의 뿌리에 닿을 수 없으며, 나와 사물이 하나로 되는 법도 없습니다. 그래서 형상적 상상은 '상상'이라기보다는 '관념의 활동'이며, 질료적 상상보다 한 단계 떨어집니다. 후자야말로 '이미지의 받침대'와 '형상의 무의식'에 이릅니다. 형상은 관념의 표면에 머물지만 질료는 의식의 심층을 밟습니다.

그런데 바슐라르는 질료와 형상적 상상이라는 두 축이 서로 보충적이라고 이야기합니다. 두 축을 함께 인정하자고 제안합니다. 아니, 지금까지 형상의 축은 피상적이며, 질료의 축이야말로 으뜸인 양 이야기해놓고 이제 와서 두 축을 함께 인정한다니요? 그런데 여기서 인정하는 형상의 축은 지금까지 표면적이라며 깎아내린 형상이 아닙니다. 즉 사물의 겉모습이나 시각적 형태가 전부인 줄만 알던 단계의 것으로서 죽어 있는 형상이 아닙니다. 지금 인정하자는 것은 질료의 자기운동에 의해 생생하게 살아나는 형상이며 우리가 또한 질료의 운동에 참여할 때 그 의미를 깊고도 새롭게 이해할 수 있는 형상을 가리킵니다.

저는 이 대목에서 취상(取象)을 떠올립니다. 『주역(周易)』에서 '사물을 인식하는 방법'으로 제시하는 취상 말입니다. 그것은 말로 하기 어려운 직관의 내용을 현실에 존재하는 사물을 빌려 표현하는 방법이기도 하며, 그와 반대로 한 사물의 상징을 통해 어떤 직관에 도달하는 방법이기도 합니다. 그러므로 『주역』은 본질적으로 이중적인 이 과정을 상반되게 표현합니다. 한편으로는 이렇게 말합니다. "복희씨는 우러러서는 하늘에서 상을 취하였고 굽어서는 땅에서 법칙을 관찰하였고 가까이는 몸에서 취하고 멀리는 물(物)에서 취한즉 여기서 비로소 팔괘가 만들어졌다." 이것은 자연현상을 사물의 형상으로 상징하는 과정을 가리킵니다. 다른 한편으로는 이렇게 말합니다. "성인은 상을 세움으로써 뜻을 남김없이 다 헤아리고 괘를 베풂으로써 사물들의 정황을 모두 파악한다." 이것은 사물의 형상(상징)에 기대어 어떤 직관에 이르는 과정을 가리킵니다. 그러고 보니 취(取)에는 '골라 뽑다'라는 뜻이 있는가 하면 '의지하다'라는 뜻이 들어 있기도 합니다.

취상에 있어 직관과 사물[象]은 각각 상상력에 있어 질료와 형상의 두 축에 상응할 듯합니다. 우리는 형상을 통해 질료의 운동으로 들어갈 수 있는 동시에 후자의 직관을 통해 형상을 이해할 수 있습니다. 나아가 이러한 직관을 담은 새로운 형상을 만들어낼 수도 있습니다. 특히 새로운 형상을 만들어낼 때 우리의 상상력은 말 그대로 자연의 질료가 운동하여 새 형상을 만들어내는 과정, 즉 자연의 과정과 일치합니다. 그리고 이 과정은 예술의 창작과정과도 일치합니다. 감응을 통해 질료의 뿌리까지 내려간 상상이 일정한 형식을 갖춘 작품으로 구체화되는 과정 말입니다. 당연한 이야기지만 구현의 과정이 없으면 좋은 이미지는 태어나지 못합니다. 그리고 시인이란 '영감을 받아 시를 쓰는 사람이 아니라 시를 통해 영감을 주는 사람'이라는 말이 옳다면, 시인의 상상력은 모름지기 질료와 형상의 두 축을 함께 인정할 수밖에 없습니다. 이에 따라 우리는 상상력과 질료 그리고 예술의 산출과정이 서로 긴밀하게 상응하고 있음을 알 수 있습니다. 이러한 상응은 네 원소가 우리 안에도 있고 밖에도 있는 것임을 상기할 때 모순 없이 이해될 수 있을 것입니다. 그러므로 질료의 축과 동시에 인정되는 형상의 축은 세 가지 차원에서 진행되는 질료의 형상화 또는 새 몸 얻기(육화) 과정을 가리킵니다.

이것은 결국 질료를 중심에 두고, 형상과 질료의 축을 함께 인정하는 것입니다. 이럴 때 두 축은 서로 보충하는 성격을 지닙니다. 그래서 '심화와 비약' 두 축으로 지칭되기도 했습니다. 심화를 통해 질료는 '깊이를 알 수 없는 신비'로 나타납니다. 그리고 비약을 통해 질료는 '힘과 기적'으로 나타납니다. 사실 잘 빚어진 이미지는 그 자체로 힘을 가지는 존재의 기적입니다. 메두사를 정복한 페르세우스는 날개 신을 신고 날아갔으며, 새 몸을 얻은 선인(仙人)은 한낮에 하늘로 오른다(白日昇天)고 했습니다. 특히 바슐라르는 '접목'(greffe)이라는 말을 썼습니다. 접목은 밑

나무에 다른 나무의 가지나 눈을 따다 붙이는 일입니다. 상상력이 접목과 같다는 말은 마치 접붙여놓은 나무처럼 두 이질적인 벡터가 함께 자란다는 뜻입니다. 질료의 땅과 형상의 하늘을 향해 두 방향으로 함께 뻗는다는 뜻입니다. 이런 접목구조는 한마디로 대립의 일치를 보여줍니다. 바슐라르는 이 구조를 과학에서 합리주의와 경험주의, 미술에서 추상과 구체를 논의할 때도 보여주지만 이 책에서는 말씀드리지 않겠습니다.

## 3. 오필리아, 흐르는 슬픔

그래도 질료의 상상이 무엇인지 아리송하다면 『물과 꿈』 3장을 펼쳐보세요. 오필리아(Ophelia) 콤플렉스가 나옵니다. 알다시피 오필리아는 햄릿을 사랑한 여인입니다. "부풀은 옷자락은 곧 물을 머금어, 아름다운 노래를 그치게 하는 것처럼, 저 가련한 희생을 냇물 밑 진흙 속으로 이끌어 가네." 오필리아 콤플렉스는 물의 죽음을 상징합니다.

사실인즉 네 원소의 상상력은 죽음의 의식(意識)과 의식(儀式)을 바탕에 두기도 합니다. 물에 대한 최초의 상상력은 수장(水葬)에 닿아 있으며, 불은 화장, 공기는 풍장, 흙은 매장에 닿아 있습니다. 네 원소는 이처럼 생명을 낳고 먹여살리는 근원인 동시에 목숨이 다한 존재를 품어주는 보금자리이기도 합니다. 물도 마찬가지입니다. 물속에는 삶과 죽음이 함께 있습니다. 고대 이집트인들이 재생사상과 결부하여 물이 인간을 죽음의 응고로부터 녹여 풀어준다고 생각했던 한편, 바벨론의 여신 이슈타르는 생명수를 얻기 위해 죽은 자의 세계로 내려가야만 했습니다. 시인 랭보도 이 점을 놓치지 않았습니다. "창백하고 황홀한 부유(浮游)처럼, 상념에 잠긴 익사체가 이따금 내려가고……"(「술 취한 배」) 오필리아 콤플렉스는 물에서의 죽음 또는 물 자체가 가지는 죽음의 이미지를 대표하고 있습니다.

만약 '상념에 잠긴 익사체'를 땅 위에 누인다면 어떻게 될까요? 죽음이라는 이미지는 남아 있겠지만 물의 죽음이라는 이미지는 저만치 멀어질 것입니다. 오필리아 역시 그렇습니다. 땅 위로 그녀를 옮겨놓을 때 그녀는 또다른 이미지의 주인공이 되어버립니다. 『햄릿』의 오필리아는 물에 있어야 합니다. 그 모습이 어떻게 바뀌더라도 물과 함께 있어야 합니다. 오필리아는 물의 죽음이라는 이미지의 원형이 되어 숱한 몽상가들을 일깨웁니다. 이를 두고 바슐라르는 "몇세기 동안 그녀는 꽃다발과 함께 출렁이는 물결에 머리칼을 펼치며, 냇물에 표류하는 모습으로 몽상가와 시인에게 나타나리라"고 썼습니다.

바슐라르는 입담 좋게 이야기합니다. 그녀는 "가장 명백한 시적 제유(synecdoche)를 보여준다." 제유란 부분 속에 전체가 있으며 소우주 속에 대우주가 있다는 관념을 담은 비유법이 아닙니까? 그녀는 곧 "물에 뜬 머리카락, 물결에 빗질하는 머리카락이 되리라." 그녀와 머리카락 사이에 놓인 관계를 보십시오. 그녀의 이미지 전체는 '물에 뜬 머리칼' 속에 담겨 있습니다. 전체가 부분 속에 들어 있는 격입니다. 그런데 거꾸로 나아갈 수도 있습니다. '물에 뜬 머리칼'은 물 자체와 나눌 수 없습니다. 그렇다면 '머리칼'이라는 부분이 물이라는 전체 속에 들어 있는 격이 아닙니까? 새로운 부분과 전체의 관계가 놓여 있습니다. 오필리아가 물과 함께 있어야 한다는 말의 뜻은 이런 것입니다. 그녀의 이미지는 물과 더불어 겹겹이 감싸여 있기 때문입니다.

　그런데 이야기는 끝나지 않았습니다. 오필리아를 품고 흐르는 물은 단지 $H_2O$라는 소재로 이루어진 분자집단만을 가리키지는 않습니다. 그녀를 품고 흐르는 모든 것은 물입니다. 물결과 함께 출렁이는 꽃다발, 물위에 흘러가는 풀잎, 심지어 물가에서 흔들리는 나무와 풀은 모두 물입니다. 여기서 우리는 한층 승화된 시적 제유를 맛볼 수 있습니다. 그리하여 부분과 전체의 역설, 그 '이상한 가역반응'의 등식을 찾을 수 있습니다. '오필리아를 품고 출렁이는 모든 것은 물결이며, 모든 물결은 머릿결이다.' 랭보의 시 「오필리아」를 들어볼까요?

　　하얀 오필리아는 한 송이 흰 백합처럼 떠내려가는구나. 긴 장옷과 더불어 고요히 흘러가는구나…… 바람이 그녀의 젖가슴에 입맞추고, 물결 따라 부드럽게 흔들리면, 그녀의 엷은 면사는 크게, 화관처럼 휘날리었노라. 헝클어진 버들가지들은 그녀의 어깨 근처에서 흐느끼고, 그녀가 꿈꾸는 넓은 이마는, 갈대줄기를 기울어지게 하였노라.

　긴 장옷, 엷은 면사, 물결, 버들가지, 갈대…… 모두 "물에 뜬 머리칼" 이미지에 닿아 있지요. 그리고 이들은 모두 흐르는 물과 구별되지 않습니다. 이것이 바슐라르가 말하는 도치입니다. 오필리아 → 물에 뜬 머리칼 → 흐르는 물. 요컨대 그녀는 흐르는 물과 하나로 되었습니다. 도치는 곧 일치라고 할 수 있겠지요. 오필리아가 물에 흘러가는 게 아니라, 그녀는 곧 흐르는 물입니다. "나는 박하수의 향기"이듯이 말입니다. 우리는 지금 고유명사와 보통명사, 특수와 보편이 일치하는 상황을 보고 있습니다. 그리하여 세계 곳곳에서 강물이 여인의 머릿결로 비유되는 까닭을 이해할 수 있습니다. 우리 풍수(風水)에서도 강물이 모이지 않고 여러 갈래로 흐르는 모습을 두고, '여인이 산발한 모습'이라고 하지 않던가요? 이런 이미지에서는 도대체 여인의 머리칼이 강물의 상징인지, 아니면 강물이 머리칼의 상징인지 딱 잘라 말하기 어렵습니다.

질료의 축으로 상상한다는 것은 이런 식입니다. 눈에 보이는 모습에 머물지 않습니다. 가령 머리칼이라는 형상보다는 물에 뜬 머릿결의 움직임 자체에 빠져들어야 비로소 가능한 상상입니다. 가만히 있는 머리칼이 아니라 물결치는 머릿결이 물의 이미지를 이끕니다. 이런 질료의 상상에서 말하는 원소 '물'은 굳이 물일 필요도 없습니다. 이를테면 우리가 마시거나 먹 감는 물일 필요가 없습니다. 출렁이며 흐르는 모든 것은 물입니다. 깊이를 알 수 없도록 고여 있는 모든 것은 물입니다. 질료를 재료와 혼동해서는 안됩니다.

질료가 재료하고 다르다는 말은 바슐라르의 네 원소가 좁은 뜻에서의 물·불·공기·흙으로 한정되지 않는다는 말입니다. 이렇게 풀이할 때 랭보의 「술 취한 배」에 나오는 "상념에 잠긴 익사체"(un noyé pensif)를 이해할 수 있습니다. 상념은 깊이를 알 수 없도록 고여 있거나 흘러가므로 물과 같습니다. 그러므로 사람들은 거기에 잠겨 익사할 수 있는 것입니다. 이런 관점에서 우리는 말렌느 공주(La princess Maleine)의 외침도 알아들을 수 있습니다. "아! 내 방의 갈대는 얼마나 울부짖고 있는 것일까?" 물가에 있는 모든 것은 갈대입니다.

블레이크는 이런 말을 한 적이 있습니다. "상상력이 있는 인간에게 자연은 상상력 그 자체이다." 바슐라르도 비슷합니다. 네 원소를 통해 그가 말하려던 바는 다음과 같을 것입니다. 상상력의 뿌리는 자연에 있다. 그런데 자연을 대표하는 것이 네 원소이며, 이 네 원소는 질료의 네 가지 운동양상을 가리킨다고 보았던 것입니다. 그러므로 온전한 뜻에서 상상력이란 본디 질료적 상상력이며, 그것은 말하자면 질료의 네 운동에 사람의 마음이 동하는 것입니다. 우리가 방금 오필리아를 놓고 되짚은 것은 다름아니라 여기서 질료가 재료하고 다르다는 점입니다. 이로부터 우리는 두 가지 명제를 끌어낼 수 있지요.

첫째, 한 원소는 때에 따라 다른 원소로 될 수 있습니다. 운동성으로 파악되기만 한다면 같은 물이라 해도 때에 따라 불의 성질을 띨 수도 있으며 대지의 성질을 띨 수도 있다는 뜻입니다. 북아메리카 원주민들은 한증막사(sweet lodge)의 의식에서 그것을 보여주었습니다. 수증기처럼 위로 올라가는 물은 불의 이미지를 함께 드러냅니다. 반면 우물처럼 대지를 향해 밑으로 내려가는 물은 이슬람교가 강조했듯이 대지의 천국이라는 이미지를 보여주기도 하는 것입니다.

둘째, 네 원소는 곧잘 자연물을 넘어 인공물마저 포함할 수 있습니다. 원소를 운동성에서 파악할 때 인공물이 포함되지 못할 까닭도 없다는 뜻입니다. 한 사람이 상념에 빠져 죽는 것을 느낄 수 있고, 콘크리트로 지은 집에서도 갈대의 울부짖음을 들을 수 있다면, 굳이 물이라는 원소에서 인공물을 물리칠 필요가 없습니다. 이렇게 풀이하면, 바슐라르가 상상력의 뿌리로 설정한 자연을 대단히 넓히는 셈이 됩니다. 요컨대 그의 자연은 인공물을 포함하는 자연이 됩니다.

자연이 인공물을 포함한다면 어떤 이는 '상상력의 뿌리가 자연에 있다'는 네 원소의 자연철학을 거스르는 게 아니냐고 반문할 것입니다. 다시 말해 자연철학을 인간중심주의로 후퇴시키는 일이 아니냐고 말입니다. 하지만 저는 그렇게 보지 않습니다. 인간사의 뿌리가 자연사 속에 있다는 말이나, 자연사가 인간사를 포함한다는 말이 뭐 그리 다르겠습니까? 문제는 중심을 어디에 두느냐입니다. 중심이 자연에 있다면 심지어 인간사 속에 자연사가 있다 해도 이상할 까닭이 없을 성싶습니다. 자연이 인공물을 포함한다는 것은 이런 차원입니다. 네 원소의 자연을 산과 들에서 만나는 자연으로만 여기면 곤란합니다. 나아가 네 원소 이야기의 메씨지를 맑은 물과 공기를 그리워하는 환경보호주의쯤으로 여기면 더더욱 곤란합니다. 네 원소는 한층 근본적인 자연을 포괄합니다. 인위에 맞서기만 하는 자연이 아니라 인위마저 감싸안는 자연을 생각합니다.

이런 자연은 반드시 원재료와 맺는 감동적인 관계를 내세우지도 않습니다. 예술로 말하자면, 자연을 담으려 한다 해서 꼭 조개껍데기, 돌, 나무뿌리, 솔방울처럼 유기체의 특성을 지닌 소재들을 쓸 필요가 없는 것과 같습니다. 시적 반응을 일으키는 자연 소재들을 쓰지 않더라도 정녕 자연을 자기 내부로, 자기 역사 속으로 밀어넣을 때 자연은 평생 거기에 머뭅니다. 기록되고 새겨지는 것입니다. 자연은 이렇게 살아 있는 예술을 통해 제 모습을 드러냅니다. 물론 자연을 살아 머물게 하는 인공물은 언뜻 자연스럽게 보이지 않을 수도 있습니다. 하지만 참으로 자연의 몸짓을 느끼는 감수성 앞에서 자연은 안에서도 밖에서도 걷고 달립니다.

문제는 산과 들에서 만나는 소재나 원재료보다는 자연의 근본적인 몸짓을 느끼는 감수성입니다. 고대 그리스어 '무엇을 낳다'라는 동사에서 나왔고, 히포크라테스가 '자기 치유력'으로 불렀던 피지스(Physis)를 느낄 감수성이 필요합니다. 질료적 상상력이란 이런 감수성에 닿아 있습니다. 표면의 포에지(Poesie)처럼 네 원소의 직접적인 반영, 환영, 인상 따위에 머무는 대신, 원소들의 힘과 운동, 밀도, 나아가 무게, 어두움, 깊이를 느끼자고 제안합니다. 저는 방금 느낌이라고 했습니다. 바슐라르는 이때 감각기관을 통한 감각(sensible)을 들먹이지 않고, 대신 우리말로 육감(肉感)이라 할 만한 감각(sensuel)을 이야기합니다. 관능적인 뜻도 들어 있는 말입니다. 나아가 그런 육감을 통한 상응(correspondance)을 이야기합니다. 감응(感應)이나 상호교감으로 옮길 만한 말이지요. 요컨대 육감·감응·교감을 통해 우리는 자연과 하나가 될 수 있으며, 이런 일치를 구현한 인공물은 자연적이라는 것입니다.

좁게 정의된 자연주의에 사로잡힌 분이라면, 인공물이 자연적일 수 있다는 데 고개를 가로저을 것입니다. 그러나 자연을 '자연스러움'으로 생각하면 어떻습니까? 어떤 소재를 가리키는 명사로 여기지 않고, 활동의 자연스러움을 가리키는 수식어로 여긴다면 어떻습니까? 사람의 뿌리가 자연의 활동에 있고, 자연의 네 뿌리가 곧 네 원소의 움직임[爲]이라면 어떻게 사람의 몸짓[人爲]이라고 해서 네 원소가 깃들지 않겠습니까? 모래 한 알에서 세계를 본다는데 어떻게 콘크리트 속에는 자연이 서려 있지 않다고 하겠습니까? 참으로 질료의 속내를 들여다본 사람이라면, 거친 콘크리트로 위대한 교향곡을 연주할 수도 있을 터입니다. 아니, 자연이 근본이라는 취지를 생각한다면 오히려 인간(인공)과 자연을 무 자르듯 나누는 것이야말로 자연주의에 어긋날지도 모릅니다. 다만 자연이 우리 속에 드러나고 우리가 그것을 거짓 없이〔無僞〕표현할 때 걸림돌이 되는 것은 가짜〔僞〕입니다. 바슐라르는 표면의 포에지가 가짜에 닿아 있다고 했고, 그것을 넘어 자연의 속내와 하나되는 감응이 질료의 상상을 이룬다고 했습니다. 그러므로 감응을 통한 질료적 상상은 자연스럽습니다.

## 4. 고유체험을 담은 원소

잠깐 하던 이야기를 멈추고 쎄르(Serres)라는 철학자의 생각을 들어봅시다. 그는 자기 사상의 출발을 알리는 책(『헤르메스 1』) 머리말에서 바슐라르를 분석합니다. 그에 따르면 바슐라르는 19세기에 널리 퍼진 전통을 완성했는데, 그 전통은 바로 낭만주의랍니다. 쎄르가 말하는 낭만주의의 핵심은 상징분석입니다. 헤겔, 프로이트, 니체가 탁월하게 수행했던 상징분석은 네 원소 이론에서 절정에 이르렀다는 것입니다. 다음과 같은 뜻에서 절정입니다.

고전주의가 비역사적이고 보편적인 질서의 형식을 좇았다면 낭만주의는 생생한 역사의 의미내용을 좇았습니다. 그런데 19세기 낭만주의가 역사의 최초 지점을 영웅과 신화에서 찾았다면, 네 원소 이론은 역사의 최초 지점을 자연으로까지 끌어올렸다는 것입니다. 인간이라는 한계를 넘어섰다고 할까요? 그래서 절정이랍니다. 이를테면 네 원소 이론은 영웅이나 신 같은 신화의 캐릭터마저 저마다 원소에 딸린 것으로 놓습니다. 가령 정신분석이 나르키소스(Narcissus)신화에서 정신활동의 한 양상을 찾고 거기서 멈춘다면, 네 원소 분석에서 나르키소스는 궁극적으로 물의 한 양상에 대한 상징입니다. 또한 블레이크의 바다괴물 오크(Orc)나 셸리의 인공괴물 프로메테우스가 현실에 짓눌려 갇힌 거인들이었다면, 이제 그들은 각각 거친 바다와 화산의 인격화입니다. 이렇게 신화의 성격을 원소의 인격화로 봄으로써 인간정신의 기원을 자연에서 찾았습니다.

쎄르는 네 원소 이론이 두 가지 측면에서 극한이라고 합니다. 첫째, 자연보다 앞서는 지대를 찾을 수 없다는 점에서 역사성의 극한이며, 둘째, 자연의 상징들을 네 원형으로 압축함으로써, 상징성의 극한이라는 것입니다. 둘째에 덧붙여서는 이렇게 말합니다. "상징이 원형으로 압축되면 과포화가 된다." 하나의 상징이 뜻하는 바가 거의 끝이 없다는 뜻이겠지요? 사실 그렇습니다. 가령 '흐르는 모든 것은 물'이라면, 물이라는 상징 하나에 수많은 내용이 대응할 수 있습니다. 그러므로 상징의 과포화라는 표현에는 일리가 있습니다. 그런데 쎄르의 의중에는 다른 생각이 있습니다. "상징이 지나치게 많은 내용을 담는다는 것은 결국 하나도 제대로 담지 않는다는 것과 같다. 그러므로 상징으로서의 몫을 다했다." 따라서 이제 상징내용은 과포화의 극한에 이르렀으므로, 남은 일은 상징에서 내용을 비우는 일입니다. 형식, 즉 구조분석이 남았다는 뜻입니다. 여기서부터는 동의하기 어렵습니다. 제가 네 원소 이론에 끌리는 것은 바로 이 형식-구조 분석에 대한 반발 때문이기도 합니다.

제가 보기에는 쎄르가 빼놓은 부분이 하나 있습니다. 원소는 상징에서 그치지 않는다는 점입니다. 그것은 비단 상징일 뿐만 아니라 자연현상 자체의 차원에서 직접 자신을 드러내기도 합니다. 즉 네 원소는 상징이 자 실재입니다. 그러므로 우리와의 구체적인 만남 속에서 스스로 제 모습을 드러냅니다. 달리 말해 쎄르가 빼놓은 부분이 있다면 그것은 감응입니다. 생동하는 실재로서의 원소와 사람 사이에 존재하는 감응 말입니다. 이것은 고정된 형식이 아니므로 그때그때 상황에 따릅니다. 같은 물이라 해도 수증기와 우물물은 다른 이미지를 주며, 같은 수증기라 해도 북미 원주민들이 느끼던 정화의 수증기와 고대 그리스인들이 끓는 광천에서 느끼던 반란의 수증기는 서로 다릅니다. 각각 구체적인 상황 속에서 구체적인 성격을 얻고 있습니다. 여기서 어느 이미지가 맞고 틀렸다고 따지는 것은 무의미합니다. 하나하나 살펴보면 저마다 옳기 때문입니다. 따라서 원소의 이미지를 하나의 형식과 구조로 가두기란 어렵습니다. 마치 살을 다 발라놓은 생선처럼 생생한 이미지의 분화를 사라지게 하기 때문입니다.

물론 어떤 분은 이 대목에서 원소의 포괄성이 너무 크다고 할 것입니다. 여러 상이한 현상들을 오직 낱말 하나로 담아내기 때문입니다. 사실 '기호는 명확한 의미를 지시해야 한다'거나 '기호 하나에 의미 하나가 대응한다'는 상식적인 틀에서 볼 때 원소는 지극히 모호합니다. 그러므로 사람들은 '상징의 과포화'라는 말로 원소의 과도한 포괄성을 비난하려 들 것입니다. 그러나 이런 분들은 기호를 도로표지판, 안내방송, 과학교

과서의 용어처럼 그 뜻이 누구에게나 명확하도록 의도된 것이라고만 보는 것입니다. 반면 우리는 '분명히 의식하고는 있지만 말로 정확히 담을 수 없는 무엇'과 마주칠 때가 있지 않습니까? 바슐라르의 네 원소가 힘을 쓰는 곳은 특히 이 부분입니다. 매우 구체적인 경험의 터를 마련함으로써 직접적인 표현으로는 잡히지 않는 어떤 깊은 직관을 함께 겪도록 해 줍니다. 겪지 않은 사람에게는 허무맹랑하지만 그것을 일단 겪어본 사람에게는 지극히 공감이 되는 직관 말입니다. 이를테면 '몇방울의 먹'이 떨어지는 소리를 들어보세요.

> 가슴속 위아래 좌우 함부로 불던
> 바람도 그쳐 이젠 기척 없고
> 노을 무렵 이윽고
> 잎새도 마저 자취 없고
> 땅에 기울어 시드는 꽃대
> 오월 가까운 초저녁 꿈속을
> 문득 배회하는 아득한 향기
> 흰 종이 위에 멈춰 소리 없는 몇방울의 먹.
>
> —김지하 「그 소, 애린 22」

원소는 그 자체로 볼 때 물·불·공기·흙처럼 매우 구체적인 실재이지만, 그 쓰임새는 매우 포괄적입니다. 수많은 감정이나 자연현상들을 원소 하나로 묶어내기 때문입니다. 반면 특정한 경험을 함께 나눌 터전을 준다는 점에서는 쓰임새가 대단히 구체적입니다. 특정한 경험마다 하나씩 작은 시공간을 만들어주기 때문입니다. 물방울 하나에도 고유한 성격을 부여합니다. 아침마다 새로 고이는 정화수의 물방울이 있는가 하면 남녀의 정을 담은 정성스런 물방울이 있기도 합니다. 두 물방울이 어떻게 다른지, 또한 앞에서 들은 '몇방울의 먹'하고는 어떻게 다른지 굳이 덧붙일 필요는 없을 테지요. 바슐라르가 말하는 네 원소는 이처럼 포괄적이면서 구체적이고, 보통명사이면서 고유명사입니다. 그 자체가 명확한 기호라서 고유명사라기보다는 말 그대로 고유한 체험의 터를 마련해준다는 점에서 그렇습니다. 이 고유한 체험은 보통명사와는 다른 식으로 전체를 이끕니다. 자연의 가장 은밀한 부분과 인간의 가장 무의식적인 부분마저 끌어들이기 때문입니다. 이렇게 표현된 원소는 하나의 소우주를 재창조하며 스스로 살아 있는 공간을 만듭니다. 그럼으로써 고유한 체험을 함께 나눌 사람들을 거기에 모십니다. 이 고유한 체험을 우리는 감응이라고 부를 수 있을 것입니다.

그러므로 상징의 과포화라는 말을 원소에 적용할 수 있다면 그것은 오직 감응을 빼놓을 때 가능한 일입니다. 감응이 없을 때 원소는 모호한 보통명사에 지나지 않을 것입니다. 그러나 구체적인 맥락에서 일어나는 체험을 따라잡을 때 원소는 결코 모호하지만은 않습니다. 이런 뜻에서 우리는 다음의 두 가지를 구별해야 합니다. '구체적인 무엇을 가리키는 데 일부러 모호한 상징을 쓰는 것'과 '모호한 무엇을 가리키는 데 구체적인 상징을 쓰는 것' 말입니다. 바슐라르의 네 원소는 후자에 닿아 있습니다. 일반적인 표현으로는 얼른 잡히지 않으나 일단 겪어본 사람에게는 실로 무릎을 치게 하는 어떤 직관을 가장 구체적인 상징을 통해 이끄는 것입니다.

## 5. 정신분석과 원소의 상상력

그런데 정작 두려운 것은 합리주의자입니다. 합리주의자는 도대체 감응이 무엇인지, 고유한 체험이 무엇인지를 물을 것입니다. 나아가 사람도 아닌 자연하고 어떻게 교감할 수 있는지를 물을 것입니다. 여기에 상상력으로 대답하면 문제는 싱거워집니다. 다시 말해 "사람이 아닌 것하고 교감을 하려 드니까 상상력이 필요하다"고 답하면 일견 이야기가 쉬워질 듯하지만, 실제로는 모호한 낱말을 하나 더 끌어들이는 셈이 됩니다. 그 바람에 육감이니 감응이니 하는 것이 오히려 아무짝에도 쓸모없게 됩니다. 괜히 꾸며낸 것쯤으로 여겨지기 십상입니다. 물론 어떤 사람은 발끈해서 북미 원주민 무당의 이야기를 옮길 수도 있습니다.

우리 부족의 젊은이들에게 자연과 자신의 직감과 교류하는 법을 가르치기 위해 우리 노인들은 그들을 숲 속으로 데려가 눈을 가리고 저마다 특정한 나무 옆에 앉게 했다. "우리가 다시 올 때까지 눈을 가리고 여기 앉아 있어라. 이 나무를 만지고 껴안고 옆에 서보아라." 그렇게 한나절이 지난 뒤에 노인들은 젊은이들을 다시 마을로 데려와 눈가리개를 풀어주고는 이렇게 말했다. "가서 네 나무를 찾아보아

라." 젊은이들은 자신들과 함께 시간을 보냈던 그 나무를 찾을 수 있었다.[1]

하지만 이런 사례 역시 감응의 증거가 되기에는 역부족입니다. 물론 저는 이 무당의 이야기가 진실이라고 생각합니다. 젊은이들이 정말 자기 나무를 찾아내었기에 진실이라기보다는 근본적으로 나무와 사람이 사귈 수 있다고 보는 원주민들의 믿음이 진실하다고 생각합니다. 그것은 마치 호랑이가 산신령이라고 믿는 것에 비할 만합니다. 누군가 말했듯이 산에 호랑이 한 마리가 살고 있다는 이야기는 호랑이가 먹고사는 큰 짐승이 여럿 있다는 이야기이고, 이것은 또한 큰 짐승이 먹고사는 작은 짐승이나 풀과 열매가 많이 있다는 이야기입니다. 그러므로 호랑이가 한밤에 어흥 하고 쏟아내는 소리는 다만 한 마리 짐승의 소리가 아니라 그 짐승을 살려놓은 모든 것들이 함께 어흥 하고 쏟아내는 소리입니다. 따라서 사람들이 이 소리를 듣고 산신령이 소리친다고 믿은 것은 지극히 진실합니다. 사람이 온 산의 기운과 더불어 감응한 데서 나온 믿음이기 때문입니다. 이때 사람을 감동시킨 온 산의 기운을 산신령으로 부르든 호랑이로 부르든 무슨 상관이 있겠습니까? 원주민 무당의 믿음도 그런 뜻에서 진실합니다. 나무와 사람의 뿌리가 같다는 깊은 직관에서 우러나온 믿음이기 때문입니다.

그럼에도 이러한 육감과 감응 같은 것을 정교한 말로 풀이하기는 어렵습니다. 그러므로 꿈꾸는 사람이 합리주의자를 말로 이겨낼 재간은 없습니다. 꽃이 핀 것을 보고서야 꽃망울 터지는 소리를 듣는 이 앞에서 무슨 꽃노래를 하겠습니까? 게다가 꿈꾼 이야기를 꿈꾸듯이 말한대서야 빈축을 사는 일밖에 더 되겠습니까? 저는 바슐라르가 감응이라는 말 대신에 상상력이라는 말을 더 내세웠던 까닭을 이해할 것 같습니다. 질료적 상상력은 사실상 원소의 감응입니다. 하지만 그는 감응이라는 마법의 용어를 아껴두고 꿈이나 상상력처럼 비교적 인문학에서 통용되는 용어를 앞에 내세움으로써 조금이나마 합리적인 방식으로 이야기를 풀어가려 했던 것이지요. 그 결과 내용이 조금 싱거워진 것도 사실입니다. 한편 합리화가 잘 안되는 부분이 여러 곳에서 불거짐으로써 논지가 어지럽게 된 것도 사실입니다. 하지만 그 댓가로 바슐라르는 여러 인문학 이론들과 소통하게 됩니다. 그렇다면 특히 정신분석과 문학(시학)이론의 관점에서 볼 때 네 원소 이론의 의미는 어떤 것인지 잠시 살펴보겠습니다.

먼저 정신분석입니다. 바슐라르만큼 '꿈의 연구'를 많이 끌어들인 사람도 드뭅니다. 그는 적극적으로 정신분석을 끌어들였습니다. 하지만 프로이트보다는 융의 심리학을 좋아했습니다. 프로이트를 비판한 데는 여러 까닭이 있지만, 그중에서 특히 꿈을 현실에 대응시키는 방식이 마음에 들지 않았답니다. 열쇠나 몽둥이를 모두 남근에 대응시키는 방식 말입니다. 이것을 바슐라르는 다양한 꿈의 상징들을 무차별적으로 한 가지 범주에다 끼워맞추는 것으로 보았습니다. 이를테면 철수, 영희, 바둑이의 고유한 성격을 동물이라는 단어 하나로 묶는 격이라는 것입니다. 게다가 다채로운 꿈의 가능성을 현실에서 직접 겪은 사건으로 제한하는 것은 더 큰 문제라고 보았습니다.

아버지는 지금도 깊은 산

깊은 산에 살고 계실까

깊은 산 깊은 산엔 여름이 와도

눈이 녹지 않는다는데 깊은 산

골골마다 지나온 바람결에

아버지 기침소리 실리어 있나

—박덕규 「깊은 산 아버지」

　여기서 작가의 아버지가 실제로 어디서 사라졌는지 그 사실 여부만을 추적한다면 어떻습니까? 아버지와 산에 얽힌 여러 꿈, 다시 말해 '아버지로서의 산'과 '산으로서의 아버지'가 착종되어 이루는 온 산의 이미지를 어떻게 이해할 수 있겠습니까? 그것은 마치 호랑이를 산신령이라고 하는 사람더러 '당신은 실제로 산신령을 보았느냐'고 묻는다거나 아니면 '호랑이와 산신령은 무의식에서 아버지'일 뿐이라고 몰아세우는 격입니다. 기실 넉넉히 달아오른 상상력에 찬물을 끼얹는 일이 아니겠습니까? 물론 지금 와서 돌이켜보면 프로이트도 이 문제를 알았던 듯합니다. 그러나 바슐라르는 하여간 자기 식으로 받아들인 정신분석학을 비판하며, 당시에 이미 사후(事後) 개념이나 서사적(narrative) 진실 개념에 다가선 듯합니다. 그러나 이런 거창한 개념 풀이들은 정신분석 연구자들에게 맡기고, 우리는 다만 꿈이 현실과 일대일 대응이 아니라는 점을 생각해봅시다. 일종의 독자성이랄까 자율성을 가진다는 명제 말입니다.

　이 명제를 문학에서 보자면 작품의 자율성 문제로 이어집니다. 이때 자율성이란 다름아니라 작품과 작가의 삶(경험)을 다른 차원에서 보아야 한다는 뜻입니다. 꿈이 현실과 다른 차원이라는 것과 같은 맥락입니다. 그래서 바슐라르는 작품을 읽을 때 작가의 전기(傳記)에 따라 해석하지는 말자고 했습니다. 중요한 것은 오히려 "어떻게 그의 삶에도 불구하고 그가 시인이 될 수 있는가"를 살피는 일이랍니다. 나아가 그는 문학적 상상의 본령이 이미지를 형성(formation)하는 데 있지 않고 변형(de-formation)에 있다는 말까지 했습니다. 과학인식론에서 말했던 인식론적 단절이 문학의 상상영역에서도 나타나는 것일까요? 일차적 현실 또는 경험과 단절함으로써 과학이론이 나온다면, 작가의 일차적 현실이나 경험(전기)과 단절함으로써 작품이 나온다고 할 수 있을까요? 그런데 작품을 자율 존재로 본다는 말은 그것을 하나의 완결된 세계로 본다는 말입니다. 그렇다면 묘한 추론이 가능해집니다. 세계에는 작품 수만큼 많은 세계가 존재한다는 추론이 나오게 되지요. 작품이 저마다 독립된 세계로서 존중받아야 한다면 말입니다. 따라서 작품의 고유함을 존중하다 보면 상대주의로 치우치기 십상입니다. 작품들을 비교할 잣대도 없으며 예술성을 평가할 기준도 없다는 생각마저 들게 됩니다.

그러나 여기서 바슐라르는 이중성을 보입니다. 작품은 각자 자율적이지만, 그럼에도 그것이 담고 있는 이미지의 운동방식에는 몇가지 근본 패턴이 있다는 것입니다. 이 근본 유형이 바로 네 원소의 운동임을 새삼 말할 필요는 없을 테지만 하여튼 이런 생각 때문에 보통 상대주의하고는 달라집니다. 융을 따라 '원형', 질베르 뒤랑(Gilbert Durand)을 따라 '인간학적 한계'라고 해도 좋겠지만, 작품마다 이미지운동의 독자성을 인정하는 동시에 네 유형을 말함으로써, 바슐라르는 상대주의와 보편주의를 늘 함께 추구합니다. 고유명사와 보통명사의 세계를 더불어 구합니다.

이 점에서 그는 융을 많이 닮았습니다. 실제로 이미지운동의 패턴을 말하는 데서 네 원소는 융의 '원형'과 통하는 데가 있습니다. 저는 두 사람의 생각을 공통으로 설명해주는 개념으로서 "뿌리 은유"(root metaphor)를 떠올립니다. 이것은 여러 은유들을 가능하게 해주는 근본 은유로서 언어뿐 아니라 사고와 행위에서도 근본 역할을 하는 은유입니다. 집안의 가훈이나 학교의 교훈 같은 것에 빗댈 수 있을까요? 사람들이 자기 경험을 구조화하는 방식을 규정하는 은유 말입니다. 가령 '인생은 전쟁'이라는 은유가 삶에서 일어나는 여러 일들을 전쟁으로 해석하게 만든다면 그것은 넓은 뜻에서 뿌리 은유의 몫을 하는 것입니다. 이런 점에서 네 원소나 융의 원형은 뿌리 은유의 역할을 하는 듯합니다. 그럴 때 우리는 '이미지의 이미지' 시학을 생각했던 바슐라르를 이해할 수 있습니다. '이미지의 이미지'는 여러 심상과 은유들을 낳고 움직이는 뿌리 은유입니다. 따라서 네 원소의 시학은 한 이미지가 현실의 '무엇'에 대응하는지를 찾지 않습니다. 직접적인 현실을 넘어, 그 이미지를 낳은 뿌리 이미지를 찾습니다. 차라리 뿌리 이미지로부터 한 이미지가 태어나고 자라는 운동양상을 찾으려 합니다. 바슐라르는 이런 시학을 가리켜 '초−시학'이라고 했습니다.

그러나 융의 생각과 다른 점도 있습니다. 그것은 뿌리 이미지의 성격에서 비롯되는 차이입니다. 융은 인간정신의 최초 지점이자 한계를 결국 심리적 원형에서 찾았습니다. 반면 바슐라르는 원형의 한계를 심리영역에서 원소의 자연으로까지 끌어올렸습니다. 신화의 인물마저도 네 원소의 성격으로 여긴 것입니다. 그 바람에 원형 상징을 '과(초)포화' 상태로 만들었고, 독자들로 하여금 따라잡기 어렵게 만들었다는 비난도 많이 받았습니다. 이미지의 운동, 즉 상상력이라는 다분히 심리적인 영역을 자연에서 찾음으로써, 이야기가 뒤섞이기 때문입니다. 그러나 이 대목이야말로 네 원소 이야기의 진국입니다. **심리영역과 자연영역이 한데 겹치는 대목 말입니다.** 연금술의 표현을 빌리면 이 상황은 '서로 꼬리를 문 뱀', 즉 우로보로스(Ouroboros) 같습니다. 저는 '의인과 역(逆)의인의 교차'로 부르겠습니다. 이런 뒤섞임을 가장 뚜렷하게 드러내는 것이 물의 원소입니다. 『물과 꿈』에서 '나르키소스의 객관적 조건'은 이 뒤섞임을 다룹니다.

## 6. 나르키소스: 망연자실의 자연

나르키소스가 죽었을 때 숲의 요정 오레아스들이 호숫가에 왔고, 그들은 호수가 쓰디쓴 눈물을 흘리고 있는 것을 보았다. (…) "나르키소스가 그렇게 아름다웠나요?" 호수가 물었다. "그대만큼 잘 아는 사람이 어디 있겠어요? 나르키소스는 날마다 그대의 물결 위로 몸을 구부리고 자신의 얼굴을 들여다보았잖아요!" 놀란 요정들이 반문했다. 호수는 조심스럽게 입을 뗐다. "저는…… 그가 그토록 아름답다는 건 전혀 몰랐어요. 저는 그가 제 물결 위로 허리를 구부릴 때마다 그의 눈 속 깊은 곳에 비친 나 자신의 아름다운 영상을 볼 수 있었어요. 그런데 그가 죽었으니 아, 이젠 그럴 수 없잖아요."[2]

나르키소스는 그리스 말로 혼수상태나 감각마비를 가리킵니다. '망연자실'(narcissism)한 상태라고 할 수도 있겠지요. 장님예언자 테이레시아스(Teiresias)는 두살배기 나르키소스의 손을 잡으며 말했답니다. "네가 너를 아는 날, 죽을 것이다." 그런데 조금 다른 이야기도 있습니다. 그는 어린 나르키소스를 둘러싼 요정들에게 이렇게 말했답니다. "그대들의 눈은 이 아이의 이름을 말하고, 아이의 얼굴은 아이의 운명을 말하는구나." 까닭인즉슨, "그대들이 넋을 잃고 바라보니 그게 곧 아이의 이름일 터이오, 그대들 눈길이 아이를 교만하게 할 테니, 그게 곧 아이의 운명일 것이오."[3] 참으로 묘하지 않습니까? 아이의 이름은 '망연자실'입니다. 그런 이름이 붙은 까닭은 다른 사람들이 넋을 잃고 그를 바라보기 때문입니다. 그런데 이 바람에 아이는 교만해질 테고, 결국 스스로 넋을 잃고 죽는다는 예언입니다.

둘째 예언에 따르면 나르키소스는 교만 때문에 죽는다는 것인데, 잘 납득이 되지 않습니다. 물론 그는 교만했을지도 모릅니다. "그대들 눈길이 아이를 교만하게 할 테니." 그는 요정들이 자기를 바라보는 눈길을 통해 자신의 아름다움을 짐작했을지도 모르며, 그 바람에 교만해졌을지도 모릅니다. 그리고 몇가지 교만한 행동을 찾을 수 있습니다. 가령 에코(Echo)를 비롯해 여러 요정들이 말라 죽어도 오로지 자기 자신만 돌보았습니다. 하지만 그것은 나르키소스를 죽일 만한 교만은 아니었습니다.

오히려 그의 직접적인 사망원인을 찾자면 샘물에 비친 모습을 제 모습인지도 모르고 사랑한 데 있습니다. 다시 말해 그는 샘물에 비친 제 그림자를 '샘의 요정'인 줄 알고 사모하다 병을 얻어 죽었습니다. 그렇다면 어디에 교만이 있습니까? 제 모습인 줄 알면서도 넋을 잃었다면 몰라도, 다만 자기가 아름답다고 여긴 상대에게 넋을 잃었는데 뭐가 교만합니까? 그뿐이 아닙니다. 사정이 이렇다면 첫째 예언도 이상합니다. 그는 '자기를 알 때 죽는다'고 했습니다. 하지만 그는 끝내 자신을 몰랐던 셈인데 왜 죽었을까요? 물음이 꼬리를 뭅니다. 게다가 첫째와 둘째 예언의 연결을 따져볼 때 자신의 아름다움을 몰랐던 사람이 교만해질 수 있다는 것은 더욱 이상합니다.

그래서 저는 이런 생각을 하게 되었습니다. 자기를 안다고 할 때 '자기'의 말뜻을 몇가지로 나눠보는 것입니다. 그렇다면 이렇게 됩니다. '정확히 말해 나르키소스는 끝내 참된 자기를 몰랐다. 샘물에 비친 모습이 자기인 줄 알았더라면 그토록 그리워하다 죽지도 않았을 것이다. 다만 그가 알았던 것은 두 가지 자기였다. 하나는 요정들의 눈길 속에 비친 자기이며 다른 하나는 샘에 비친 자기였다. 전자는 어렴풋하게나마 참된 자기와 연결되었을 테지만 후자는 그렇지 못했다.' 따라서 저는 이렇게 결론을 지었습니다. 그는 샘에 비친 자기를 참된 자기와 연결하지 않은 바람에 죽었다. 즉 전자가 후자임을 몰랐기 때문에 죽었다. 이 결론은 오히려 앞의 예언과 반대되는 예언을 이끌어낼 수 있습니다. "네가 너를 아는 날, 살 것이다"라고 말입니다. 이 대목에서 라깡(Jacques Lacan)이라면 실재계와 상상계, 프로이트라면 자아-이상과 이상적 자아 같은 개념을 늘어놓을 테지만, 이런 개념들은 역시 정신분석 연구자들에게 맡기려고 합니다. 다만 우리는 나르키소스신화로부터 상식적인 교훈을 넘어 다른 해석을 끌어낼 가능성에 골몰해보고자 합니다.

이 신화에는 이중성이라는 테마가 여러 겹으로 있습니다. '참된 자기와 물에 비친 자기'야말로 다른 모든 이중성을 아우르는 것일 테지만 그밖에도 에코와 샘물, 현실과 이상의 이중성 등을 쉽게 떠올릴 수 있습니다. 가령 에코(메아리)만 해도 그렇습니다. 언뜻 보기에는 주인공과 전혀 다른 존재인 듯하지만 실제로 둘은 떼어낼 수 없습니다. 이 신화의 주인공은 어떤 성격입니까? 자기 영상을 향해 손을 내뻗고 자기 목소리에 말을 거는 인물입니다. 그렇다면 그 자신이 곧 메아리의 존재가 아니겠습니까? 더욱이 메아리가 늘 주인공과 함께 있으며, 메아리가 저 혼자 울리는 일을 생각할 수 없다고 할 때 에코는 사실상 주인공의 다른 존재 양상, 즉 나르키소스 안에 숨어 있는 여성적 존재 양상입니다(이것이야말로 주인공이 제 모습을 보고 사랑에 빠진다는 사건의 복선이 됩니다).

한편 현실과 이상의 이중성도 있습니다. 그것은 샘물의 성격 자체에 내포되어 있습니다. 샘물은 흘러가는 물과 다릅니다. 그래서 샘물을 바라보는 일은 명상적 관조와 통합니다. 그것은 물에서 멱 감기와 비교해보면 금방 알 수 있습니다. 멱을 감으려면 물을 움직여야만 하기에 스스로 자기 영상을 깨뜨립니다. 그래서 관조가 되기 어렵습니다. 자신과 하나로 흔들리고 흘러가는 물에 제 모습을 비춰볼 수는 없으며, 거기에는 관조의 눈이 필요하지도 않습니다. 그러나 우리는 눈이 없는 나르키소스를 생각할 수는 없습니다. 그는 물을 보는 사람입니다. 또한 자기를 비춰

보는 데는 흔들리지 않는 물, 자연의 거울이 필요합니다.

그런데 다른 한편으로 인공의 거울과 자연의 거울(샘물)이 서로 다름을 생각해보아야 합니다. 시인 이상(李箱)도 이야기했듯이 거울은 차갑습니다. 가까이 갈 수는 있어도 뛰어넘을 수 없는 가짜 거리에 의해 거울 세계는 우리와 격리되어 있을뿐더러, 거울에 비친 모습은 너무 또렷합니다. 반면 샘물은 우리 앞에 열린 길입니다. 샘에 비친 모습은 완전하지 않기 때문입니다. 끝없이 솟는 물 때문에 조금 어슴푸레한 반영은 완성을 향한 상상을 이끕니다. 이를 두고 바슐라르는 "물 앞에서 나르키소스는 자신의 아름다움이 '계속되는 것', 또 그것이 완성되지 않아, 완성시키지 않으면 안된다는 것을 느낀다"라고 썼습니다. 샘물은 불완전한 영상을 보여주기에 오히려 상상력을 먹고 자랍니다. '살아 있는 거울'이 되는 것입니다.

고려 때 시인 이규보(李奎報)는 티끌과 먼지로 흐려진 거울을 아침저녁으로 들여다보았답니다. 이를 이상하게 여긴 친구가 그 까닭을 묻자 이렇게 대답했습니다. "아, 옛사람은 그 맑음을 취하려고 거울을 대했지만, 나는 그 흐림을 취하려고 거울을 대하는데, 어찌하여 괴이하게 여기는가?" 우리는 이 뜻을 헤아릴 수 있습니다. 그의 흐린 거울은 곧 상상력의 샘이었던 것입니다. 이런 측면을 가리켜 바슐라르는 '이상화하는 나르키소스'라고 불렀습니다. 맑은 거울 앞에 오늘과 현실이 자리잡는다면 흐린 거울 앞에는 미래와 희망이 자리잡습니다. '나는 있는 그대로의 나를 사랑한다'고 하기보다는 '나는 나를 사랑하는 자로서 존재한다'는 태도가 자리잡으며, 삶은 여러 영상으로 뒤덮이며 자라납니다.

이처럼 나르키소스신화에는 남성과 여성, 현실과 이상의 공존이라는 이중성이 겹겹으로 들어 있습니다. 그럼에도 으뜸가는 것은 역시 '참된 자기와 물에 비친 자기'이며 다른 이중성들을 모두 자기 속으로 감쌉니다. 미리 결론부터 말하면 이렇습니다. '나르키소스는 샘에 비친 자기를 자기로 보지 않았다.' 보통 우리는 샘에 비친 자기 또는 요정의 눈길에 비친 자기를 참된 자기로 믿고 살아갑니다. 다시 말해 타자에 비친 자신의 영상을 자기의 실체로 여기고 살아갑니다. 그러나 그는 달랐습니다. '비친 영상을 실체로 인정하되 끝없이 생성하는 영상으로 간주했으며 그것을 자기가 아니라 오히려 타자로 인정했다.' 이로부터 두 가지를 말할 수 있습니다. 하나는 이미지(샘에 비친 영상)에 실재의 자격을 준 측면, 다른 하나는 그 이미지에 담긴 여러 영상들(나무, 하늘, 자연) 전체에 주목하여, 나를 해체하고 그 전체 영상에 합일하는 측면. 개인적 나르시시즘은 이때 우주적 나르시시즘으로 승화합니다. 특히 후자가 바슐라르가 해석한 길입니다.

우리는 대체로 다른 사람이 우리를 보는 눈이나 어떤 외부(가령 사회적 관계)에 드러난 우리를 참된 자신이라고 믿고 살아갑니다. 바깥 거울로서의 외적 조건과 자아를 동일시하며 그것으로 자아를 구성하는 셈입니다. 하지만 우리의 주인공은 이러한 동일시를 받아들이지 않았습니다. 자기를 바라보는 요정들의 눈길과 자기를 동일시하지 않았고 그것들로 자아를 구성하지 않았습니다. 그러나 이것은 바깥 거울과 안 거울을 따로 설정하는 통상적인 관념과도 다릅니다. 통상적인 관념에서는 '다른 사람에게 비치는 자기'와 '진짜 거울에 비친 자기'의 대립이 있고, 후자야말로 참된 자기라고 생각합니다. 반면 나르키소스에 따르면 이 '거울에 비친 자기' 또한 자기가 아니라는 것입니다. 자신을 비추는 샘물의 영상과도 자신을 동일시하지 않았고 그것들로 자아를 구성하지 않았습니다. 여기서 이런 물음이 나올 법합니다. 그렇다면 나르키소스는 참된 자아를 따로 붙들고 있었을까요? 아니, 그런 것 같지는 않습니다. 하지만 이 대답이 오해를 받지 않으려면 적어도 두 가지 명제를 분명히 밝혀야 한다는 생각이 듭니다.

첫째, 샘물에 비친 영상을 타자로 인정하기. 주인공은 스스로 '샘 속의 요정'[水仙]이라고 여기던 상대를 보고 상사병에 걸렸습니다. 즉 자기 그림자를 어엿한 상대로 인정했다는 말입니다. 그러면 무슨 일이 벌어질까요? 그림자가 나를 바라보기 시작합니다. 이상하게 들릴지도 모르지만 보통 우리가 거울을 볼 때를 생각해보십시오. 거울 속에 있는 내 그림자가 나를 보는 시선을 우리는 쉽게 무시해버립니다. 그런데 만약 그 눈길을 인정한다면 어떻게 될까요? 마음이 어지럽기 시작합니다. 밤에 거울을 보지 말라는 둥, 잘 때는 거울을 엎어놓고 자라는 둥 하는 이야기들이 기억나지요? 그림자가 흔히 말하는 무의식을 가리킨다면 무의식을 어엿한 상대로 인정하지 말라는 뜻이 아닐까요? 거울을 엎어두라는 것은 밤에 무의식이 제멋대로 자유를 얻어 날뛰지 못하게 누르라는 뜻이 아닐까요? 그림자가 나를 본다, 이 눈길을 인정하는 바람에 나르키소스는 미쳤습니다. 한편 이 측면에서만 보면 우리의 주인공은 대단히 현대적인 인물로 이른바 이미지시대에 걸맞은 인물입니다. 이미지(영상)를 실재로 간주하여 거기에 사로잡힌다는 점에서는 심지어 가상공간이나 가상현실에서 일어남직한 실시간 대화의 체험을 떠올리게도 합니다. 그런데 다른 측면이 있습니다.

둘째, 이미지에 담긴 여러 영상들 전체에 합일하기. 이미지를 실체로 인정하기란 쉬운 일이 아닐뿐더러 정상적인 일도 아닙니다. 그래서 저는 주인공이 미쳤다고 했습니다. 그런데 무언가에 미친다는 것은 어떤 다른 세계에 다다르는 일이 될 수도 있습니다. 말하자면 소통의 가능성이 될 수도 있습니다. 그렇다면 소통의 가능성은 어디에 있는가? 참된 나와 무엇에 비친 나 사이에 있습니다. 그림자를 '무엇에 비친 나'라고 할 때 그것을 독립된 존재로 보는 것은 무엇에 비친 내가 나를 바라보는 것, 즉 그 눈길을 인정하는 것입니다. 이때부터 소통이 시작될 수 있습니다. 그런데 문제는 우리의 주인공에게 참된 자기의 정체가 정해져 있지 않다는 데 있습니다. '~에 비친 나'와 참된 나를 동일시하여 그것으로 자아를 재구성하지 않기 때문입니다. 그럼 어떤 방식으로 소통을 할 수 있을까요? 바슐라르는 '~에 비친 자기'의 의미를 확장할 때 색다른 자아가 구성될 수 있으며 이로부터 새로운 소통이 시작될 수 있다고 보았습니다. 먼저 그의 꿈을 들어봅시다.

나르키소스는 열여섯살입니다. 어느 날 숲 깊숙이 들어갑니다. 깊숙이 들어갈 때야 샘을 만나는 법입니다. 그것은 "자연 속에 깊이 새겨지려는 자연적 몽상의 욕구"입니다. 샘은 작은 하늘처럼 고여 있습니다. 터너(Turner)의 그림처럼 물과 하늘을 구별하기가 어렵습니다. 가역성의 상징으로서 물은 하늘과 물, 별과 섬, 새와 물고기를 뒤바꿉니다. 이런 우주적 환영을 싫어하는 사람은 대지의 시인입니다. 바뀌는 것을 경멸하며 부동의 아름다움을 아끼는 사람입니다. 그러나 하늘은 자기 그림자를 물에게 주고 물은 그림자를 속에 받아들입니다. 그것은 물의 운명이기도 해서 옛 그리스와 인도인이 물에 비친 제 모습을 보며 죽음을 예견했던 것은 물이 그림자의 무덤이며, 죽음을 받아들이고 이끌기 때문입니다. 그리고 대지는 물을 통해 세계를 봅니다. 대지의 참다운 눈은 물이며, 샘은 고요한 눈처럼 떠 있습니다. 자연에서 꿈꾸거나 보는 것은 역시 물입니다. 또한 우리 눈 속에서 꿈꾸는 것은 물입니다.

바슐라르는 아마 참된 자기와 비친 자기의 뒤바뀜을 물의 본질로 여긴 듯합니다. 비학에서 말하는 하늘과 땅의 일치를 가장 감각적으로 드러내는 원소가 물이며, 이 물의 뒤바뀜이라는 성질이 나르키소스로 대표되었다고 할 수 있습니다. 여기서는 자아의 구성마저 뒤바뀔 수 있습니다. 나는 어디에 있습니까? 그림자를 담은 샘물 속에 있습니다. 그곳은 내가 있는 세계와 동일한 동시에 전혀 다른 세계입니다. 그런데 이 이질적인 세계 전체를 들여다보십시오. 거기에는 나도 있고 나무도 있고 하늘도 있고 온 자연이 함께 있습니다. 여기서 바슐라르는 묻습니다. 지금 이 비친 세계를 한번에 의식한다면 어떻게 되겠는가? 다시 말해 샘물에 비친 세계가 자신을 바라보는 시선들을 모두 인정한다면 어떤 일이 벌어지는가? 그는 말합니다.

나르키소스는 샘에서 자신의 응시에만 마음을 내맡기고 있는 것은 아니다…… 나르키소스와 더불어, 그리고 나르키소스로서 자기 모습을 비춰 보는 것은 숲 전체이며, 자신의 장대한 이미지를 의식하기에 이르는 것은 하늘 전체이다.

왜 느닷없이 하늘 전체가 나올까요? 여기에는 비약이 있습니다. 주인 공이 제 그림자의 시선을 인정했다는 이야기는 이미 했습니다. 그것은 나와 '나 아닌 것' 사이에 소통이 시작되는 대목이었습니다. 그런데 주 인공은 이제 '자기 아닌 세계' 전체의 시선을 인정하려고 합니다. 이로 부터 세계들간의 소통이 일어납니다. 나를 감싼 세계 전체와 나를 벗어 난 세계 전체 사이에서 소통이 일어나는 것입니다. 이것은 비약입니다. 또한 이 비약은 그의 자아에도 일어납니다. 처음 제 모습을 비춰보며 그 림자를 인정할 때 그는 비록 흐릿한 상태이지만, 샘물 바깥에 남아 있었 습니다. 그런데 지금 그는 샘물 바깥에 있지 않습니다. 오히려 샘물이 비 추는 영상들 전체에 자기를 던져넣고 있습니다. 동일시라기보다는 몰입 이며, 자아의 구성보다는 해체에 가까운 일이 벌어지고 있습니다. 그리 고 해체를 통하여 그는 차라리 온 우주의 영상과 동일시되어갑니다.

이렇게 해서 주인공의 심리과정은 단순한 심리영역에서 자연영역으로 옮겨갑니다. 아니, 심리와 자연영역이 뒤바뀌는 동시에 한데 섞여버립니 다. 그러면서 개인적 자아를 우주적 자아로 넓힙니다. 바슐라르는 나르 키소스신화로부터 이런 심리과정을 보려 했습니다. 개인적 자기애 (narcissism)부터 '우주적 자기애'로 승화되는 과정 말입니다.

대지의 눈이
하늘의 거울을 바라보고 있다

눈 가장자리에

배 한 척이

가느다란 파문을 내이며 미끄러져 간다

몇 마리 놀란 구름 조각들이

물고기처럼 지느러미를 흔들며

잽싸게 흩어진다.

—이가림 「순간의 거울 1」

이것은 단순하게 내가 자연 전체로 확장되는 과정이 아닙니다. 이 세계의 내가 저 세계의 나로 동일시되는 것도 아닙니다. 그것은 이 세계의 내가 사라지는 동시에 저 세계 전체와 동일화되는 과정입니다. 그것은 결국 이승 전체와 저승 전체가 동일화되는 과정이기도 합니다. 그러므로 지금 나는 이승과 저승을 넘나듭니다. 이때 사람들은 나르키소스의 죽음을 이야기할 것입니다.

이 죽음은 이백(李白)의 고사와 통하는 데가 있습니다. 이 위대한 시인은 물속에 비친 달을 두 손으로 건지려다 물에 빠졌다고 합니다. 예로부터 달은 밀물과 썰물에 영향을 미치므로 조수(潮水)와 물의 주관자로 여겨졌습니다. 그러므로 물의 이미지로 가득합니다. 우리는 술에 취하지 않은 이백을 떠올릴 수 없으며 물에 잠기지 않은 달을 떠올릴 수 없습니다. 그가 물에서 건지려던 것은 달이 아니었습니다. 달에 비친 밤하늘도 아니었으며, 밤하늘을 비추는 물도, 물에 비친 자신도 아니었습니다. 이 모든 것이었습니다. 그는 온 우주의 이미지를 건져올리며 이미지의 우주 속으로 자신을 던지려고 했습니다.

샘물의 어슴푸레한 반영은 완성을 향한 상상을 이끄는 동시에 그 솟는 물의 근원을 알 수 없다는 점에서 '자연 속에 깊이 새겨지려는 자연적 몽상의 욕구'를 이끌기도 합니다. 그래서 연금술사에게 풀과 나무들이 대지의 머리카락이며, 빗물과 바닷물이 대지의 피와 땀이었다면 바슐라르에게 샘물은 '대지의 눈'이 되었습니다. 눈이 마음의 창이라는 말이 옳다면 우리는 창을 열고 마음의 안팎을 넘나들 수 있을 것입니다. 샘물이 대지의 눈이라면 대지는 샘물을 통해 온 세상을 내다볼 수 있을뿐더러, 우리는 근원을 알 수 없는 샘물 깊숙이 들어가며 온 자연을 들여다볼 수 있을 것입니다. 저는 앞에서 '샘물에 비친 영상을 타자로 인정하기', 이 측면에서만 보자면 우리의 주인공이 이른바 이미지시대에 걸맞은 인물이라고 했습니다. 그런데 이미지를 실재로 간주하여 거기에 사로잡힌다는 점에서는 비슷하지만 결정적으로 다른 점이 하나 있습니다. 그것은 자연이 중심에 놓여 있다는 점입니다. 이미지의 자연 전체와 나는 하나가 되며, 동시에 이 자연은 이미지세계와 하나가 됩니다. 이때 나는 온 자연 속으로 해체되는 동시에 온 자연과 더불어 하나가 됩니다. 끊임없이 흔들리며 스스로 완성을 지연하는 하나가 됩니다.

두보(杜甫)의 시 「강한(江漢)」에는 이런 구절이 나옵니다. "양자강과 한수, 향수에 젖은 나그네, 하늘과 땅, 한 쓸모없는 선비(江漢思歸客 乾坤一腐儒)." 여러 낱말들이 나란히 서 있습니다. 마지막 시어가 등장하는 이음새를 보면, '하늘과 땅'이 곧장 '쓸모없는 선비'로 이어집니다. 혹시 강물에 비친 '하늘과 땅'에서 볼 때 '한 쓸모없는 선비'가 있다고 할 수 있을까요? 그렇다면 강물 앞에 선 나그네는 어떻게 하늘과 땅의 시선을 느꼈을까요? 이제 우리는 이해할 수 있습니다. 하늘의 응시, 하늘과 땅. 두보와 바슐라르는 물 앞에서 분명히 다른 세계에 닿았습니다. 이 비약을 함께할 때 우리도 더불어 미칠 성싶습니다.

## 7. 투사와 역투사

"나는 타자이다"(Je suis un autre). ─랭보
"만약 내가 존재한다면, 나는 타자가 아니다"(Si j'existe, je ne suis pas un autre). ─로트레아몽

끝으로 앞서 살펴본 도식(66면)을 빌려 나르키소스신화를 되짚어보겠습니다. 나르키소스의 상상력을 투사와 역(逆)투사라는 개념으로 살펴봅시다. 사실 자연에 대한 상상의 투사 같은 말을 꺼내기란 꽤 쑥스럽고 비과학적인 일처럼 보입니다. 대상을 앞에 놓고 있는 그대로 살펴겠다는 정신이야말로 근대문명을 일으킨 바탕일 것입니다. 이런 태도에서라면 자연에 사람 마음을 투사하거나 자연이 사람에게 역-투사하는 것은 근거 없는 공상 속에서나 허용될 법합니다.

자연과 마음은 이제 갈라진 것처럼 보입니다. 하지만 자연과 마음의

분리는 사실 과학 속에서 보더라도 옳지 않습니다. 자연을 보는 마음이 없다면 어떻게 자연과학이 가능할까요? 더욱이 자연은 크게 변함이 없는데 왜 과학이론은 자꾸 바뀔까요? 과학자는 결코 자연이 스스로 자동 기술한 것을 그대로 받아쓰지 않으며 저마다 자연을 이리저리 보며, 능동적으로 마음을 투사해서 자연을 그려내기 때문입니다. 이런 능동적인 구성활동에 대하여 자연과 마음의 분리를 고집하는 것은 다만 객관주의라는 이상에 지나지 않습니다. 과학은 오히려 자연에 마음을 투사하며 그 투사된 바를 통해 다시 마음을 형성합니다. 이러한 부메랑운동은 예술영역에서도 일어납니다. 물론 어떤 분은 현대예술의 조류를 가리키며 자연을 베끼거나 재현하지 않으며 순수한 정신이나 감정을 표현하려는 추상개념의 예술도 있지 않느냐고 물을 것입니다. 그럼에도 저는 이것 또한 현대의 이데올로기가 아닐까 하는 생각을 해봅니다. 객관주의가 마련한 틀, 즉 자연과 마음의 분리를 받아들이되, 다만 객관주의의 반대 극으로 주관주의를 내세운 게 아닌가 하고 말입니다. 실제로 과학과 예술은 자연과 마음의 왕복운동, 이 투사와 역투사로부터 완전히 분리되기 어렵습니다.

시인 조지훈은 일찍이 이런 말을 남겼습니다. "서정시는 심금(心琴)의 다채로운 율동적 표현에 그 생명이 있다. 그러므로 심금, 즉 감정이란 대개 외계의 현상에 부딪혀 유로(流露)되기 때문에 자연미와 서정시는 떼려야 뗄 수 없는 관계에 있다." 그럴듯하지 않습니까? 마음은 구중궁궐 속에 꼼짝 않고 앉아 있는 주인이 아닙니다. 자연과 더불어 움직일 때 비로소 자기를 노출할뿐더러 자기 존재를 유지할 수 있습니다. 라틴어에서 마음을 가리키는 말(animus, anima)들은 본디 움직이는 것(animal)을 뜻합니다. 마음은 움직입니다. 운동하지 않는 것은 마음이 아닙니다. 그렇다면 자연은 어떨까요? 자연의 알맹이 역시 운동에 있습니다. 브루노(Giordano Bruno)가 일컬었듯이 자연은 '거대한 동물'인 반면, 미술가들이 정물(靜物)로 번역한 '정지-자연'(still-life)을 프랑스어에서는 죽은 자연(nature morte)이라고 부릅니다. 이처럼 자연과 마음은 모두 움직인다는 점에서 같습니다. 그리고 움직인다는 것이 결국 이쪽에서 저쪽으로 가거나 이것이 저것으로 되는 일이라면 자연과 마음은 저마다 자기 자리에 얽매이지 않고 한데 만나 흘러갈 것입니다.

이렇게 마음과 자연이 더불어 출렁이며 모습을 드러낸다면 가령 순수한 경치만을 그려놓은 산수화가 어디 있으며, 바깥세계를 하나도 말하지 않고 오로지 마음만을 그려낸 시는 또 어디 있겠습니까? 현대미술에서 추상과 구체의 논쟁이 완료된 결론을 남기지 못한 것도 이해될 법한 일이 아닙니까? 사진만 해도 그렇습니다. 언뜻 보기에 카메라의 작용 속에서 마음의 흔적을 찾기란 어렵습니다. 그러나 하필 특정한 장면을 특정한 전망으로 잡은 까닭은 무엇입니까? 그 마음의 존재가 후경(後景)으로 들어가 있지는 않습니까? 전경(前景)에 부재한 그 존재에 대해 사진은 침묵하지 않습니다. "그는 지금 여기 있노라." 뒤바뀐 알리바이라고 할까요? 그는 다른 데 있었을 뿐입니다. 이처럼 마음은 어디서나 좀체 지워지기 어렵습니다. 또한 여기서 자연은 그의 마음이 덧씌워져 새로 태어난 자연입니다. 그것을 본 눈길이 없었다면 적어도 그 눈길을 받은 자연은 없었을 것입니다. 그리고 더욱 중요한 점이 있습니다. 갓 태어난 자연을 체험하며 우리 마음도 더불어 거듭 태어납니다.

우리는 이렇게 물어볼 수도 있습니다. 오랜 세월에 걸쳐 화가나 시인이 만들어낸 거울이 없었다면 자연을 보는 우리의 심미안은 어떤 것이 되었을까요? 지오또(Giotto)가 중세미술의 황금색 배경을 푸른 산맥과 산봉우리로 바꿔놓기 전에 서양인들이 느끼던 산의 아름다움은 어떤 것이었으며, 또한 18세기 유럽에서는 회화처럼 보이는 자연풍경에 대한 취미가 널리 퍼지고, 풍경화처럼 보이게 하려고 공원과 정원을 손질했다는 사실을 어떻게 설명할 수 있을까요? 그렇습니다. 예술작품과 자연적 미감은 이어져 있습니다. 그리하여 우리는 예술에 관련된 자연의 경험으로부터 다시 예술적 아름다움을 얻는다는 역투사 현상을 이해할 수 있게 되는 것입니다.

나르키소스는 이러한 현상의 일반적 상징이기도 합니다. 우주적 나르시시즘은 내 그림자의 시선을 넘어 온 하늘과 땅의 시선을 끌어들이는 데서 출발합니다. 그러려면 우리는 마음과 자연의 부메랑을 받아들여야 합니다. 이쯤 해두고 어디 한번 '나르시시즘의 객관적 조건'을 되씹어볼까요?

나는 샘물에 비친 그림자를 본다. 내 숨결이 들어 있다. 내가 없다면 그림자도 없다. 한편 샘물도 내 그림자를 담을 때 새롭게 태어난다. 내가 없다면 내 그림자를 담은 샘물은 없다. 나는 내 그림자, 내 샘물을 본다. 그러나 샘물이 없으면 그림자는 없다. 아니, 나도 없다. 샘물과 더불어 거기에 비친 그림자를 보고 있는 나는 없다. 샘물을 보고서야 나는 새롭게 나를 본다. 그때 나는 느낀다. 그림자는 내 것이 아니다. 샘물이 낳은 것이며, 샘물을 낳은 숲과 땅이 낳은 것이다. 또한 하늘과 해가 낳은 것이기도 하다. 나를 벗어난 것, 그러나 나를 둘러싼 후경이 더불어 만든 것이다. 이렇게 나는 그림자를 본다. 하늘과 나무와 숲이 앞에 떠 있다. 이들이 저마다 샘물하고 만난 자리에서 나는 그들을 만난다. 한데 어울려 샘물의 그림자를 만든다. 아니, 우리 그림자로 가득한 샘물을 만든다. 나는 그림자를 본다. 아니, 우리는 그림자를 본다. 그리고 내 시선을 따라 그림자는 거듭 태어난다. 그림자를 만든 모든 것도 거듭 태어난다. 내 시선이 없었다면 적어도 내 시선을 받아들인 그들은 없었을 것이다. 이때 내 눈길을 따라 그림자는 나를 본다. 샘에 비친 모든 것, 그것을 이루는 모든 것이 더불어 나를 본다. 그래서 샘은 대지의 눈이다. 그 눈길을 따라 나는 새로 태어난다.

"본다. 그리고 보인다." 비친 자기와 참된 자기는 이렇게 맞물려 서로를 비춥니다. 물에 비친 산그림자가 산하고 뒤바뀌어 맞물리듯이 말입니다. 그러면서 온 자연과 어울리게 됩니다. 강물 앞에 선 나그네는 하늘과 땅의 시선을 느꼈고, 그 시선 속에서 자기를 보았습니다. 이 맞물림을 매개하는 것이 물이라는 원소입니다. 비치는 것은 모두 물입니다. 그래서 바슐라르는 물의 상상력을 우주적 자기애와 연결했습니다. 이때 나르키소스라는 개인은 사라집니다. 그러나 정확하게 말하면 온 우주 속의 후경으로 되었다고 할까요, 아니면 차라리 점경(點景)이 되었다고 할까요? 바슐라르는 그것을 "개인 존재의 자기애가 진실한 우주적 자기애의 테두리 속에 조금씩 갇히는 과정"이라고 했습니다.

실상 '보이지 않는 어떤 것에의 소속', 이것이 '원초적 포에지'입니다.

그 포에지를 통해 우리는 '내적 운명'에 눈을 뜨게 됩니다. 이 개안(開眼)의 길잡이가 되는 원소가 물입니다. 나르키소스는 물 앞에서 새로운 자연을 만났고, 이를 통해 마침내 훤칠한 마음에 미쳤습니다. 스스로 자연보다 후경으로 물러남으로써 도리어 자신의 마음을 전경에 떠올렸습니다. 이로부터 나르키소스 앞에 펼쳐지는 풍경은 선경후정(先景後情)이아니라 선정후경(先情後景)의 터가 되었습니다. 한편 바슐라르는 말했습니다. "모든 풍경은 의식된 광경이기에 앞서 꿈의 경험이다." 풍경의 꿈과 꿈의 풍경. 또한 이 뒤바꿈을 일으키는 '미적 정렬'이 곧 '범미주의(汎美主義)'의 씨앗이라고 했습니다.

그러므로 우리는 이해합니다. 랭보와 로트레아몽이라는 예지적 시인 둘이 결코 모순되는 말을 하지 않았다는 사실을 말입니다. "나는 타자이다" 그러나 "만약 내가 존재한다면, 나는 타자가 아니다." 둘은 모두 옳았습니다. 세계와 나 사이에 열리는 상호침투의 한 측면씩을 이야기했기 때문입니다. 나르키소스 또한 끊임없이 뒤바뀌는 우주적 미학 속에 있었습니다. 자연이 아름다우므로 나는 아름답다. 내가 아름다우므로 자연은 아름답다. 끝내 자신은 몰랐지만 나르키소스는 참으로 아름다운 사람이었던 것입니다.

— **1** 베어 하트 『인생과 자연을 바라보는 인디언의 지혜』, 형선호 옮김, 황금가지(1999) 93면.
— **2** 파울로 코엘료 『연금술사』, 최정수 옮김, 문학동네(2001) 14~15면.
— **3** 이윤기 『뮈토스』, 고려원(1999) 57면.

물 · 불 · 공기 · 흙의 자연 **3**

불의 상상력

CRESCANT DES JÖVA FAVILLÆ

Psal. XXXVIII. V. V.

# 3

— 트1크 —

## 1. 연금술의 언어

　심리영역과 자연영역이 뒤섞이는 양상이 물에서 잘 나타난다는 말을 하다 보니 이야기가 여기까지 흘렀습니다. 물은 이쯤 해두고 불 이야기로 넘어가볼까요?『불의 정신분석』이라는 책이 먼저 눈에 띕니다. 그런데 제목이 야릇합니다. 불의 정신이 어디 있기에 그것을 분석한다는 걸까요? 정신분석이란 보통 프로이트가 세운 체계를 말하며, 주로 꿈이나 언어를 분석합니다. 그러나 꿈을 분석한다고는 해도 꿈꾸는 환자의 머릿속을 들여다볼 수는 없는 노릇이므로 실제로 분석은 환자가 들려주는 이야기를 분석하는 것입니다. 요컨대 정신분석은 '언어치료'(talk cure)라는 별명까지 얻을 정도로 언어를 분석하는 작업입니다. 이렇게 볼 때 바슐라르의 책 제목은 엉뚱하기 짝이 없습니다. 불은 언어가 아니라 사물이기 때문입니다. 사물이 들려주는 말이 과연 존재할까요? 지금까지 제 이야기를 따라온 분이라면 짚이는 데가 있을 것입니다. 나르키소스처럼

'자연과 마음은 서로 비춘다'는 이야기 말입니다. 반면 사물의 영역과 말의 영역을 나누는 데 익숙한 분들에게는 불의 정신분석이 자못 이상하게 들릴 것입니다. 그러나 말과 사물을 뗄 수 없다고 여긴 사람들이 있습니다. 그리고 화학분석과 정신분석을 나누어 생각하지 않는 사람들이 있습니다. 연금술의 언어, 바슐라르는 이제 거기에 들어가려는 것입니다.

　그렇다면 연금술은 말과 사물의 관계를 어떻게 보았을까요? 크게 네 가지 항목으로 줄여볼 수 있습니다.

### 1) 일상적인 사물로 물질의 완성을 표현한다

　연금술사는 무엇보다도 금을 만드는 사람입니다. 하지만 물질적인 금뿐만 아니라 자기 정신마저 금처럼 만들려는 사람입니다. 이때 금은 완전한 것을 대표합니다. 영어에서는 '아름다운 마음씨를 가진 사람'을 가리켜 'a heart of gold'라고 합니다. 그래서 연금술을 두고 '실천과 사변이 하나로 된 총체'라고 일컫기도 합니다. 이런 측면은 언어에서 몇가지 특징으로 나타나지만 무엇보다 일상적인 경험의 용어로 물질의 완성이 표현되는 경향을 들 수 있습니다. 가령 이렇습니다.

> 만일 그 고체를 네가 용해시킬 수 있다면, 또한 용해된 용액을 증발시킨 다음 그 증발된 물질을 가루로 굳힐 수 있다면, 네 고통은 크게 위로받을 것이다.

　물질의 완성이 고통의 위로로 표현되어 있지요? 연금술은 본디 소우주/

대우주, 물질/정신, 성/속 따위의 이분법을 허용하지 않습니다. 천지창조, 펠리컨용기, 일상생활에는 모두 동일한 원리가 들어 있다고 믿었기 때문입니다. 인간경험의 언어로 비밀스런 연금술의 작업을 표현하는 것은 여기서 비롯된 언어현상입니다. 방금 펠리컨용기를 언급했지만 이것은 아라비아에서 들어온 도구로 유리로 된 일종의 가열용기입니다. 모양이 꼭 펠리컨새를 닮았습니다. 그런데 서양 중세사람들은 펠리컨이 자기 심장을 쪼아 나오는 피로 새끼들을 먹여살린다고 믿었습니다. 그래서 자기희생, 나아가 예수의 상징이 되기도 합니다. 그러므로 현자의 돌이 예수를 상징한다면 그 돌을 만드는 용기 역시 예수를 상징하는 셈입니다. 다른 한편 펠리컨용기는 남녀의 성기를 닮았는데 바슐라르는 이 점에서 연금술 또는 불의 성적인 측면을 분석하기도 했습니다. 이렇게 펠리컨용기라는 현실적 사물에도 이미 남성과 여성 그리고 성과 속의 차원이 공존하고 있는 것입니다. 펠리컨용기 속에서 벌어지는 일 또한 마찬가지입니다. 여기서 진행되는 과정은 비록 규모는 다르지만 천지창조와 다를 바 없는 일로 여겨졌습니다. 불순한 물질을 구원하여 새 생명으로 거듭나게 하는 일이기 때문입니다. 그러므로 연금술은 자연과정에 속합니다. 다만 엘리아데(Eliade)가 말했듯이 "자연과정의 가속(加速)"일 뿐입니다. 자연의 모든 것은 누룩이 발효하듯이 절로 성숙하는 법인데, 이 일반적인 과정에 걸리는 시간을 줄여주는 방법이 연금술일 뿐입니다. 거듭말해 대지는 어머니이며 광물들은 그 뱃속에 든 아기들인데, 아기들이 자라 어른이 되듯이 광물도 성숙하여 언젠가는 완전한 금이 되지만 연금술은 그 과정을 가속화한다는 것이 연금술의 기본 신조입니다. 인위와 자연이 공존하고 있는 것입니다.

　그래서 연금술의 과정은 곧잘 일상생활 언어로 표현되기도 했습니다. 가령 현자의 돌을 만드는 거룩한 과정은 매우 하찮은 일에 빗대어 묘사됩니다. 앞에서 저는 현자의 돌이 '어두운 대지의 흙덩이'로 불리는 어떤 근원물질에서 만들어진다고 했습니다. 따라서 근원물질을 찾는 일은 연금술 작업에서 가장 중요한 일이자 가장 어려운 일이었습니다. 이런 까닭에 연금술사들은 자신의 작업을 비밀로 했고 서로의 지식을 캐내는 일이 마치 전쟁처럼 벌어졌다고 합니다. 그럼에도 한편으로는 근원물질을 찾기보다 쉬운 일은 없다고 전해졌습니다. 모든 원소들 속에 들어 있으며 심지어 가난한 농부가 사는 집의 굴뚝먼지 속에도 들어 있다고 했기 때문입니다. 세상에서 가장 존귀한 존재임에도 불구하고 그것을 알아보지 못하는 사람들의 눈에는 "세상에서 가장 하찮은 것"으로 보일 뿐이라고 했습니다. 그러므로 현자의 돌을 만드는 비밀스런 과정이 여성의 집안일, 아이들 놀이로 표현되거나 세탁, 배설, 효모의 발효, 치즈와 빵 만들기 따위에 빗대어 묘사되었던 것입니다.

### 2) 유사함에 따라 연결한다

　천지창조, 펠리컨용기, 일상생활에는 하나의 원리가 두루 편재한다고 했습니다. 수없이 많은 영역과 대상들이 한 원리로 이어지는 셈입니다. 이를테면 A:B＝B:C＝C:D…… 이런 식으로 쓸 수 있습니다. 물론 완전한 등호가 아니라는 점에만 주의한다면 말입니다. 그런데 A라는 항목 하나에 주목하면 어떻습니까? A를 B로 표현하는 것이나, C로 표현하는 것이나 다 한 가지라는 추론이 나올 수 있습니다. 모두 서로 연결되어 있으므로 B, C……Z 가운데 아무거나 골라 A와 짝지어도 상관없습니다. 그렇다면 한 대상을 표현하는 방식이 수없이 많다고 할 수 있겠지요. 연금술은 '유사함'을 확장하여 세계를 인식했습니다. 세계는 유사함이라는 끈으로 이어진 "연결망"(web of association)이었습니다. 그러므로 한 사물을 이해할 때 그것만 떼어내어 살피는 법은 없었습니다. 언제나 전체 관계 속에서 파악하려 했습니다.

연금술에서 고려하는 전체는 우리 생각의 정도를 훨씬 넘어섭니다. 가령 타조를 정의(正義)와 연결해보세요. 깃털이 가지런하고 고르다고 해서 타조는 정의의 상징이었습니다. 이처럼 한 낱말에 수많은 뜻이 담겨있는 바람에 연금술의 언어는 모호하고 다의적이라는 비판을 받게 됩니다. 특히 그들에 대한 근대 과학자들의 공격은 맹렬했습니다. "그들은 다양한 사물들에 오직 한 가지 이름을 붙이고, 한 사물에 수많은 이름들을 부여한다." 근대화학을 세운 것으로 평가받는 보일(Boyle)의 말입니다.

### 3) 모든 사물은 각자 자기의 징표를 지닌다

그럼에도 연금술사들에게는 이러한 사물의 연결이 별로 모호하지 않았던 모양입니다. 왜냐하면 그들은 한 사물이 다른 사물과 연결되는 표지를 찾을 수 있었기 때문입니다. 이에 따르면 한 사물에는 저마다 감추어진 의미가 있고 이 비가시적인 의미는 저마다 사물의 가시적인 형상으로 표현됩니다. 숨은 의미를 가리키는 이 형상이 바로 '표지(標識)'입니다. 한 사물을 다른 사물과 연결할 수 있게 해줍니다. 그것을 '사물의 기호'이론이라고 합니다. 간단하게 말하면 사물마다 다채로운 서명이 새겨져 있다는 뜻입니다. 앞서 말한 파라켈수스의 설명입니다.

> 비록 그분은 사물을 감추어두었으나 그 어떤 것도 가시적인 기호 없이 존재하는 것을 허용하지 않았다. 마치 보물단지를 묻어놓은 사람이 나중에 그것을 다시 찾을 수 있도록 매립장소에 표시해놓듯이.[1]

이처럼 우주는 조물주의 신성한 기호로 가득 찬 한 권의 책입니다. 따라서 오늘날 입장에서 볼 때 그들은 한 사물을 아무렇게나 다른 사물과 연결한 것 같지만 실제로 그들은 나름대로 엄격한 방식으로 사물들을 연결했습니다. 한 사물에 내재된 표지에 따라 연결했기 때문입니다.

물론 아무나 이 표지를 알아볼 수 있는 것은 아닙니다. 사람들은 표지 읽는 법을 배워야 하며 그 방법은 극히 소수에게만 전해졌습니다. 그래서 오컬트(occult, 隱秘)입니다. 그럼에도 이 비학에 따르면 한 사물에 내재한 표지는 실재에 대해 숨은 의미를 가리킵니다. 그러므로 이 표지를 제대로 읽어내어 이름을 붙일 때 그 이름은 한낱 사회적 관례로서의 명칭을 넘어 사물의 숨은 본질에 육박합니다. 말과 사물이 하나가 되는 것입니다. 이것을 "자연언어"이론이라고도 합니다. 연금술사들은 "자연 사물의 본성과 일치하는" 언어를 찾으려 했습니다. 또한 이 자연언어, 즉 사물의 진정한 이름을 부르면 사물을 다스릴 수 있다고 믿었습니다. 마법이나 주문의 언어학적 기초라고 할까요? 사물의 참된 철자(spelling)를 부름으로써 마법을 걸듯이(spell) 사물을 다스린다는 생각이었습니다. 요즘 식으로 하면 기표와 기의 사이에 자연(필연)적인 관계를 전제하는 것입니다. 아메리카 원주민의 한 부족(큐나족)이 불이나 뱀의 기원을 아는 자라면 붉게 달군 쇠나 독사를 맨손으로 잡을 수 있다고 믿었던 것처럼 말입니다.

### 4) 시각적 이미지를 존중한다

이처럼 말과 사물이 하나로 되는 자연언어가 있다면 이 언어를 가장 잘 담아낼 형식은 무엇일까요? 상징이미지, 상형문자(hieroglyphic), 그림 같은 시각이미지입니다. 왜냐하면 한편으로 사물의 표지가 사물의 외적 형상에 가시적으로 드러나기도 하거니와, 글자보다는 그림을 볼 때 사물이 즉각적으로 이해되기 때문입니다. 이런 생각은 도상적(emblematic) 세계관을 이룹니다. 연금술 책에 늘 등장하는 이미지나 시각표상들은 이런 문맥에서 이해할 수 있습니다.

바슐라르는 연금술의 언어관을 한편으로는 선사(先史)의 정신과 같은 것으로 보았으며 다른 한편으로는 무의식의 일반적인 특징과 통하는 것으로 놓았습니다. 그러고는 이렇게 말했습니다. "선사의 정신, 더욱이 무의식은 사물에서 말을 분리하지 않는다." 선사시대뿐만 아니라 본디 무의식은 말과 사물을 분리하지 않는다는 뜻입니다. 그렇다면 불은 어떨까요? 불이라는 사물과 불에 대한 이미지(언어)가 나뉘지 않겠지요. 그렇다면 불의 정신분석은 어떨까요? 불이라는 사물과 말을 한번에 분석하는 일도 있을 법하지 않겠습니까? 적어도 바슐라르는 그렇게 생각했습니다.

물론 여기에는 설명이 필요합니다. 그가 말과 사물의 일치를 이야기하는 문맥은 조금 비판적인 형식을 띤 것처럼 보입니다.

　　매우 **무의미한 은유**를 온통 **현실**로 만드는 어떤 정신상태가 있고, 우리는 그 정신상태에 대한 예를 들어보고자 했다. 과학정신은 여러 번 구조를 바꿔왔다. 그 결과 실제로 과학정신은 의미의 수많은 전위(transposition)에 익숙해져, 자기표현에 스스로 희생되는 일이 적다. 모든 과학 개념은 다시 **규정**되었다. 의식(conscience)의 생활에서 우리는 **단절**되었다. 시초 어원과 직접 닿아 있지 않다. 그러나 선사의 정신, 더욱이 무의식은 사물에서 말을 분리하지 않는다.

비과학적인 정신을 비웃는 것처럼 들리기도 합니다. 선사의 정신이나 무의식의 태도를 과학정신과 비교하니까 말입니다. 그래서 『불의 정신분석』을 시학이 아니라 과학인식론의 책으로 여기는 분도 많습니다. 그러나 그가 무의식이나 비과학적인 정신을 낮춰보았다고 할 수는 없습니다. 그렇다면 지금 말하려는 바는 무엇일까요? 바로 과학의 기원입니다. 과학을 처음 출발시킨 역사적 기원, 그리고 지금도 과학을 움직이는 원리적 기원은 '과학 아닌 것'에 있음을 말하려는 것입니다. 그런데 기원을 알려면 먼저 현재를 알아야겠지요. 따라서 그는 현대과학을 '과학 아닌 것'과 비교하며 살피는 것입니다. 우리도 이 순서를 따라가보겠습니다. 현대과학의 성격을 들어본 뒤에 과학의 기원을 보겠습니다. 그런 다음, 과학의 기원이 특히 불의 상상력에 이어져 있음을 살펴보겠습니다.

## 2. 과학의 기원과 몽상

먼저 일(work) 개념을 봅시다. 우리는 일이라는 말을 곧잘 씁니다. 가령 누구는 일을 잘한다, 오늘은 일을 많이 했다는 식으로 말입니다. 그러나 물리학에서 일은 전혀 다릅니다. 이를테면 시시포스(Sisyphus)의 노동이 아무리 힘들어도 그것은 물리학적인 일이 아닙니다. 무거운 돌을 들어올린다 해도 처음 자리에 도로 놓으면 일의 양은 없습니다. 일은 "한 물체에 일정한 힘 F가 가해져서 변위 d만큼 이동시킴"으로 정의되기 때문입니다. 돌의 위치가 조금도 변하지 않았으므로 전체 일의 양은 0입니다.

물리학에서 보면 지구를 둘러메었다는 아틀라스도 전혀 하는 일이 없습니다. 일의 뜻은 바뀌었습니다. 자, 앞의 인용문 한 곳을 뜯어볼까요? "과학은 의미의 수많은 전위에 익숙해져, 자기표현에 스스로 희생되는 일이 적다. 모든 과학 개념은 **다시 규정**되었다. 의식의 생활에서 우리는 시초 어원과 직접 닿아 있지 않다." 유명한 "인식론적 단절"(rupture) 개념은 여기서 나옵니다.

일 개념에서 그랬듯이 과학용어는 늘 '시초 어원'에 대한 연결을 부정합니다. 뜻이 수없이 뒤바뀐 바람에 끊임없이 다시 정의됩니다. 질량(Mass)의 어원이 '보리로 만든 케이크'라는 사실을 아십니까? 여기서 출발하여 '큰 덩어리', 나아가 '무게'를 거쳐 '힘에 대한 가속도의 비율'이라는 수학적 정의를 얻기까지 얼마나 많은 언어의 자기부정이 있었습니까? 그리하여 질량이라는 이름만으로는 아무 내용도 기대할 수 없게 되기까지, 마침내 말과 사물의 일치로부터 멀어져 거의 완전한 불일치에 이르기까지 얼마나 숱한 비유의 부정이 있었습니까? 크게 보면 과학활동 자체가 그렇습니다.

『불의 정신분석』 서문에는 "객관적인 사고는 아이러니를 행사해야 한다"는 구절이 있습니다. 객관적인 사고란 과학적 사고를 가리킬 테지만 이것이 왜 아이러니(irony)일까요? 먼저 말뜻부터 생각해볼 필요가 있습니다. 가령 '차디찬 열정'처럼 언뜻 말이 될 법하면서도 실은 모순되는 말이라든가, 아니면 실제로 전혀 자애롭지 않은 사람을 두고 '그는 매우 자애롭다'고 말할 때 우리는 아이러니가 있다고 합니다. 크게 보면 '문자 그대로는 긍정적으로 인정된 표현이 내용적으로 부정되는 과정'을 포함하며, 그런 부정을 통해 역설적으로 본색이 밝혀지는 비유법을 아이러니라고 할 수 있습니다. 이렇게 보면 과학활동이 꽤 아이러니의 활동임을 알 수 있습니다. 아이러니는 세계에 대한 기존 상식과 비유를 물리치며, 어떤 자의식의 각성을 재촉하는 메타-비유입니다. 그렇다면 과학은 참으로 아이러니를 행사합니다. 거듭 말하면, 낱말의 문자 차원에서 무의식적으로 수용되고 기대되는 내용을 전혀 뜻밖의 내용으로 뒤집어버리기 때문입니다. "의식적 생활", 즉 과학활동에서 우리는 시초 어원과 멀어지는 것입니다. 그래서 바슐라르는 말합니다. "스스로 조소(嘲笑)하기. 이 자기비판의 아이러니 없이는 객관적인 인식에서 어떤 진보도 있을 수 없다."

과학용어는 이렇게 끊임없이 자리를 바꾸고 의미를 바꿉니다. 그런데 이러한 측면을 뒤집어볼 수 있습니다. 과학용어의 단면을 살펴보면 지층처럼 켜켜이 옛 흔적들이 남아 있으리라 짐작할 수 있습니다. 일이나 질량 개념이 그렇듯이 말입니다. 이 대목이 중요합니다. 과학용어의 지층에 옛 흔적들이 남아 있다면 우리가 그 용어를 쓰는 한 이 흔적들은 과거의 은연한 잔상으로 남아 있을 터입니다. 이 "영속적인 기록"을 두고 바슐라르는 "소년 속의 노인, 노인 속의 소년, 엔지니어 밑에 잠긴 연금술사"라고 일컬었습니다. 그렇습니다. 불은 오늘날 화학자들에게 단지 산화현상으로만 주어집니다. 따라서 불의 화학은 산화현상에 대한 분석입니다. 그러나 불의 정신분석은 불이라는 낱말 아래 잠겨 있는 오래된 이미지들을 들춰 보려 합니다. 처음 화학을 출발시켰으며 지금도 화학 바깥에서 여전히 작동하는 이미지들을 살펴보려고 합니다. 따라서 불의 정신분석은 "과학정신의 무의식"에 대한 연구입니다. 다시 말해 "무의식적 가치"가 어떻게 과학의 기초로서 작용하는가를 밝힘으로써 "과학실험 속에 들어 있는 유년기 경험의 흔적"을 보여주며, "과학자로 하여금 고백하기 어려운 여러 동기를 고백하도록" 만드는 것입니다.

그렇다면 단순히 무의식도 아니고 과학정신도 아닌 이 영역은, 즉 과학의 기원은 인간 심리의 어느 단층에 놓여 있는 걸까요? 바슐라르는 여기에 몽상이라는 이름을 붙였습니다. 그의 생각은 다음 구절에 압축되어 있습니다. "사람은 우선 꿈꾼 것만을 연구할 수 있다. 과학은 경험보다는 몽상 위에서 형성된다."

몽상이란 "깨어 있는 꿈"입니다. 말 그대로 백일몽과 같은 것입니다. 그래서 밤에 꾸는 꿈하고는 다릅니다. 『초의 불꽃』에 따르면 밤의 꿈에는 남성원리(animus)가 작용한다고 했습니다. 이미지를 그 자체로 즐기지 못하기 때문입니다. 잠을 자며 꿈을 즐긴다는 게 어디 쉬운 일입니까? 그래서 꿈은 설령 문학을 만든다 해도, 시를 만들지는 않는다고 했습니다. 반면 시와 연결된 것은 몽상이라고 했는데, 그것은 이미지를 이미지 자체로 즐기는 친밀하고 내밀한 감수성, 여성원리(anima)가 살아 있기 때문입니다. 『불의 정신분석』도 꿈과 몽상을 구별합니다. 이에 따르면 몽상은 늘 어떤 대상에 집중됩니다. 그래서 몽상은 대상의 움직임을 좇아 사방팔방으로 움직인다는 것입니다. 반면 꿈은 좇을 대상이 없으므로 직선으로 나아가며, 가는 도중에 스스로 어디를 가는지 잊어버린다고 했습니다. 요컨대 몽상은 특정한 대상에 집중하되 그 대상의 자유로운 움직임에 마음을 내맡기고 즐기는 것입니다. 그리고 과학의 기원은 여기에 놓여 있습니다. 몽상, 아니 정확하게 말해 원소의 몽상, 그것도 불의 몽상영역에 놓여 있습니다.

바슐라르가 과학의 기원에서 꿈보다 몽상을 이야기하는 것은 일리가 있습니다. 그는 지금 무의식 자체가 아니라 과학정신의 무의식에 관심이 있습니다. 그러므로 "원초적인 본능"이 펼쳐지는 영역보다는 "덜 깊고" "더 지성적"인 곳을 살펴야 한다고 생각했습니다. 몽상이 이 조건에 들어맞는다는 것은 틀림없어 보입니다. 말하자면 거친 꿈과 과학정신, 깊은 무의식과 명료한 의식의 중간지대이기 때문입니다. 그뿐이 아닙니다. 이 중간세계는 또한 원소의 몽상이 전개되는 영역으로서 과학과 시학이 갈려나가는 지점이기도 합니다.

기실 과학과 시학은 근본적인 부분을 공유합니다. 저는 여기서 미국의 저명한 역사가 스미스(C. S. Smith)의 연구를 떠올립니다. 이 연구에는 경청할 만한 주제가 있습니다. 역사적으로 유용한 물질이나 기계 혹은 공정은 거의 예외 없이 장식미술에서 생긴 것이지, 현실적 용도에서 생긴 것은 드물다는 것입니다. 즉 미적 유희야말로 원시사회에서 실용적 발견을 이루게 한 추진력이라는 것입니다. 가령 야금술의 기원은 예술이라는 주장이 유명합니다. 스미스에 따르면 작은 조각품을 만들기 위해 주조술이 시작되었고 이 조각품들을 연결하기 위해 용접술이 생겼답니다. 여기에 다채로운 색상 패턴을 더하기 위해 합금을 사용하기도 했는데 이것이 총체적으로 야금술을 낳았다는 것입니다. 한편 근대 산업기술의 중요한 방법 대부분은 이미 수천년 전에 조각이나 보석가공에서 썼던 것이라는 주장도 유명합니다. 고대 기술자들은 아름다운 디자인 효과를 얻기 위해 이 방법을 썼습니다. 가령 부식물질로 금속 표면을 가공하는 에칭(etching)은 기원전 3천년 무렵 인도에서 홍옥수(紅玉髓)목걸이를 만들 때 처음 등장합니다. 그런데 에칭공정의 어려움을 생각할 때 실용적인 목적에서 그토록 힘든 작업을 했을 리는 없다는 게 스미스의 추론입니다. 요컨대 일종의 미적 유희와 연관된 활동이 과학과 기술을 낳았다는 결론입니다.

이런 맥락에서 과학과 시학은 공통됩니다. "미적 유희와 연관된 활동이 이후에 과학과 예술로 펼쳐졌다"고 할 수 있습니다. 이 관점을 바슐라르의 생각에 덧붙이면 한 가지 명제가 나옵니다. "과학과 시학(예술)을 근본적으로 가능하게 해주는 정신활동은 여성원리를 따르는 동시에, 어린이의 유희와 통하는 미적 몽상이다." 바슐라르가 말하는 몽상은 근본적으로 유희적이며 미적입니다. 그것은 '미를 위한 미'를 추구하지는 않습니다. 그 자체로 보자면 무의식적이며, 기존의 경직된 관례나 제약 따위에 별 상관없이 스스로 내재적인 생동의 힘을 따라 자유로이 움직이는 정신의 활동일 뿐입니다. 그러나 이 생동력 속에 과학과 시학이 움틉니다. 과학과 시학에서 모두 필요로 하는 창조적 직관이란 곧 무의식적이고 내재적인 생동력 속에 현존하는 것이기 때문입니다. 그리고 바슐라르는 이 생동력의 뿌리를 네 원소에서 찾았습니다. 순수한 정신의 자기전개가 아니라 자연의 원소와 마주할 때 생성되는 창조적 직관을 찾았습니다. 그러므로 과학과 시학의 기원에 해당하는 영역은 결국 네 원소의 몽상이 전개되는 영역입니다. 제가 볼 때 이 영역의 설정은 적절했습니다. 사실 이보다 더 내려가면 과학과 시학의 다채로운 양상을 설명하기 어렵습니다. 가령 리비도(Libido)나 몇가지 콤플렉스 따위로 어떻게 다양한 시적 상상과 과학적 사고를 설명할 수 있겠습니까? 바슐라르는 좀더 간접적이며 이차적인 정신분석이 필요하다고 생각했고, 그것이 바로 네 원소 이미지의 정신분석입니다.

## 3. 프로메테우스

원소의 몽상이 일어나는 영역은 일종의 매개지대입니다. 한편으로 과학적 사고를 결정하며 다른 한편으로 시정신의 바탕이 됩니다. 그리고 이 중간지역을 지나고 나면 과학과 시는 딴 길로 갈라섭니다. 즉 반대명제로 맞서게 됩니다. 바슐라르를 오해한 분들은 바로 이 점을 혼동한 것

같습니다. 가령 어떤 분은 '과학과 시학은 전혀 무관하거나 적대적'이라고 해석합니다. 그러나 이 해석은 과학이 시초 어원과 단절하는 측면만을 봄으로써 둘이 처음에 공유한 몽상을 살피지 않은 것입니다. 반면 시학은 과학을 감싼다는 해석이 있습니다. 아마 과학과 시학의 뿌리가 같다는 데서 착안했을 것입니다. 물론 둘의 뿌리는 같습니다. 바로 원소의 몽상입니다. 그러나 그곳은 시학의 영역이라기보다는 시학과 과학이 공유하는 원시림입니다. 이 뿌리에서 출발해 하나는 몽상을 더욱 뻗쳐 나가는가 하면, 다른 하나는 몽상을 출발로 삼되 그것을 정화하고 단절하는 특이한 몽상으로 나아갑니다. 따라서 둘 사이에 감싸기는 없습니다. 만약 있다면 한 사람의 정신 속에서 시학과 과학이 공존하는 일이 있겠지요. 요컨대 "둘 사이에 감싸기는 없다. 그럼에도 둘의 뿌리는 같다"는 것입니다.

그렇다면 네 원소의 몽상이 도대체 어떤 연유로 과학의 출발점이 된다는 걸까요? 특히 불과 연결한다면 먼저 '프로메테우스 콤플렉스'에 이어집니다. 물론 불의 형상이나 원재료 자체가 아니라 불의 운동성 또는 운동벡터에 대한 것입니다. 불은 자연의 존재이지만 문화적인 존재이기도 합니다. (사람말고 다른 동물이 불을 능숙하게 다룬다는 말은 들어본 적이 없지 않습니까?) 그리고 사람에게 불은 처음부터 '금지'의 대상입니다. 불장난을 하면 밤에 오줌을 싼다는 충고쯤은 부드러운 것이며, 대개 아이가 불에 손을 대려 하면 어른들은 그 손부터 때립니다. 불이란 참으로 화상을 입히지 않고도 아픔을 줄 만큼 위험한 것입니다. 그래서 아이들은 실제로 델 수 있다는 위험보다는 어른이 내린 금지를 먼저 인지하게 됩니다. 불은 "사회적 금지"의 대상입니다. 그리고 어른들의 주의는 온갖 불에 닿아 있습니다. 그래서 불은 "일반적 금지"의 대상입니다.

그러므로 불에 대한 개인적 경험은 늘 이런 금지에 대한 "교묘한 불복종"과 이어집니다. 꼬마 프로메테우스는 아버지 몰래 불을 들고 나오는 것입니다. 그게 안되면 돋보기를 이용해 검은 종이를 태우기도 합니다. 왜 그럴까요? 바슐라르는 그 까닭을 '아버지만큼 알려는 욕구'에서 찾습니다. 그리하여 프로메테우스 콤플렉스라는 이름 아래 사람의 "알고자 하는 모든 경향"을 포함시킵니다. 여기서 우리는 오이디푸스(Oedipus)를 떠올릴 수 있을 것입니다. 하지만 앞에서 말했듯이『불의 정신분석』은 원초적 본능까지는 내려가지 않고 그보다는 더 지성적인 차원을 다룹니다. 그러므로 프로메테우스를 오이디푸스와 같은 차원으로 놓기는 어렵습니다. 하지만 굳이 말하면 "지성생활의 오이디푸스 콤플렉스"라고 할 수 있습니다. 불을 알고 만든다는 것은 '아버지가 아는 만큼 알려는 욕구'에 따라 움직이기 때문입니다.

그런데 프로메테우스 개념은 좀더 일반적인 과학의 운동방식에 연결됩니다. 그것은 "부정(Non)의 정신"입니다. 이 용어는 1938년에 출판된『불의 정신분석』에서는 나오지 않고, 2년 뒤『부정의 철학』에서 나옵니다. 여기에는 다음과 같은 물음이 던져집니다. 과학이 기존 이론과 상식을 거스르는 것이라면 새로운 과학을 만드는 동력은 무엇인가? "아니오"라고 외치는 부정의 정신이라는 겁니다. 시초 어원과의 단절이나 아이러니 개념이 떠오르지 않습니까? 바슐라르는 모든 훌륭한 것은 "그럼에도 불구하고" 태어난다는 니체의 표현을 빌려옵니다. 모든 새로운 과학정신은 "그럼에도", 다시 말해 기존 이론과 상식이 버티고 있음에도 태어난 다는 것입니다. 프로메테우스 콤플렉스는 이런 부정의 정신하고 연결되는 듯합니다. 사실 법이란 근본적으로 금지의 법입니다. 그렇다면 자연의 법칙을 새로 찾아내려는 사람도 마찬가지로 금지에 대한 불복종을 펼쳐야 하지 않을까요?

이런 점들을 생각할 때 과학정신은 불을 닮았습니다. 불은 집중하고 파고들며, 무엇보다도 수직으로 자신을 태우며 상승하기 때문입니다. 물의 몽상하고는 참 다릅니다. 물은 흐르고 고이며 비추는 특성이 있기 때문입니다. 그래서 "물의 속삭임에 귀를 기울이는 자는 불꽃의 노래를 듣는 자를 이해하지 못한다. 그들은 같은 언어를 쓰지 않는다"는 말까지 나옵니다. 실제로 사람들이 개울물을 바라볼 때면 생각이 사라집니다. "잠들려고 하는 목동이 물의 흐름을 바라보듯이" 말입니다. 사람들은 물을 생각하지 않고 다만 조용히 관조합니다. 그래서 헤쎄(Herman Hesse)의 『싯다르타』(*Siddhartha*)는 강물을 보며 자아를 버리는 성인을 묘사했겠지요. 그러나 불은 사물을 바꿉니다. 『파우스트』에서 불을 대표하는 아낙사고라스(Anaxagoras)는 물을 대표하는 탈레스에게 묻습니다. "오, 자네는 하룻밤 사이에 진흙으로 이런 산을 만들어낸 적이 있는가?" 하며 화산의 위력을 내세웁니다. 참으로 충격적이고 구체적인 변화는 불 때문에 일어나기 때문입니다. 그래서 가장 남성적입니다. 만물을 비추고 따뜻하게 해주는 동시에 모든 것을 파괴합니다. 기독교 성경에서 나오는 심판의 이미지가 대표적입니다. "내 분노의 불이 일어나서 음부 깊은 곳까지 사르며 땅의 그 소산을 삼키며 산들의 터도 붙게 하는도다."

## 4. 엠페도클레스와 호프만, 지귀와 혜공

그러나 불은 스스로를 태우고 다시 태어납니다. 그러므로 불 속에서 일어나는 변화란 단순한 파멸 이상의 것, 즉 환생과 연결됩니다. 그래서 인도인들은 불의 신(Agni)을 가리켜 한편으로 "두 근의 불과 나무[火木]를 마찰하여 태어나니 그가 태어나자마자 부모를 잡아 삼킨다"고 하는 동시에 불의 신이야말로 여러 신 가운데 가장 어린 "숲의 어린이"라고 했던 것입니다. 빛과 어둠, 낮과 밤, 삶과 죽음의 변화를 놓고 무엇이 무엇의 원인이라고 하겠습니까? '환생'이라는 단어처럼 끝없이 되돌아오는 삶이 있을 뿐입니다. 불은 죽음과 더불어 생명력을 상징합니다.

우리 민속에서 정월 열나흗날 밤에 벌이는 쥐불놀이나 횃불놀이는 어떠하며, 새로 이사한 집에 성냥이나 양초를 선물하며 '불처럼 일어나기'를 기원하는 풍습은 어떠합니까? 연금술사들이 불 속에서 찾았다던 불도마뱀이나 불사조는 물론이며, 중국 황외(荒外)에서 밤낮으로 불타고 있다는 부주목(不晝木)과 그 불 속에 산다는 쥐는 어떻습니까? 다른 한편 "불 속에서가 아니라면 그대는 어디서 새를 잡는가"라고 물었던 노발리스나 "죽어라 그리고 이루어라" 하고 외쳤던 괴테는 또 어떻습니까? 모두 불의 신생을 주목한 통찰입니다. 과학으로 치자면 옛 틀을 넘어 새로운 패러다임이 솟아오르는 것에 빗댈 수 있으며 시학으로 치자면 새로운 이미지의 탄생에 견줄 수 있을 것입니다. 이런 신생의 바탕에는 불을 존중하는 동시에 불의 금지에 거스르는 몽상, 나아가 삶과 죽음을 하나로 보는 불의 몽상이 깔려 있습니다. 어떻게 금지와 저항, 삶과 죽음을 같은 차원에서 이야기하느냐? 금지의 법을 받아들이는 것은 일종의 삶을 부여받는 것이며, 금지에 대한 저항은 대개 죽음에 닿아 있습니다. 그런 다음 새 법을 만들면 새 삶을 얻는 것입니다. 그래서 우리는 금지와 저항, 삶과 죽음을 한데 놓을 수 있습니다.

　삶과 죽음의 본능을 하나로 잇는 불의 몽상을 두고 바슐라르는 '엠페도클레스 콤플렉스'라고 일컬었습니다. 엠페도클레스는 지금으로부터 2천5백년 전에 살았던 그리스의 철학자이자 의사, 시인, 정치가였습니다. 현자의 수준을 넘어 마법사에 가까워, 길을 나서면 수천명의 사람들이 뒤를 따르며 가르침을 구했으며, 왕으로 추대받기까지 했습니다. 자세히 살필 겨를이 없어 아쉽지만, 그는 바슐라르의 큰 스승입니다. 당시 그리스의 과학과 시학을 결합하려 했으며, 마침내 거대하며 신비스런 우주론을 제안했으니 말입니다. 더욱이 우리가 들먹이는 네 원소 이론을 처음으로 만들고 스스로 네 원소를 네 뿌리라고 불렀는데, 이야말로 우리 이야기의 뿌리입니다. 그는 왕으로 추대받았음에도 왕위를 거절했는데, 이것이 화근이 되어 나중에 유배되어 죽습니다. 그런데 그의 죽음을 둘러싸고 전하는 이야기가 많습니다. 가장 잘 알려진 전설이 에트나화산에 뛰어들었다는 이야기입니다. 특히 횔덜린의 서사시 『엠페도클레스의 죽음』(1826)으로 널리 알려졌는데, 화구는 그를 삼키고 다만 신발 한 짝을 되뱉었다고 합니다. 그는 화산에 몸을 던졌고 자연과 완전하게 하나가 되었답니다.

　엠페도클레스 콤플렉스란 이처럼 모든 것을 얻기 위해 모든 것을 잃으며, 자신이 흔적도 없이 찢겨 사라졌으면 하는 생각에 도취되는 콤플렉스입니다. 완전한 파멸을 통한 거듭나기라고 할까요? 다분히 종교적인 정서가 느껴지기도 합니다. 그런데 우리는 자신의 완전한 파멸이라는 측면에서 또다른 콤플렉스를 떠올릴 수 있습니다. 바슐라르가 '호프만(Hoffman) 콤플렉스'라고 불렀던 것 말입니다. (무슨 콤플렉스가 이렇게 많으냐고요? 『불의 정신분석』에서만 6개가 나오며, 다른 작품하고 통틀어 보면 대략 23개나 있답니다.) 호프만은 독일의 법관이자 음악가, 화가, 무대감독 그리고 소설가로서 다채로운 재능을 발휘했던 사람입니다. 비록 그의 작품을 두고 하이네는 "스무권으로 된 끔찍한 비명"이라고 했고, 괴테 또한 "병(病)적인 낭만주의"라며 모질게 비판했지만, 그는 탐정소설과 환상문학의 시조로 불릴 만큼 재미난 작가입니다. 그런데 호프만의 '그로테스크한 유머'나 환상을 지적한 사람은 많았지만, 그 환상을 딱히 불의 몽상으로 가려낸 것은 아마 바슐라르가 처음이 아닌가 싶습니다. 불꽃을 으뜸 시상(詩想)으로 삼았다는 것인데, 이때 열쇠는 알코올입니다.

바슐라르가 술을 두고 "불의 물"이라고 한 것은 잘 알려져 있습니다. "생명의 물(=증류주)은 불의 물"(L'eau-de-vie, c'est l'eau de feu)이라고 했습니다. "혀(=언어)를 태우며 아주 작은 불꽃으로 타는 물"이라고도 했습니다. 이처럼 술에는 물과 불 사이의 대립의 일치가 여지없이 드러납니다. 물론 술이라고 해서 모두 불의 물이 되는 것은 아닙니다. 호프만의 경우에는 타오르는 알코올로서 남성적인 불에 맞아떨어지지만, 가령 포우(Poe)의 경우에는 가라앉은 망각과 죽음의 알코올로서 여성적인 물에 상응한다는 것입니다. (너무 한의학 같은 분석인가요? 원소의 이해에서는 알코올이라는 원재료가 아니라 운동성, 방향성이 중요하다는 사실을 다시 확인할 수 있겠지요.) 어쨌든 호프만 콤플렉스의 명제를 압축하면 이렇습니다. "알코올을 마시는 자는 누구나 알코올처럼 탈 수 있다."

바슐라르는 재미있는 자료들을 인용합니다. 먼저 18세기를 보면 "영양 섭취라고는 술을 마시는 것말고 거의 없던 한 부인이 어느 날 아침 손가락의 마지막 관절과 두개골을 빼놓고 전부 타버렸다" 같은 '공식 기록'들이 숱하게 있었음을 알 수 있습니다. 19세기가 되면 술에 의한 '자연연소' 기록은 사라지지만, 그럼에도 발자끄(Balzac)나 에밀 졸라(Emile Zola)의 작품을 비롯한 문학에서는 여전히 그런 상상력이 펼쳐졌음을 알수 있습니다. "아무것도 남지 않았다. 뼈도 이빨도 손톱도 없었다." 술은 "생명과 불의 일치"로서 자신이 태워버리는 대상과 더불어 사라진다는 상상력과 연결됩니다.

우리는 여기서 『삼국유사』에 나오는 설화 하나를 떠올리지 않을 수 없습니다. 신라 때 살았던 지귀(志鬼)의 설화 말입니다. 이 이야기를 살펴보면 호프만 콤플렉스뿐만 아니라 엠페도클레스 콤플렉스를 이해하는데도 큰 도움이 될 것 같습니다. 대충 옮기자면 이렇습니다. "천민 지귀는 선덕여왕을 사모했다. 불공드리는 왕을 기다리다 그만 탑 아래에서 잠이 들었다. 뒤늦게 깨어난 지귀는 왕을 만나지 못한 데 대한 사모의 정이 심화(心火)로 타올라 마침내 탑을 태웠다."

기록은 이렇게 짧고 담담하지만 그의 아픔은 매우 컸을 것입니다. 이름도 오죽했으면 '뜻을 품은 귀신'이라고 했을까요? (물론 어버이가 붙여준 실제 이름이 아니라고 할 때 말입니다.) 불의 원소에 주목하자면 심화가 먼저 눈에 띕니다. 마음속에서 북받쳐오른 불이라고 할까요? 그런데 지귀의 심화가 엠페도클레스처럼 거듭나기에 연결된 것으로 보기는 어렵습니다. 심리학의 용어를 쓰자면 승화의 불길이었다고 하기는 어렵습니다. 전설의 뒤편에는 그가 원귀로 되어 온 마을에 불을 지르며 다녔다고 하니까요. '자신의 완전한 파멸'이라는 데는 엠페도클레스와 닮았지만 '승화를 통한 신생'은 없습니다. 완전한 파멸과 파괴가 있을 뿐입니다. 그래서 저는 오히려 호프만 콤플렉스를 떠올리게 되는 것입니다.

어떤 점에서 그럴까요? 지귀설화에는 술의 이미지가 없지 않은가? 그러나 알코올이 있어야만 술을 느끼는 분은 아직 바슐라르의 메씨지를 받아들이지 않은 분입니다. 중요한 것은 이미지의 운동방식입니다. 비록 술의 힘을 빌린 것은 아니지만 지귀설화에서 **은유가 현실적인 의미를 얻는 방식**이 호프만 콤플렉스와 닮았습니다. 마음 깊은 곳의 열정이 불로 되었다가 실제 몸을 태우는 불길로 현실화되고 있습니다. 호프만 콤플렉스도 마찬가지입니다. 알코올 깊은 곳에는 불이 들어 있다는 이미지가 마침내 알코올은 자기를 마시는 자를 태운다는 몽상으로 구체화되었습니다. 이것을 바슐라르는 "은유의 수렴"(convergence) 또는 "은유에서 현실"로 옮겨가는 과정이라고 했습니다. 이 과정을 조금 더 살펴보겠습니다. 우리는 보통 어떤 현실로부터 은유를 만들어낸다고 하지만, 무의식에서는 오히려 어떤 은유로부터 현실을 만들어냅니다. 이처럼 새로운 현실을 만들어낸다는 점에서 상상력은 정신적 생산의 동력입니다. 그런데 이것을 앞서 '연금술의 언어' 항목에서 언급했던 '말과 사물'의 관계로 음미해볼 수 있습니다. 은유가 현실적인 의미를 얻는다, 나아가 새 현실을 만든다는 것은 무슨 뜻입니까? 적어도 그 은유에 관한 한 말과 사물의 완전한 일치를 뜻하지 않겠습니까?

『호프만 단편집』을 들춰 보십시오.[2] 승천일 날 해질 무렵, 라일락나무 아래서 안젤무스가 본 환상이 마치 옆에서 목격한 듯이 기록되어 있습니다. 크리스털 종(鐘) 같은 목소리로 유혹하는 뱀 세 마리, 그 주위를 휘감는 수천개의 불꽃, "사랑이 향기에 불을 붙인다면, 향기는 나의 언어야" 하고 속삭이는 라일락덤불, 석양의 햇살은 구름 사이를 뚫고…… 안젤무스는 이렇게 말합니다. "빛은 마치 단어처럼 불타고 있었다."

'단어가 빛처럼 불탄다'는 식의 표현에 익숙한 우리에게 무슨 알궂은 소리입니까? 그러나 이 구절의 의미를 다만 수사학적 도치 정도로만 보지는 마십시오. 은유가 현실을 만들어낼 때 비유의 순서는 실제로 우리를 비웃듯이 거꾸로 됩니다. 사람들은 흔히 '불 같은 정열'을 말하지만 이것도 알고 보면 묘한 것입니다. 과연 불이 정열의 은유일까요, 아니면 정열이 불의 은유일까요? 지귀를 태운 것은 마음의 불이었습니까, 아니면 불의 마음이었습니까? 연금술사처럼 말과 사물의 일치를 꿈꾸고 자연과 마음이 서로 비추는 것을 느끼는 정신에게 불과 정열, 불과 마음은 결코 다른 차원으로 갈라진 것이 아니었습니다. 꿈과 현실은 꼬리를 문 뱀처럼 맞물려 있기 때문입니다. (그렇다면 연금술의 언어는 언어의 연금술이라고 할 법하지요?)

그런데 저는 앞에서 이런 대목을 인용했습니다.

매우 **무의미한 은유**를 온통 **현실**로 만드는 어떤 정신상태가 있고, 우리는 그 정신상태에 대한 예를 들어보고자 했다.

이 틀에 따르면 호프만 콤플렉스는 "매우 무의미한 은유를 온통 현실로 만드는 정신상태" 가운데 하나입니다. 다만 여기서 '무의미한 은유'라는 표현만큼은 꼭 해명을 해야 할 듯합니다. 이때 '무의미하다'(insignifiance)를 말 그대로 보자면 '하찮고 사소하다'는 뜻이지만, 은유의 현실화 속에서 생각하면 그렇지 않습니다. 단지 기존 현실의 무엇을 가리키지 않는다는 뜻이 됩니다. 새로운 은유를 현실화함으로써 새 현실을 만들어낸다고 할 때 전자에 해당하는 기존 현실이 어디에 있겠습니까? 따라서 무의미한 은유란 기존 현실에서 볼 때 아무것도 가리키지 않는 은유이며, 다만 새로운 현실에서 제 몫을 발휘하는 은유입니다.

이런 측면은 지귀설화의 다른 쪽 이야기에서도 마찬가지입니다. 『삼국유사』에 보면 이혜동진(二惠同塵)이라는 제목 아래 혜숙(惠宿)과 혜공(惠空)의 이야기가 있는데, 혜공 편을 들춰 보면 지귀의 이야기와 겹치는 대목이 있습니다(아마 『삼국유사』에서 지귀와 관련되는 기록으로는 유일한 것일 성싶습니다).

혜공은 본디 일곱살 때부터 신령한 이적을 많이 나타내었다. 마침내 출가하여 이름을 바꾸어 혜공이라 하였다. 항상 작은 절에 머물며 늘 미친 사람처럼 대취하여 삼태기를 지고 거리에서 노래부르고 춤추며 다녔다. 매양 절의 우물 속에 들어가면 두어달씩 나오지 않았으며, 우물에서 나올 때마다 푸른 옷 입은 신동(神童)이 먼저 나왔다. 우물에서 나와도 그 옷이 젖지 않았다. 어느 때 구담공이 산길 위에 혜공이 죽어 넘어져 그 시체가 부어터지고 구더기가 났음을 보고 오랫동안 슬퍼하다, 성내로 돌아와 혜공이 저잣거리에서 대취하여 가무(歌舞)하는 것을 보았다. 또 어느 날 혜공은 풀로 새끼를 꼬아 영묘사(靈廟寺)에 들어가 금당과 좌우경루와 남문낭무에 둘러매고, 강사(剛司)에 고하여 이 새끼줄을 사흘 뒤에 끌러라 하였다. 강사가 이상히 여기며 그의 말대로 했더니, 과연 사흘 만에 선덕여왕이 절에 오니 지귀 심화가 나와 탑을 태웠으나 오직 새끼로 맨 곳만은 화재를 면하였다.

물과 불 그리고 술의 이미지가 어지럽도록 가득 차 있습니다. 게다가 이런 이미지들의 현실화가 나타나 있습니다. 먼저 혜공은 술의 이미지를 가진 인물로서 늘 미친 사람처럼 취하여 거리를 춤추고 노래하며 다닙니다. 그리고 산길에서 그가 죽은 것을 보았는데 나중에 보니 살아 있었다는 것은 어찌 보면 혜공이 삶과 죽음을 하나로 이으며 만유(萬有)와 하나로 되었음을 상징할지도 모릅니다. 역시 술로 상징되는 불과 물의 결합이 떠오르며, 그 결합이 혜공을 사로잡았다는 인상을 줍니다. 그런데 우물에 들어가면 두어달씩 나오지 않았다는 것은 무슨 뜻일까요? 물론 『포박자(抱朴子)』에서 비롯되는 전통을 볼 때 물속에서 오래도록 나오지 않았다는 것은 마치 어미 뱃속에 있을 때처럼 시원(始原)으로 되돌아간 경지, 이른바 태식(胎息)의 경지를 뜻할 터입니다. 한편 프로이트가 이 이야기를 들었다면 아마 우물＝자궁을 들먹였을 것이며, '죽음충동'의 다른 방식으로서 탄생 이전으로 되돌아가려는 욕망을 생각했을 것입니다. 다른 한편 엘리아데라면 태내(胎內)로 복귀함을 뜻하는 "가입의례"의 상징으로 풀이할 것입니다. 말하자면 가입의례란 대개 성인식과 겹치는 것으로서, 지모신(地母神)의 입구나 자궁으로 여겨지는 동굴, 갈라진 틈으로 내려가는 의례라고 할 때, 우물에 들어간다는 일은 충분히 그러한 가입의례로 풀이될 법합니다. 그러나 원소의 상상으로만 볼 때 그것은 간단하게 물속에서의 죽음입니다.

그렇다면 "푸른 옷 입은 신동"은 무엇일까요? 순수한 물을 현실로 만든 육화(肉化)일 성싶습니다. 따라서 "푸른 옷 입은 신동이 먼저 나왔다"는 말은 엘리아데 식으로 보면 배태와 탄생의 재현을 통해 혜공이 정신적으로 재생했다고 할 수 있겠지만, 원소의 몽상으로 말하면 물의 정화를 통한 환생을 뜻합니다. 우물 속에서 자기를 잃은 다음 거듭 태어났다고 할까요? 다시 말해 그는 불과 물의 결합으로부터 순수한 물을 분리하고 승화(sublimation)해 청의(靑依)동자와 동일화되었다고 할 수 있을 터입니다. 사실 지귀의 불기운이 새끼줄을 태우지 못했다는 것은 무슨 뜻입니까? 원소로 본다면 새끼줄이 곧 물이라는 게 아니겠습니까? 그것은 푸른 풀로 만든 것으로서 순수한 물이었습니다.

이처럼 혜공설화는 결합과 분리, 승화와 재생 같은 연금술의 이미지로 가득 차 있습니다. 지귀의 경우와 마찬가지로 원소의 몽상에 따른 은유의 현실화가 일어나고 있습니다. 그럼에도 이미지의 운동방식은 다릅니다.

첫째, 지귀의 불 이미지에 맞서는 물 이미지가 주제로 되어 있습니다.

호프만의 경우처럼 술이 중심 낱말로 되어 있지만 혜공의 술은 물의 원소로 이해됩니다. (다시 한번 중요한 것은 재료물질이 아니라 운동양태임을 알 수 있겠지요?)

둘째, 지귀와는 달리 완전한 파괴와 파멸보다는 승화와 재생이 포함되어 있습니다. 우물 속에 들어갔다 나온다거나 산길에서 죽어 넘어졌다 되살아난다거나 하는 것은 모두 부활의 이미지를 담고 있습니다. 그러므로 우리는 혜공의 이야기가 엠페도클레스 콤플렉스에 가깝다는 인상을 받게 됩니다. 자신의 완전한 파멸을 통한 신생이 담겨 있기 때문입니다.

말이 난 김에 엠페도클레스의 전설도 다시 보면 거기에도 묘한 뒷이야기가 있습니다. 에트나화산은 철학자의 신발 한 짝만 뱉어냈다고 했습니다. 대관절 왜 그랬을까요? 짝수와 홀수에 대한 고대 그리스인들의 관념을 떠올린다면 이해하기가 쉽지 않습니다. 짝수는 영어 낱말(even)에도 남아 있듯이, 바르고 평탄하며 통일적이고 동등한 것인 반면 홀수는 그 반대로 이상하며, 불균등하고 짝이 맞지 않는 것입니다. 가령 그리스 말에서 한쪽 다리(skeloz)는 불균등을 뜻하며 두 다리(iso-skelez)를 쓸 때야 비로소 좋은 짝, 평형, 조화를 가리킵니다. 그런데 문제는 자연과 합일한 철인에게 홀수의 이미지를 주었다는 것입니다.

물론 우리는 저승의 영혼이 이승에 나타날 때 신발 한 짝을 벗거나 절뚝거리며 나타난다는 신화들을 알고 있습니다. 여기에 착안하여 엠페도클레스가 저승세계에 한 발을 들여놓았다고 풀이할 수도 있을 것입니다. 즉 신발 한 짝이 지상에 남았다는 것은 그가 이승과 저승에 각각 한 발을 들여놓음으로써 "삶과 죽음의 두 영역을 중개하는 존재"가 되었다고 말입니다.[3] 그럴듯한 풀이임에 틀림이 없지만 또다르게 생각해볼 수도 있습니다. 가령 불순한 한 짝을 버림으로써 순수하게 되었다는 뜻으로 생각해볼 수는 없을까요? 더구나 신발 한 켤레가 있는 상황이 짝이 있다는 뜻에서 '상대'적이라면, 한 짝만 있으므로 다른 짝이 없다는 것은 '절대'적인 것이라고 할 수도 있을 것입니다. 달마의 관을 열어보니 신발 한 짝만 남아 있더라는 전설이나, 혜공설화 바로 앞에 나오는 혜숙이 무덤 속에 짚신 한 짝만 남겨두고 서쪽으로 떠났다는 이야기도 비슷합니다. 혜공이야기에서 푸른 옷 입은 동자로 상징된 순수한 물도 마찬가지일 듯합니다. 이들은 모두 승화, 순수, 절대와 같은 상징이 현실화한 게 아닐까요?


## 5. 순수한 불

과학정신도 몽상에서 출발하지만 다른 벡터로 진행합니다. 시학이 은유를 현실화하는 쪽이라면 과학은 반면 은유를 버리는 쪽으로 나아갑니다. 그래서 종종 기존 비유를 넘어서고 마침내 역설적으로 비유의 의미내용을 아예 비워버립니다. 특정한 약속 안에서만 통하는 형식기호로 만들어버립니다. 우리는 간단한 예로서 일이나 질량 같은 낱말을 보았습니다. 약속의 체계를 알지 못하는 사람들에게 화장실의 남녀 구분을 나타내는 W나 M 같은 기호가 무의미한 것처럼, 과학에서 쓰이는 낱말 자체에서는 아무것도 기대하거나 알아낼 수 없습니다. 그럼에도 우리는 과학용어가 처음에는 일종의 비유였음을 잊어서는 안됩니다. 니체가 말했듯이 그것은 "죽은 은유"로서 적어도 한때는 은유였던 것입니다. 한편 역사학자 화이트(H. White)가 지적했듯이, 물질세계에 대한 새로운 관념은 근본적으로 비유적입니다. 어떤 비유로부터 출발합니다. 창조적인 과학자가 늘 어려움에 부딪히는 까닭은 여기에 있습니다. 자기가 비유로 파악한 통찰을 다른 과학자들과 함께 나누려면 규정된 언어체계에 맞게 자신의 통찰을 바꾸어야 하기 때문입니다. 그 결과로 완성된 이론체계를 보면 어디에도 비합리적인 도약이나 비유가 눈에 띄지 않습니다. 하지만 처음에는 비유에서 출발합니다.

여기에 과학의 이중성이 있습니다. 한편으로 과학은 몽상 위에서 형성됩니다. "사람은 우선 꿈꾼 것만을 연구할 수 있다"는 원리를 따라 일종의 "비합리적인 도약과 결합"에 의해 발전합니다. 기존 이론체계를 뚫고 새것이 만들어질 때 우리는 결코 점진적이고 연속적인 추론으로 환원될 수 없는 도약을 발견합니다. 그렇다면 도약은 어떻게 설명되며 그 동력은 무엇일까요? 바로 몽상입니다. 그러나 다른 한편으로 과학은 몽상을 특정한 쪽으로 몰아세웁니다. 호프만보다는 프로메테우스와 엠페도클레스의 벡터에 가까운 쪽으로 말입니다.

이때 프로메테우스가 '알려는 의지'의 상징이라면 엠페도클레스는 '앎을 위해 모든 것을 불태우는 의지'의 상징입니다. 『불의 정신분석』마지막 장에는 '이상화된 불: 불과 순수성'이라는 제목이 붙어 있는데, 바로 이런 문제를 다룹니다. 앞의 혜공설화에서 나타난 승화처럼 시적 순수화, 즉 몽상의 현실화 방향이 있는 반면 과학이 몽상을 승화하는 방향도 있습니다. 바슐라르는 전자에서 나타나는 낭만적 승화가 여전히 "정열"

(passion)의 삶과 닿아 있기에 "연속적 승화"라고 이름붙입니다. 반면 후자에서는 정열에 항거하는 승화를 발견하고 거기에다 "변증법적 승화"라는 이름을 붙입니다. 둘은 모두 불의 몽상과 승화라는 형태로 표현할 수 있지만, 둘의 차이는 요컨대 최초 몽상과 단절하는 방식에 있다는 것입니다. 어떻게 다를까요?

### 1) 과학은 경험의 사회화를 좇으며 스스로 억압을 받아들인다

과학은 모든 개인적이고 내밀한 경험을 사회적인 경험으로 바꾸려 합니다. 앞에서 말했듯이 과학자가 자신의 통찰을 다른 과학자와 함께 나누려면 이미 공인된 체계 속에 자기통찰을 끼워넣는 수밖에 없기 때문입니다. 이런 뜻에서 "정상화, 사회화, 합리화"가 일어나며, 그 과정은 옛 용어(비유)의 뜻을 바꾸거나 아니면 신조어를 만드는 과정과 겹칩니다. 하지만 시인도 옛 비유를 바꾸거나 새 비유를 만들지 않는가? 물론 그렇습니다. 심지어 자신의 통찰을 다른 영혼과 함께 나누려 애씁니다. 그러나 시적 몽상이 보통 기존 체계에 귀속되기보다는 새 현실을 만들어내는 도약과 대체를 겨냥한다면 과학은 어디까지나 과학공동체의 승인을 기다리는 체계화를 겨냥합니다. 비록 앞선 과학자들이 놓친 새로운 현실을 보았다 해도 깨달음은 늘 체계화되고 사회적으로 인정받아야 합니다. 그 결과 처음 겪은 정열은 체계 속에서 식어가는 것입니다. 과학은 이처럼 정열을 식히는 댓가로 공유가능한 앎을 선사하는 셈입니다. 아니, 과학을 움직이는 정열은 공유가능한 앎을 위해 처음 정열을 버리는 정열입니다. 이것은 엠페도클레스 콤플렉스하고 닮았습니다. 모든 것을 얻기 위해 모든 것을 버리기 때문입니다.

물론 공인된 체계 속에 들어가려고 처음 정열을 식히는 데는 억압이 따릅니다. 그래서 "억압이 없으면 과학사상도 없다"고 말합니다. 언뜻 듣기에 억압은 그리 유쾌하지 않은 느낌을 줍니다. 하지만 바슐라르의 정신분석 영역은 리비도보다 덜 깊은 몽상의 무의식이라고 했습니다. 마찬가지로 여기서 억압은 상당히 긍정적으로 평가됩니다. "억압은 정상적인 활동이고 유용한 활동이며, 더욱이 향유의 활동이다." 억압이 어떻게 향유가 될 수 있을까요? 공동체 속에서 인정받고 함께 나눌 기쁨이 있고, 그 기쁨을 즐기게 해주는 억압이 있다는 것입니다. 공인된 기쁨의 향유로서 그만큼 통제를 받아야 하지만, 어쨌든 일종의 "엄격한 기쁨"을 주는 억압이라는 뜻입니다.

### 2) 내면적 억압은 몽상의 순수화와 정신적 기쁨을 낳는다

이처럼 과학자의 내면에서 일어나는 억압을 두고 바슐라르는 몽상적 정열의 순수화(purification)라고 했습니다. 순수화의 과정을 좀더 언급하면 이중적으로 설명할 수 있습니다. 한편으로 잘못된 은유에서 벗어나는 과정입니다. 다른 한편으로 유용함에서 벗어난 상태를 가리킵니다. 즉 필요에 대한 욕구에 얽매이지 않는 상태를 일컫습니다. 욕구는 사실 바슐라르가 볼 때 오류의 원천입니다. 앞에서 질량이 수학적인 관계로 정의되지 못하고 계속 덩어리나 무게관념에 머물렀던 까닭을 그는 보리 케이크와 연결된 "식욕"에서 찾기도 했습니다. 말하자면 욕구는 잘못된 은유의 현실화를 북돋우는 것입니다.

여기서 플라톤이 『향연』에서 이야기한 에로스(eros)를 떠올리는 분도 있을 터입니다. 알다시피 에로스는 육체적인 욕구가 아니라 오히려 그것을 한 옆으로 제치고 타오르는 지적인 열망 같은 것입니다. 따라서 유용함으로부터 벗어난 순수와 통하는 데가 있습니다. 그러나 에로스는 어디까지나 결여를 바탕으로 일어나는 열망임을 잊어서는 안됩니다. 즉 현재 무엇이 아닌 것(~A)으로부터 출발하여 장차 그것(A)이 되려는 열망입니다. 혹은 무엇이 없는 데서 출발하여 장차 그것이 존재하게 하려는 열망이기도 합니다. 반면 바슐라르가 말하는 '앎에의 의지'는 결여보다 기쁨과 즐김에 바탕을 두었습니다. 이 입장은 그의 모든 저술에 깔려 있지만 특히 『불의 정신분석』에는 이런 구절이 있습니다.

인간은 고통이 아니라 기쁨 속에서 자기 정신을 발견했다. 잉여의 정복은 필요의 정복보다 더 큰 정신적 흥분을 준다. 인간은 욕망의 창조물이지 결코 욕구의 창조물이 아니다.

욕구와 욕망이 대비되고 있습니다. 욕구(le besoin)는 생물-사회적인 필요에 바탕을 둔 것인 반면 욕망(le désire)은 내적으로 충만한 잉여(superflu)에 바탕을 둔 것입니다. 과학의 의지는 욕망에서 나옵니다. 다시 말해 참된 앎의 의지는 내적인 충만함에서 솟아오르는 몽상의 욕망에서 나오는 것이지 결코 결핍을 메우려는 욕구에서 나오는 것이 아닙니다. (정신분석학의 라깡보다 줄잡아 30년 앞서 나온 통찰입니다.) 한편 심층 무의식하고 몽상이 다른 까닭도 이런 문맥에서 이해할 수 있습니다. 리비도가 어쩔 수 없는 필연에 따라 움직인다면 몽상은 좀더 풍만하며 유희적입니다. 리비도가 직선이라면 몽상은 곡선입니다. 따라서 '필요는 발명의 어머니'라는 교훈은 바슐라르가 말하는 앎의 의지와 거리가 있습니다. 필요는 발명의 어머니일 수는 있어도 창조의 어머니가 될 수는 없기 때문입니다. 앎의 의지에서는 창조를 염두에 두고 있으며, 창조와 관계하는 것은 욕망입니다(필요는 욕구를 낳고 잘못된 은유를 낳을 뿐입니다). 욕망은 잉여에 바탕을 두며 기쁨과 즐김을 향합니다. 이를 두고 바슐라르는 "더 있음(임)" 또는 "기분 좋음"에 대한 욕망이라고 불렀습니다. 더 있음이나 기분 좋음은 모두 내적으로 충만한 정신에 주어지는 덤입니다.

이러한 몽상의 욕망이 끊임없는 자기감시를 받아들일 때 그 욕망은 순수한 앎의 의지가 됩니다. 여기에는 "의식적 억압" "자기교정을 향한 부단한 의지", 끝없이 자기를 부정하고 욕구를 태워 정화하는 과정이 수반됩니다. 심지어 사물을 처음 만났을 때의 경험마저 정화하는 과정이 수반됩니다. 요컨대 최초의 욕망은 끝없이 정신분석의 대상이 되며 승화되는 것입니다. 이 '엠페도클레스'적인 활동을 바슐라르는 순수화라고 일컬었습니다. 이것은 불의 운동을 보여줍니다. 정화와 상승의 측면에서 말입니다.

그러나 어떤 분은 지적할 터입니다. 시학에서도 순수화는 있지 않은가? 물론 그렇습니다. 욕망의 순수화에서 과학과 시학은 겹칩니다. 불순한 부분을 태우고 수직으로 올라오는 불꽃의 끝부분은 바슐라르가 곧잘 기대던 비유가 아닙니까? 불꽃의 선단(先端)은 과학과 시학을 가리지 않고 순수함을 상징했습니다. 그러나 과학은 존재와 맺은 첫경험의 정열을 부단하게 이론화하고 객관화합니다. 즉 "주의 깊고 반성적이며 추상적인 사유"로 몽상의 주관적 현실화를 억압합니다. 반면 시학은 어쨌든 첫경험의 정열과 끝까지 함께하며 자유로운 은유의 현실화를 계속합니다. 물론 여기에도 순수화는 있습니다. 광인의 넋두리를 그 자체로 문학이라고 할 수는 없겠지요? 그래서 바슐라르는 시적 상상력을 "여행으로의 초대"에 빗대기도 했습니다. 여행은 단조로운 일상의 반복이 아니면서, 그럼에도 최소한의 방향을 가질 테니까요.

## 6. 기원의 신화, 바슐라르가 말하지 않은 것

여기까지가 대체로 바슐라르가 대조한 과학과 시학입니다. 지금부터는 그가 말하지 않은 부분을 제 나름대로 말해볼까 합니다. 그것은 바슐라르가 한 이야기 가운데 아무리 생각해봐도 이해가 안되는 부분이 있기 때문입니다. 실제로 과학이 흘러온 역사를 보면 '순수한 앎의 의지'가 과연 과학의 기원이 될 수 있을지 의문이 듭니다. 심지어 그가 설명한 과학의 기원이나 전개방식이 그 자체로 하나의 신화가 아니었나 하는 생각이 들기도 합니다.

사물의 기원을 알려는 시도는 근대성의 특징 가운데 하나입니다. 루쏘의 언어기원 연구를 비롯한 18세기부터, 특히 19세기에는 우주나 종의 기원뿐만 아니라 인류의 모든 제도의 기원마저 탐구하려는 시도들이 나왔습니다. 20세기 초반에 후썰(Edmund Husserl)이 쓴 『기하학의 기원』이나 인간정신의 기원을 유년기 무의식에서 찾았던 프로이트의 작업도 다 같은 흐름으로 이해할 수 있을 성싶습니다. 그런데 이들은 왜 기원을 알려고 했을까요? 먼저 묘하게 생각되는 것은 이들의 작업이 이른바 근대가 성립하는 시점부터 쏟아진다는 점입니다.

시간의 벡터에 따라 두 가지 동기를 나눠볼 수 있습니다. 현재를 향하는 동기와 미래를 향하는 동기가 있을 수 있습니다. 전자는 사물의 기원을 앎으로써 현재 사물을 이해하고 다스리는 힘을 얻으려는 것입니다. 마법의 바탕을 이룰뿐더러 근대과학의 근본 동기이기도 합니다. 반면 미래를 향하는 동기는 올바른 기원을 앎으로써 지금까지의 통념을 뒤집으려는 것입니다. 그리하여 앞으로 사물이 나아가야 할 방향을 세우는 것입니다. 다시 말해 현재 사물의 관행을 설명하는 기원이 아니라, 현재가 잘못되었음을 설명해주는 기원을 통해 새로운 관례를 만들려고 합니다. 루쏘의 인간불평등 기원이 대표적일 것입니다. 이때 무엇의 기원을 말하는 것은 그것의 죽음을 말하려는 것입니다.

제가 볼 때 바슐라르의 기원 이야기는 현재보다 미래의 동기에 바탕을 두고 있습니다. 과학은 지금 유용성에 기울어 있지만 처음 출발은 그렇지 않았고 앞으로도 그렇지 않아야 한다는 식입니다. 다만 그가 설명하는 틀이 독특합니다. 대개 우주론적 기원을 설명하는 데는 두 가지 방식이 있습니다. 초자연적인 힘의 개입 아니면 뛰어난 영웅이나 동물들의 개입으로 설명됩니다. 엘리아데에 따르면 전자는 신화이고 후자는 전설입니다. 그렇다면 바슐라르의 경우는 어디에 해당할까요? 근본 원소를 기원에 둔다는 점에서 그것은 전설이 아닙니다. 다른 한편 원소는 어디까지나 자연을 이루는 힘으로서 초자연적인 힘이 아니므로 신화도 아닙니다. 역사적 사실에 바탕을 둔 것도 아니며 그렇다고 마냥 지어낸 허구도 아닙니다. 그럼 무엇입니까? 저는 새로운 종류의 신화라고 생각합니다. 새롭다는 측면과 신화라는 측면을 나누어 살펴보겠습니다.

먼저 신화인 까닭으로 저는 두 가지를 들겠습니다. 첫째, 역사적 사건에 근거를 두었다기보다는 차라리 내적 논리에 따라 구성되었다는 점, 둘째, '재연'(re-enact)의 성격을 띤다는 점입니다. 근대인들에게 기원이란 것은 일종의 역사적 사건에 지나지 않습니다. 다시 말해 과거의 한 시점에 일어난 일회적이고 유일한 사건으로 간주됩니다. 반면 신화의 세계는 그렇지 않습니다. 기원의 시점에서 일어난 사건이 언제나 재연된다고 하는 데 신화의 의미가 있습니다. 이렇게 볼 때 바슐라르가 내놓은 기원은 신화의 의미체계 속에 들어 있습니다. 기원을 단지 기념하려는 게 아니라 반복하려 들기 때문입니다. 하지만 초자연적인 힘을 끌어내지는 않으며 오히려 철저하게 자연적인 네 원소의 힘을 이끌어냅니다. 그리하여 네 원소의 동력에 움직이는 마음이라면 누구라도 그 기원의 사건을 되풀이할 수 있다는 믿음을 함축합니다. 그래서 원소의 몽상이 나타나고 원소를 대표하는 나르키소스, 프로메테우스, 엠페도클레스, 호프만 등이 출현하며, 이 이야기를 들은 우리가 그들과 같은 시대의 사람으로 거듭나기를 바랍니다. 그래서 새로운 신화입니다.

한편 과학의 기원으로 주제를 한정할 때에도 우리는 비슷한 이야기를 할 수 있습니다. 대개 과학의 기원으로는 경험이 쌓이다 보니 자연스럽게 발전했다("경험기원설")거나 아니면 특별히 뛰어난 재능을 가진 개인이 창조했다("문화영웅에 의한 창작")는 설명이 나오는 경우가 많습니다.[4] 그런데 바슐라르는 전자를 인정하지 않습니다. 과학은 오히려 상식적인 경험에서 벗어날 때 탄생한다고 보기 때문입니다. 이런 점에서는 오히려 후자를 지지하는 것처럼 보입니다. 그러나 문화영웅을 특정한 개인과 동일시하지는 않습니다. 그러기는커녕 궁극적으로 불이라는 자연 원소에 귀속되는 몇가지 콤플렉스로 문화의 발생을 설명함으로써, 전형적인 '문화영웅의 창작' 개념과 멀어집니다. 그리고 콤플렉스라는 것은, 가령 프로메테우스 콤플렉스에서 그렇듯이 역사적 사실에 바탕을 두지 않으며 언제나 재연될 수 있다는 전제를 함축합니다. 그러므로 새로운 종류의 신화라는 것인데, 다시 말하면 누구라도 불의 운동상태에 들어가게 되면 새로운 과학의 프로메테우스가 될 수 있다고 제안합니다. 이렇게 볼 때 바슐라르가 기원을 설명하기 위해 끌어들인 신화의 해석 자체가 이미 신화이며, 이 신화체계 속에서 해석된 과학도 하나의 신화라고 할 수 있습니다. 아니, 과학 자체가 그렇다기보다는 적어도 바슐라르가 만든 의미체계 속의 과학이 그렇다는 것입니다.

한편 이 관점이 옳다면 그가 말하는 과학정신도 다르게 해석할 수 있습니다. 과학과 시학이 조금 더 가까워질 수 있습니다. 앞에서 저는 바슐라르의 생각을 풀이하며 과학은 비록 몽상에서 출발하지만 은유를 없애는 쪽으로 나아간다고 했습니다. 그러나 이 벡터의 방향 자체가 옳지 않다는 말은 아니지만, 은유를 없앤다는 말을 이해할 때는 조금 유연함이 필요할 것입니다. 이미 니체나 화이트를 언급하면서 말했듯이 과학 개념이 '죽은 은유'라고 해도 그것이 은유임에는 변함이 없습니다. 바슐라르가 강조했듯이 과학이 근본적으로 몽상에서 출발하며, 또 과학이 본디 물질세계에 대한 비유로 출발한다면 우리는 결코 과학으로부터 비유를 완전히 제거할 수 없습니다. 그래서 저는 과학은 차라리 '의미있는 비유'를 좇는다고 고쳐 말하는 편이 낫다고 생각합니다. 즉 현실을 잘 가리키는 은유를 찾아나선다고 말입니다. 그리고 창조적인 과학자가 비유를 통해 파악한 통찰을 규정된 언어체계에 알맞게 바꾸어야 한다고 했는데, 이 공인된 체계 자체를 일종의 공인된 비유체계로 본다면 어떨까요? 물론 극단적으로 형식(수학)화되고 상투적으로 되었기에 더이상 비유로 여기기 어렵다고 해도 말입니다. 그렇다면 과학은 참신한 비유들을 먹고 자라나는 형식적인 비유체계 위에 서 있는 셈입니다.

이렇게 고쳐놓으면 과학과 시학은 모두 비유의 운동으로 이해할 수 있습니다. 물론 둘 사이에는 여러가지 차이가 있습니다. 형식적인 측면에서 볼 때 시학이 다채로운 비유법을 활용하는 데 반해 과학은 주로 환유에 가까운 운동을 보여줍니다. 또한 전자가 비유의 직접적인 육화에 힘쓴다면, 후자는 비유의 육화를 거스르는 방식으로 육화를 실행합니다. 그리고 전자가 비유를 통해 새로운 현실의 지칭에 주력한다면 후자는 **현실의 새로운 지칭**에 주력합니다. 특히 현실의 내용에서 볼 때 우리는 시학과 과학에서 말하는 현실이 서로 다름을 인정할 수밖에 없습니다. 과학은 비록 기존 이론이 보지 못한 세계를 보여주려 함에도 불구하고, 어디까지나 우리가 몸담고 살아가는 현실세계의 지칭을 시도합니다. 이때 '기존 이론이 보지 못한 세계'를 새로운 현실이라고 해도 전혀 틀린 말은 아니지만 시학이 추구하는 새로운 현실과는 차이가 있습니다. 그러므로 제 이야기는 비유의 사용방식을 비교하는 데 그칠 뿐이지 그 내용에 대한 비교는 아닙니다. 그러나 적어도 분명한 것은 둘이 모두 비유를 사용하는 체계임에는 틀림이 없다는 점입니다. 생각이 여기에 미치면 바슐라르의 네 원소가 사물을 보는 데 있어 얼마나 소중한 것인지를 거듭 느끼게 됩니다.

한편으로 시적 몽상의 세계가 열립니다. 촛불을 보십시오. 요즘 절에 가면 촛불이 곧잘 전깃불로 바뀌어 있는 것을 보게 되는데, 사실 전깃불은 제맛이 나지 않습니다. 왜 그럴까요? 보셰르(Jean de Boschere)가 말했듯이 "전등에는 눈동자가 없기" 때문입니다. 불로부터 불꽃의 타오름과 열을 제거하고 순수한 빛만을 남겨놓을 때 신상(神像)을 공경하며 피어오르는 검은 눈동자는 사라지는 것입니다. 『초의 불꽃』은 묻습니다.

> 옛사람들이 나의 등불이라고 했던 것처럼 나의 전등이라고 말할 사람은 어디 있을까. 아, 소유형용사의 전락을 눈앞에 보며 어떻게 앞으로 몽상을 이어가야만 할 것인가. 기름으로 빛을 내는 저 살아 있는 램프의 몽상을 전등은 아무래도 대신하지 못할 것이다.

불은 빛일 뿐만 아니라 열입니다. 그리고 다만 열만이 침투합니다. 열의 집중된 형상은 깊고 지속적이며 "큰 것에 대한 작은 것의 설욕이며 뚜렷한 것에 대한 감추어진 것의 설욕"입니다. 그러나 전등에는 따뜻함이 없습니다. 중심에서 따뜻하게 타오르는 심지가 없으므로, "중심에는 싹이 있고 거기에는 불꽃"이 있으며 "싹튼 것은 타고, 타는 것은 싹튼다"는 은유의 현실을 느낄 수 없게 만듭니다. 그래서 수직으로 솟아오르는 순수한 높이의 감각도 없습니다. 한편 옥따비오 빠스(Octavio Paz)는 램프의 속삭임을 듣습니다. "석유램프의 빛, 이야기하고 논쟁하며 자기 자신과 의논하는 빛, 그것은 내게 말한다. 아무도 오지 않는다고……" 불에는 시각을 능가하는 내부 열의 의식이 있으며, 열감각의 충족과 더불어 열을 내고 받아들이는 행복함이 있습니다. 존재의 내부까지 뚫고 스며들려는 희망, 내부에서의 교감, 열의 공감 그리고 온화한 침묵이 있습니다.

다른 한편으로 과학적 몽상의 세계가 열립니다. 패러데이(Faraday)는 1860년 성탄절 휴가 때 런던 왕립연구소에서 촛불을 두고 여섯번 강연했습니다. 내용은 대략 이렇습니다.

양초가 과학의 여러 분야로 이어지는 길이 다양하다는 점에서 아주 놀랄 수밖에 없습니다. 우주 구석구석을 지배하는 여러 법칙 가운데 양초가 보여주는 현상과 관계를 맺지 않는 것은 하나도 없을 정도입니다. 양초의 빛에 대해 이야기하고 싶습니다. 우선 양초는 석유램프와 매우 다릅니다. 석유램프에서 불꽃은 심지를 따라 전해져 석유의 표면까지 내려가 거기서 꺼집니다. 여러분은 이 대목에서 질문할 것입니다. 자체로는 불이 붙지 않는 석유가 심지 꼭대기까지 올라가서 타오르는 것은 왜 그렇습니까 하고 말입니다. 양초에서는 더 불가사의한 일이 일어납니다. 고체 모양의 물질이 어떻게 불꽃이 있는 곳까지 올라갈 수 있을까요? 흐르는 액체도 아닌데 말입니다. 만약 그게 고체가 아니라 액체라면 어떻게 그것은 굳어 있어 양초의 모양을 유지하고 있을까요? 촛불은 심지 아래 액체로부터 거리를 두고 떨어져 있고, 양초 가장자리의 테두리를 망가뜨리지 않습니다. 양초에서 어떤 한 부분이 다른 부분과 최후까지 서로 도와가는 데서 볼 수 있는 것처럼 훌륭한 조정작용의 예를 달리 상상할 수는 없습니다. 이처럼 타고 있는 물질이 계속 천천히 타고, 결코 불꽃의 침입을 허락하지 않는 것은 실로 심금을 울리는 광경입니다. 불꽃은 강하므로 거기에 붙들리면 초가 파괴될 정도라는 사실, 그것이 접근하기만 해도 초의 모양을 허물어뜨릴 정도의 힘을 가졌다는 사실을 배울 때, 그 감격은 한층 더할 것입니다. 무엇인가 하나의 결과를 보았을 때, 특히 그것이 지금까지와 다를 때 여러분은 "무엇이 원인일까? 왜 그런 일이 일어날까?" 하는 의문을 가질 것을 항상 잊지 말았으면 합니다. 그런 식으로 해서 여러분은 진리를 발견해가는 것입니다. 자연의 어두운 곳을 밝히기 위해 양초가 제조되었습니다. 그러나 횃불의 빛, 아니, 지성의 빛은 맨 앞에 서지 않으면 안됩니다. 과학의 등불은 타오르지 않으면 안됩니다. 불길이여, 타올라라.

연금술이 말과 사물의 일치에 바탕을 둔 몽상으로 일관되었고 사물의 핵심에 사랑을 새겨넣는 시도였다면, 시학은 말할 것도 없고 과학도 마찬가지입니다. 다만 깨닫지 못하고 있을 뿐입니다. 세계를 죽은 은유로 가득 채우고 사물로부터 고유명사의 체취를 없애는 데 골몰하는 과학에도 시적 동기는 숨어 있습니다. 그러므로 과학도 아름다운 감정을 일으킬 수 있으며 심미적 상상력과 감정을 불러일으킬 수 있습니다.

　그러나 주의해야 합니다. 과학의 심미성을 부각함으로써 자칫 시학과의 동일성을 주장한다면 그것은 분명히 지나친 일입니다. 둘의 뿌리도 같고 크는 방식에도 닮은 점이 있지만 그 내용과 지향성은 전혀 다르기 때문입니다. 실제로 과학의 심미성에 대한 바슐라르의 언급은 과학의 기원에서 멈춰 있습니다. 다시 말해 그는 앎의 의지와 심미성의 결합을 다만 과학이 형성되는 시점에서만 언급합니다. 그러므로 몽상에서 출발한 과학내용이 이론화되는 과정이나 또는 이론화된 결과를 놓고 심미적인 평가를 한 적은 없었습니다. 그런데 알다시피 심미적인 평가를 받은 것이 오직 시학의 영역이고 보면 우리는 그가 강조했던 부분이 오히려 과학과 시학의 차이가 아니었던가 하는 생각마저 품게 됩니다. 『불의 정신분석』 서문에는 이런 이야기가 나옵니다. "객관적인 사고는 놀라게 하는 것과 거리가 멀다." 반면 『초의 불꽃』에서 시정신의 본질을 "원초적 감탄"으로 두었다거나 "말에 의해 만들어지는 놀라움"이라고 했던 것을 생각한다면 시와 과학이 다르다는 것은 뚜렷이 드러납니다. "이미지(시학)와 개념(과학)이 다르다"는 명제나 "이미지가 개념 형성의 걸림돌이 된다"는 명제("인식론적 장애")도 잘 알려져 있습니다. (이 걸림돌을 치우는 작업이 "객관적 인식의 정신분석"이며 『불의 정신분석』은 군데군데 이 작업을 보여줍니다.) 더구나 이미지와 과학의 섣부른 종합을 경고했음도 빼놓을 수 없습니다.

　따라서 우리는 거듭 말할 수밖에 없습니다. 뿌리도 같고 자라는 방식도 통하지만 결과는 다르다. 그러므로 여기에다 한 가지 희망을 보낼 수 있다면 그것은 평화로운 공존입니다. 과학활동을 하는 동기에도 시적 서정이 숨어 있고 순전히 논리적으로만 보이는 이성에도 깊고 어두운 격정이 내포되어 있듯이 가장 완전한 시인에게도 자기를 고문(拷問)하는 지성의 분열이 있습니다. 아니, 이 분열은 어쩌면 인류 보편의 것입니다. 과학자와 시인은 저마다 세계의 추상적 인식과 시적 체험이라는 인류의 고유한 분열을 대표해서 짊어지고 있습니다. 둘을 완전하게 종합한다는 것은 가능하지도 않을뿐더러 바람직하지도 않은 일입니다. 그러므로 서로 판연히 다른 것을 두고 억지로 합하기보다는 차라리 둘이 공존할 길을 찾는 편이 나을 수 있습니다. 불안정하며 결코 만족시킬 수 없는 종합보다는 분열을 있는 그대로 긍정하는 데서 도리어 살 길이 열릴지도 모릅니다. 그리하여 자연의 아름다움을 끊임없이 손상하며 인간마저 기계로 환원하려 드는 과학정신이 예술의 원천인 상상력의 자유와 내적 자발성을 짓누르지 않을 때가 올지도 모릅니다.

  적어도 과학과 시학의 뿌리만큼은 일치한다는 점이 미지의 희망이 될 수도 있을 것입니다. 그리고 둘의 공통된 뿌리가 원소의 몽상이라고 할 때 우리는 자연의 감수성을 회복하는 것이 희망의 실마리라고 할 것입니다. 물론 공(共)근원성에 의지하여 기대를 건다는 것은 신화 속에서나 있음직한 일입니다. 그럼에도 이 신화적인 기대를 끌어내려는 뜻이 바슐라르의 '과학의 기원' 이야기에 담겼을 성싶습니다. 적어도 저는 그렇게 믿습니다. 정신적으로 볼 때 우리는 바로 우리의 몽상에 의해 새로 태어난다는 믿음 말입니다.

—**1** 이종흡『마술 · 과학 · 인문학』, 지영사(1999) 76면에서 재인용.

—**2** 호프만『호프만 단편집』, 김선형 옮김, 경남대학교 출판부(1997).

—**3** 나카자와 신이치『신화, 인류 최고의 철학』, 김옥희 옮김, 동아시아(2003).

—**4** "경험기원설"과 "문화영웅에 의한 창작"은 야마다 게이지『중국 의학은 어떻게 시작되었는가』, 전상운 · 이성규 옮김, 사이언스북스(2002) 11~15면에서 빌려왔다.

물 · 불 · 공기 · 흙의 자연

4

공기의 상상력

LOCO ET TEMPORE.

# 4

↤ ┼ ┼ ┤ ↦

## 1. 용

이번에는 공기에 관련된 몽상들을 펼쳐놓겠습니다. 먼저 용(龍)이야기부터 해보겠습니다. 용은 못이나 강, 바다 같은 데서 사는 것으로서 물의 상징입니다. 용정(龍井), 용담(龍潭), 용강(龍江) 등의 지명을 보아도 용과 물의 관계는 쉽게 짐작할 수 있습니다. 심지어 용을 가리키는 우리말 '미르'의 어근 '밀'이 물의 어원과 같다는 말도 있습니다. 용은 물의 상징입니다. 그런데 용은 또한 풍운의 조화를 부린답니다. 비바람을 일으키며 다닌다지요. 아니, 비야 물의 일종이라고 치더라도 느닷없이 무슨 바람입니까? 용을 오직 물로만 생각하면 용과 바람의 상관성을 이해하기 어렵습니다. 하지만 풍운이란 말에서 구름을 한번 생각해보세요. 태풍이 몰려오는 바다, 거기 먼 데서 몰려오는 검은구름을 본 적이 있나요? 괴테가 겪은 비구름은 이렇습니다.

공기의 상상력

그리고 저 위에서 모여든 그것은 대지의 힘에 이끌려 격렬하게 비바람이 되어 치닫고 군대처럼 펼쳐져 흩어지네. 능동적이면서도 수동적인 대지의 운명이여! 그러나 영상을 눈앞에 그리며 그대 시선을 들어 올려다보라. 말씀이 내려오나니, 그 말씀은 갈파하기를 '영(靈)은 그 영이 영원히 거하고자 하는 바로 그곳으로 치솟아오르기를 원한다'고 하지 않는가.

공기보다는 "대지의 천재"로 불리는 괴테조차도 비구름 앞에서 치솟아오름을 느낍니다. 그렇습니다. 구름은 대지로부터 물이 치솟아오른 것입니다. 그리고 치솟는 것은 곧 용입니다. '등용문(登龍門)'이란 말을 낳은 용문은 황하 상류 산서성에 있는 좁은 계곡의 급류로 3단계의 높은 폭포를 이루는 곳입니다. 이곳을 잉어가 뛰어오르면 용이 되어 승천한다고 합니다. 그런데 치솟아오르는 것은 또한 무엇입니까? 바람〔旋風〕이 아니던가요? 그러므로 여기에 3중주가 있습니다. 물, 치솟아오름, 바람.

만약 용을 물의 상징으로만 여기거나 물이 엉긴 비구름의 상징으로만 여긴다면 결코 바람을 느낄 수 없습니다. 바슐라르는 그 까닭을 이렇게 풀이합니다.

형태로 환원된 이미지는…… 하나의 개념에 불과하다. 그런 이미지는 다른 이미지들과 외면적으로만 연결된다…… 물질적 상상력과 역동적 상상력만이 부여할 수 있는 깊은 연속성이 결여되어 있기 십상이다.

우리는 한 상징을 추상적인 개념으로 가두는 데 익숙합니다. 용을 물이나 구름으로 환원하는 식으로 말입니다. 그러나 한 상징이 확고하고 정태적인 이미지들로 환원될 때 원래 상징은 곧장 시들어버립니다. 그때 우리는 아름다운 풍경 몇컷을 볼 수는 있어도 그 풍경이 만들어지는 여정은 놓치게 됩니다. 땅의 물과 하늘의 물을 각각 담은 정지화면은 전자가 후자로 치솟아오르는 역동성을 담지 못하는 것입니다. 그래서 용으로부터 바람을 느끼기 어려운 것입니다. 반면 우리가 한 이미지의 역동성을 체험할 때는 가령 물을 상징하는 용으로부터 도리어 하늘을 향해 오르는 회오리바람, 즉 대기의 세찬 운동을 체험할 수 있습니다.

그때 우리는 『삼국유사』에 나오는 만파식적(萬波息笛)의 상징마저 알아듣게 됩니다. 신라 신문왕 때 있었다는 신기한 피리로 동해 섬에 있는 대나무로 만들었고 이것을 불면 나라의 근심걱정이 사라졌다고 하는 피리 말입니다. 굳이 용이 대나무를 바쳤다는 이야기를 들먹이지 않더라도 만파식적 자체를 용으로 보아도 좋을 듯합니다. 즉 피리는 본디 숨결을 소리로 바꾸는 물건인데, 숨결이 곧 바람이며 바람이 곧 용이라면, 만파식적은 곧 용이라는 뜻입니다. 한번 등식으로 써보겠습니다. 용=바람=피리소리. 이 등식으로 풀리는 내용이 많습니다. 가령 만파식적으로 험한 풍랑을 잠재운다는 이야기가 있습니다. 피리소리는 곧 바람이라고 했으니, 좋은 바람이 나쁜 바람을 다스린다고 해도 옳지 않을까요? 한편 만파식적이 적병을 물리친다는 이야기도 있습니다. 비구름이 괴테의 묘사에 따라 "군대처럼 펼쳐져 흩어지는" 것이라면 어떤가요? 또한 레나우

(Nikolaus Lenau)의 시를 따라 "말발굽"처럼 모여 있다면 어떻습니까? "번개 채찍"을 휘둘러 이 하늘의 군대와 말들을 모는 것이 바람일 텐데, 그렇다면 바람을 형상화한 피리소리가 마침내 구름처럼 모여든[雲集] 적의 무리를 다스린다는 발상은 절로 나올 법하지 않습니까?

제가 하고 싶은 말은 간단합니다. 정태적인 물의 상징으로만 여길 때 용은 기껏해야 물이나 비구름 정도로 그치지만 상징의 좀더 역동적인 측면을 받아들이면 바람, 피리소리, 나아가 군대나 말이라는 이미지마저 포괄한다는 것입니다. 참으로 용답게 연거푸 변신하는 셈입니다. 그리고 이러한 이미지운동은 한 상징을 특정한 물질, 소재로 여길 때는 불가능하며 오로지 운동의 한 양상으로서 원소를 파악할 때 가능합니다. 그런데 공기에서는 원소 가운데 운동의 성격이 무엇보다 두드러지게 나타납니다. 특히 바슐라르는 상승의 벡터에 주목합니다. 가볍게 솟아오르는 것은 모두 공기입니다. 제가 앞에서 용을 들먹인 까닭도 여기에 있습니다. 질료의 측면에서 용은 물에 가깝기도 하지만, 솟구치는 움직임의 측면에서는 공기에 가깝기도 합니다. 사실 이 점을 놓치면 『주역』 건괘(乾卦)에 나오는 잠룡에서 항룡으로의 진로를 이해하기도 어려울 터입니다. 반면 움직임에 주목할 때 우리는 용이라는 상징을 하나의 원형으로 볼 수도 있습니다. 바다, 강, 연못 같은 땅의 물뿐만 아니라 구름, 비 같은 하늘의 물, 심지어 바람이나 소리 같은 다채로운 의미들을 생성하는 일종의 무의미로 볼 수 있다는 뜻입니다. 용은 아무런 의미나 의의가 없는 게 아니라 오히려 끝없는 의미를 가졌기에 특정한 의미 하나로 가둬지지 않는 무의미입니다. 하늘과 땅, 상승과 하강의 대립을 용이 품고 있습니다.

## 2. 직관의 상상력

바슐라르는 공기에서 상승의 벡터를 주목했다고 했습니다. 그런데 용 속에는 상승, 하강의 대립이 일치한다고 했습니다. 그렇다면 단일한 벡 터와 이중적인 벡터는 어떻게 모순 없이 설명할 수 있을까요? 그리 어려 운 문제는 아닙니다. 새를 보십시오. 하늘로 날아오르려면 먼저 발로 땅 을 박차지 않던가요? 태극권으로 유명한 양로선(楊露禪)의 아들 양건후 (楊健侯)는 손바닥 위에 올려놓은 새를 날지 못하게 할 수 있었다고 합니 다. 이 묘기도 따지고 보면 상승이 늘 하강과 더불어 일어난다는 이치에 바탕을 둔 것으로서 새가 날아오르려고 발을 구를 때 얼른 손바닥을 움 직이는 것이라고 했습니다. 물론 말로야 간단하지만 실제로 해보면 어렵 겠지요. 새의 미묘한 움직임을 즉각 알아차리지 않으면 안될 테니까 말 입니다. 이를 두고 태극권에서는 청경(聽勁)이 필요하다고 말합니다. 기 운의 기미를 들어야 한다는 뜻입니다. 실없는 소리라고 할 테지만 청경 은 대단히 뜻깊은 개념입니다. 비단 바슐라르의 네 원소뿐만 아니라 넓 은 뜻에서 자연을 이해하는 데 도움을 줄 개념인 듯합니다. 무엇보다 청 경은 눈으로 보는 게 아니라 몸으로 듣는 것입니다. 다시 말해 시각 형상 을 넘어 존재의 활동을 온몸으로 느끼는 감응입니다. 이를 두고 왕향재 (王香齋)는 "나뭇가지 하나가 움직이니 백 가지가 흔들리네(一枝動百枝 搖)"라고 노래하기도 했습니다.

바슐라르의 생각에도 비슷한 데가 많습니다. 그는 곳곳에서 "시각이미 지가 제공하는 것을 경계하는 한편 가능한 한 본질적인 체험에 접근"해야 한다고 했습니다. 이때 체험이란 원소의 역동적 상상력에 다름아닌데, 심지어 그는 이런 맥락에서 "직접적 상상력" 또는 "직관"의 상상력이라는 말을 제안하기도 했습니다. 직관의 상상력이라니요? 물론 직관과 상상력을 한데 놓기는 어색해보입니다. 근대철학에서 직관이 종종 감각을 의미한다면 상상은 대개 감각의 내용을 넘어서기 때문입니다. 하지만 그의 직관이란 '경험이나 추리판단에 의하지 않고 그저 곧바로 느껴 아는 일'이라는 본디 뜻에 가깝습니다. 그런 뜻에서 직관의 상상력이란 이중적인 말을 쓸 수 있습니다. 한편으로 그것이 상상력인 한 현실적인 경험과 이성적인 추리판단을 넘어섭니다. 다른 한편으로 그것이 직관인 한 인식의 일종으로서 세계에 대한 깨달음을 담고 있습니다. 그러므로 직관의 상상력이란 마치 눈을 감고 있으나 마음은 깨어 있는 상태라고 할까요? 따라서 밤의 꿈과 낮의 의식 사이에 있는 몽상과 통하는 것입니다. 그의 상상력 개념에서 독특한 점은 여기에 있으며, 저도 자연의 의미를 되새기는 실마리를 여기서 찾습니다.

그렇다면 직관의 상상에는 어떤 특징이 있을까요? 아니, 물음을 조금 돌려보겠습니다. 직관의 상상은 이를테면 직관이 없는 상상과 어떻게 다를까요? 바슐라르는 조르주 쌍드(George Sand)가 제시한 공기의 이미지에 실망하고는 이렇게 말했습니다. "상상하고는 있으나 진정으로 그 이미지를 체험하고 있지는 못하며…… 우리를 삶에, 그리고 공중을 나는 여행에 참여하도록 이끌지도 못하고 있다." 그렇습니다. 직관의 상상에는 독자의 참여를 유도할 힘이 담겨 있으며, 힘은 바로 몽상가의 실질적인 깨달음에서 우러난다는 것입니다. 우리는 지금 전통적인 표현이론을 마주하고 있습니까? 꼭 그렇지는 않습니다. 전통 이론에서 표현이란 대개 작가가 겪은 현실적 삶의 경험 또는 단순한 감정의 표현입니다. 이에 반해 상상의 바탕이 되는 체험과 깨달음을 현실생활로 가둘 수는 없으며 심지어 기존 개념이나 이론으로 가둘 수도 없습니다. 바슐라르는 이렇게 썼습니다. "무한공간에서 사는 존재들을 들으려면 대지의 모든 소음을 침묵시켜야 하며 또한…… 신화와 교과서에서 배운 모든 가르침을 잊어야 한다." 자기를 잊고 자연을 맞닥뜨리는 게 그가 말하는 체험의 바탕입니다. 그러므로 닫힌 자아가 형성하는 주관적인 감정의 표현과도 다릅니다.

그는 이때 관조(contemplation)라는 낱말을 끌어들이기도 합니다. 이 말의 어원은 그리스어 '자르다'(tem)라는 말로 거슬러올라갑니다. 여기서 나온 라틴어 '사원'(templum)은 일상과 단절된 곳, 경계지어지는 곳, 따라서 성스러운 곳을 뜻합니다. 그리고 관조란 말은 이렇게 경계지어진 성역에서 별들을 관찰한 점성술과 연관성이 있습니다. 우리는 이런 어원에 기대어 바슐라르의 속내를 엿볼 수 있습니다. 자연의 체험은 마치 자기를 포함한 모든 것을 잘라내고 망연자실하게 우주를 맞는 관조와 같습니다. 그때 우리는 "실체적 명징을 완전히 체험한 이미지"를 길어오게 됩니다. 심지어 "별들의 정연한 운행"을 듣고 "공기의 합창"과 밤을, "운행하는 부드러운 밤"을 듣는 것입니다. 하늘 소리를 듣기, 참으로 청경의 경지를 떠올리게 하지 않습니까? 아닌게아니라 청경을 이루려면 '자기를 버리고 타자를 따른다(捨己從人)'고 했는데, 이때 '나를 버리기(捨己)'를 그리스어 자르기(tem)와 나란히 놓는다면 관조와 청경에는 비슷한 데가 있습니다.

이것은 다분히 역설적인 이야기입니다. 바슐라르는 몽상가의 실질적인 깨달음이 직관의 상상력을 이룬다고 해놓고는 참으로 자기를 버릴 때에야 비로소 자연의 "명징"한 이미지를 받아들일 수 있다고 합니다. 개인의 주체성과 개인의 소멸이 양립할 수 있다는 말인가요? 언뜻 보기에 상충할 것으로 보입니다. 자기주관을 버리는 동시에 (그 본질에 있어 주관적인) 상상력을 움직이는 일이 어떻게 가능할까요? 그런데 우리는 동아시아의 전통예술을 떠올릴 수 있습니다. 자기를 버리고 사물들에 전념했음에도 불구하고 사물들과 더불어 예술가의 창조적 주관성이 함께 계시한 사례들이 있습니다. 아니, 그 예술이 진정 사물들을 계시하는 데 성공한 만큼 작가의 개성이 빛난 경우가 있습니다. 마리땡(Jacques Maritain)의 경험을 하나 인용해보겠습니다.

> 허드슨강변을 따라, 또는 버지니아의 언덕길을 누비며 드라이브할 때, 당신이 정관(靜觀)하고 있는 이 지역이 아직도 인디언 전사와 그들의 천막에 둘러싸여 있다고 잠깐 상상해보라. 그러면 자연의 아름다움이 일깨워지고 갑자기 의미를 지니게 될 것이다.[1]

여기에 역설이 있습니다. 자연은 정감에 싸일수록 더 아름다워지며, 상상에 둘러싸일수록 제 모습을 드러냅니다. 그리고 관조, 직관, 상상이 서로 엉기는 바람에 도저히 나뉠 수 없을 때가 있습니다. 이 암매(暗昧)한 차원에서 일어나는 체험이 도리어 자연을 옳게 볼 수 있게 도와주며 이 관조의 체험에 바탕을 둔 이미지가 여러 사람의 동감을 끌어낼 때가 있습니다. 왜 그럴까요? 일종의 보편성 때문이 아닐까요? 물론 물리학 교과서의 보편성하고는 다릅니다. 그렇다면 아무리 허울좋게 포장하더라도 결국 주관적이지 않은가? 한편으로는 그렇습니다. 어디까지나 관조적 몽상가의 개별적 직관과 깨달음에 닿아 있습니다. 하지만 아무렇게나 자의적이라는 뜻의 주관성은 없습니다. 그렇다면 인간심리의 보편구조라는 뜻에서 보편적인가? 다른 한편으로는 그렇습니다. 그럼에도 오직 심리영역에 해당한다기보다는 오히려 자연과 마음이 만나는 구조의 보편성에 닿아 있는 체험일 터입니다. 흐드러지게 핀 벚꽃 아래를 걸으며 숨막히는 어지러움을 느낀 적이 있습니까? 밤비에 젖은 포도(鋪道) 위로 부서지는 달빛에 취한 적이 있습니까? 단순히 주관적인 감정하고도 다르며 그렇다고 객관적인 사실을 양적으로 기술하는 물리적인 사실과도 다릅니다. 그러므로 양상의 보편성 덕분에 여러 사람의 공감을 얻을 만함에도 불구하고 물리학 같은 객관성이나 국어사전의 항목과 같은 범례를 얻지는 못합니다.

따라서 이미지는 사람에 따라 다양하게 표출될 수 있습니다. 이런 까닭에 고전적인 참여 개념으로 갇히지 않습니다. 미리 확정된 질서를 한결같이 체득하고 모방하기보다는 오히려 저마다의 방식을 존중하기 때문입니다. 어쨌든 직관의 상상력이 상상력의 일종임을 잊어서는 안됩니다. 심지어 바슐라르는 관조를 가리켜 "본질적으로 우리 내부에 있는 창조적인 어떤 힘"이라고 했습니다. 모든 것이 별안간에 주어지고 외부로부터 들어온 것처럼 보이기는 하지만 관조는 어디까지나 영혼과 자연이 한데 울리는 소리를 듣는 일입니다. 이렇게 찾아드는 것이 "직관의 상상력"입니다. "영혼보다 높은 곳으로부터 내려온다"고 플라톤이 말한 뮤즈(Muse)는 기실 우리 앞에 늘 있던 자연과 우리 속에 늘 있던 서정이 만나는 곳에 내려앉습니다.

## 3. 새

직관의 상상은 때로 자연의 역설적인 측면을 끄집어올립니다. 새도 마찬가지입니다. 하늘로 날아가기 위해 땅을 박찬다고 했습니다. 이때 오름과 내림을 한번에 실현하는 오름이 일어납니다. 그래서 세계는 참으로 보기 나름입니다. 안테오스를 생각해보세요. 대지의 여신 가이아로부터 태어난 이 거인은 발이 땅에 닿는 한 누구에게도 지지 않았습니다. 헤라클레스조차 쩔쩔매다가 겨우 안테오스의 허리를 안아 들어올리고서야 물리쳤다고 하니까요. 어떤 분은 이 거인이 부패와 진부함(banality)을 상징한다고 보았습니다.[2] 아마도 대지의 중력이 상승을 가로막는다고 생각한 탓일 것입니다. 한편 어떤 이는 어머니 대지의 모성애와 연관시키기도 했습니다. 아마도 안테오스를 제 어미와 떨어지기 싫어하는 아이로 여긴 것일 겁니다. 그러나 이들은 모두 대지라는 소재에 너무 사로잡힌 듯합니다. 반면 괴테의 『파우스트』 2부 3막에는 다음과 같은 대목이 있습니다.

벌거벗은 몸에 날개를 달고 있지 않은 천사 같았지. 판을 닮았는데 짐승은 아니었어. 그 애가 단단한 바닥에서 뛰는데도 그곳에 탄력이 생겨 그 앨 하늘 높이 솟구치게 하는 거야. 두세번 껑충껑충 뛰니까 천궁(天穹)까지 닿더란 말이다. (…) 아버지도 진정으로 경고하더군. "대지에 탄력이 있어 널 위로 오르게 하는 거다. 발가락을 땅에 대기만 해도 대지의 아들 안테오스처럼 곧 기운을 얻게 되는 거야."[3]

목신의 아버지는 안테오스를 일종의 날짐승으로 보았습니다. 하늘로 날아오르기 위해 땅을 박차는 새로 보았습니다. 따라서 그가 땅에 되돌아옴으로써 되찾는 에너지는 하늘로 솟는 데 쓰이는 것입니다. 이것은 "단 한번의 발길질만으로도 충분히 하늘 위 공기의 본성으로 되돌아갈 수 있고, 솟구쳐오르는 삶으로 되돌아갈 수" 있게 해주는 에너지입니다. 그래서 바슐라르는 「안테오스」라는 제목이 붙은 시를 하나 인용했습니다.

> 빛나는 천사들이 잠수하니
> 바다의 웃음을 솟구치게 하네
> 헤엄치는 새들과 날아다니는 물고기들로
> 파득이는 잎새들 속에서!
>
> ─오디시오(Audisio) 「안테오스」[4]

한편 이 대목에서 저는 땅을 박차는 발의 리듬과 춤의 연관성을 떠올리지 않을 수 없습니다. 누군가는 동양과 서양의 춤을 비교하며 이렇게 말했습니다. "서양의 춤은 그 동작이 기본적으로 땅의 잡아당김으로부터 해방되는 몸짓"이며 "땅의 속박으로부터 해방되어 하늘로 고상(翺翔)하는 인간의 자유에의 구가를 표현한다." 반면 동양의 춤은 전통적으로 "따님으로의 귀속"[5]이 철저하게 실현되고 있다고 했습니다. 요컨대 서양 춤은 땅으로부터 벗어나 하늘로 향하며 동양 춤은 땅으로의 회귀에 바탕을 둔다는 말입니다. 물론 이 사람도 동서양의 춤을 땅과 하늘이라는 이분법으로 나누지는 않았으며 강조의 차이가 있다는 정도로 설명했습니다. 하지만 저는 운동벡터의 의미를 조금 더 음미할 필요가 있다는 생각이 듭니다. 바슐라르는 가령 "대지와의 우애와 식물의 성장에 관한 신화들"이 서양의 원시무용 속에 결집되어 있었다는 견해(셰프너)에 주목합니다. 이에 따르면 춤의 기원 가운데 하나는 다음과 같습니다.

> 어머니인 대지는 밟아서 다져진다. 한편 그 땅을 밟고 다시 솟구친 (무용수의) 도약의 높이가 점점 높아지는 만큼 식물은 자라 솟아오르게 될 것이다. 이것은 봄의 상징들과 풍요의 제례(祭禮)들에 관계된다. '봄의 제전'은 바로 이와같은, 땅을 밟으며 발을 구르는 제례행위들로 채워질 것인데 그럼으로써 그러한 밟기와 도약에 어쩌면 최초의 것이 될 하나의 의미를 부여할 것이다.[6]

좀 어려운 듯하지만 이야기는 간단합니다. 무엇이든 대비를 밟는 만큼 그 반동으로 솟아오르게 되어 있습니다. 이것을 식물에서 보면 성장하는 것이며 사람에서 보자면 춤이라는 이야기입니다. 자, 밟아서 튀어오르는 것이 봄(Spring)이며 춤이라면 이 운동의 벡터는 하늘을 향한 것일까요, 땅을 향한 것일까요? 저는 두 벡터가 동시에 있다고 생각합니다. 그러므로 서양 춤이 오직 하늘을 향한다는 관점은 실로 한 벡터만을 강조한 것입니다. 튀어오르는 것에는 양방향의 힘이 함께 움직이고 있기 때문입니다. 스프링을 생각해보십시오. 힘을 쓰려면 먼저 웅크려야 합니다. 그제야 튀어오르고 싹을 틔우며 새를 날릴 수 있는 것입니다.

이 대목에 관한 한 동서양의 관념은 통하는 데가 있습니다. 우리에게는 지신밟기가 있습니다. 음력 정초에 땅을 밟음으로써 지신을 진정시키는 동작만을 본다면 그것은 운동의 한 벡터만을 보는 것입니다. 적어도 제 생각에 지신밟기는 서양의 '봄의 제전'과 비슷합니다. 땅을 밟음으로써 그 땅의 힘, 즉 반동력을 식물의 성장력에 일치시키려는 움직임이 들어 있습니다. 상승과 하강이 동시에 들어 있는 셈입니다. 그럼에도 군이 한쪽을 강조하라면 저는 오히려 동서양을 막론하고 상승의 벡터가 우세하다고 하겠습니다. (물론 이 상승이 어디까지나 하강-밟음을 전제로 한 것임을 재론할 필요는 없을 터입니다.) 원소로 보아도 마찬가지 이야기를 할 수 있습니다. 대지와 공기가 함께 결부되어 있지만 억지로 한쪽을 택하라면 우리는 공기의 우세를 말할 수 있는 것입니다.

날아오를 때 중요한 것은 대지를 밟는 '탄력성'이며, 구체적으로는 탄력있는 뒤꿈치입니다. 페르세우스가 메두사의 목을 베고 달아나던 장면을 기억하나요? 날개 신을 신고 날아올랐습니다. 그 신발은 헤르메스한테서 빌린 것이며, 날개는 바로 뒤꿈치에 한 쌍씩 달려 있습니다. 물론 뒤꿈치에 붙은 날개는 가소로운 상상의 산물로 보이기 십상입니다. 하지만 도리어 가소로운 것은 천사의 어깻죽지에 붙어 있는 커다란 날개일 수도 있습니다. 왜 그럴까요? 하늘을 나는 꿈을 꾸어본 사람이라면 알 수 있습니다. 그때 우리는 날개를 달았던가요? 아니, 그냥 날아올랐을 것입니다. 공기의 탄력을 발바닥, 아니 온몸으로 느끼며, 공기를 꼭꼭 밟으며 날아올랐습니다. 다시 말해 **공기를 밟은 결과**로서 하늘에 올라간 것입니다. 이를 두고 바슐라르는 말했습니다. "꿈속에서는 하늘로 오르려고 나는 것이 아니라 날기 때문에 하늘로 오른다." 요컨대 날개는 밤에 꾼 꿈을 합리화하려고 낮에 만들어낸 소품입니다. 사람이 하늘을 날려면 최소한 날개 정도는 있어야겠다는 생각에서 원래 꿈에다 날개를 덧붙였다는 뜻입니다. 그러므로 비상의 꿈에서 날개는 작을수록 좋으며, 날개가 없다면 가장 훌륭한 것입니다.

이렇게 본다면 날개 달린 서양의 용보다는 오히려 날개 없이 승천하는 동양의 용이 훨씬 우리의 원초적인 상상에 가까운 셈입니다. 사실 우리 쪽 용에서는 도리어 발톱이 두드러지지 않습니까? 마찬가지로 슈퍼맨에게는 날개가 없습니다. 역시 원초적인 상상에 가깝습니다. 반면 슈퍼맨의 망또는 단지 시각적인 정당화에 쓰인 군더더기라고 하겠습니다.

반면 참된 비상의 이미지는 내적인 움직임을 느낄 때 찾아듭니다. 조금 다른 예를 하나 들어볼까요? "황량한 바다 위에 떠 있는 물새. 먼 바다에 폭풍우가 몰려오는데 마음은 고요하네(浮鳥の位)".[7] 물새는 바다나 폭풍우 같은 장엄한 풍경과 어울려 대조를 보여줍니다. 물새의 이미지는 어떤 원소로 귀속될까요? 물에 떠 있다는 점에서 물의 원소라거나 아니면 폭풍우에 대조될 만큼 두 발을 굳게 뿌리내리는 대지의 원소로 볼 수

있습니다. 하지만 공기의 원소도 있습니다. 물론 주목할 것은 단순한 소재가 아니라, 소재에 잠재된 힘입니다. 물새는 지금 폭풍우에도 아랑곳하지 않고 앉아 있습니다. 그러나 폭풍우가 가까이 다가서면 마침내 날아오를 것입니다. 물새는 그때를 기다립니다. 오름과 내림이 팽팽하게 맞서 있습니다. 이 기다림의 긴장이 저로 하여금 비상, 아니 비상의 기미를 느끼게 해주었습니다.

그래서 시각적으로는 별 의미도 없는 뒤꿈치의 작은 날개가 도리어 어깻죽지의 큰 날개보다 더 날개답습니다. 머릿속에서 합리화된 개념이 아니라 온몸으로 폭발을 예감하게 만드는 내적인 긴장이 있기 때문입니다. 그리고 제 생각에는 만약 농축된 긴장이 있기만 하다면 그 결과로 일어나는 운동의 방향은 별문제가 되지 않습니다. 옥따비오 빠스는 「태양의 돌」에서 노래했습니다. "유리구슬, 버드나무, 물방울, 미루나무, 바람에 휘어지는 높은 분수, 땅을 디디고서 춤추는 나무."[8] 이때 느껴지는 비상의 감각은 위쪽이든 아래쪽이든 관계없이 모두 내적인 상승입니다. 물론 이런 주장은 위아래라는 원초적인 방향감각에 어긋난 것처럼 들릴 것입니다. 이를테면 레이코프(Lakoff)가 뿌리 은유라고 불렀던 공간감각에 어긋난 듯할 것입니다. 그러나 기준을 내적인 힘으로 놓으면 어떨까요? 내적 에너지가 강화되는 쪽이라면 물리적 방향에 매달릴 필요가 없습니다. 지신밟기의 희열이 땅을 밟는 데서 오는 것인지, 아니면 땅이 되받아 퉁기는 힘을 느끼는 데서 오는 것인지 가릴 필요도 없습니다. 중요한 것은 총체적인 도약의 느낌이기 때문입니다. 그때서야 우리는 추락할 때 느끼는 비상의 감각을 느낄 수 있을뿐더러 상승할 때 느끼는 추락의 감각을 이해할 수 있습니다.

사실 순수한 상승이나 절대적인 승화란 없습니다. 연금술은 이를 두고 "승화와 결정(結晶)은 하나의 활동(uno actu)으로 이루어진다"고 했습니다. 비상이란 차라리 "우리 내부에 위와 아래를 동시에 위치시킴으로써 우리를 잡아 찢는 것"입니다. 옛사람의 글에서 "가벼운 것은 뜨고 무거운 것은 가라앉으며, 위쪽과 친한 것은 올라가고 아래쪽과 친한 것은 내려간다(輕者浮, 重者沈, 親上者升, 親下者降)"고 한 것도 같은 이치일 듯합니다. 상승은 반드시 하강과 더불어 이루어집니다. 이럴 때 하늘을 보며 '뒤집어진 심연'을 느끼는 것은 충분히 있을 법한 이야기입니다.

그래서 바슐라르는 밀로슈의 시를 인용합니다. "나는 시간의 옥좌 위에서 잠들고 싶네! 저 신성한 심연을 향해 아래에서 위로 떨어지고 싶네." 마찬가지로 그는 니체의 텍스트가 "위를 향한 추락"이나 "심연은 높은 곳에 있다"는 관념으로 가득 차 있음을 지적합니다. 니체는 이렇게 외쳤습니다. "그대 온몸으로 정상에 오르려면, 온몸으로 뛰어내려라." 상승의 이중성을 받아들이지 않는다면 "정상과 심연은 이제 하나가 되었다"는 니체의 역설은 다만 잠꼬대에 지나지 않을 것입니다. 들뢰즈(Gilles Deleuze)가 바슐라르에 대해 남긴 몇 안되는 논평 가운데 이런 것이 있습니다.

바슐라르가 니체의 상상력을 특성화하고자 하면서 그것을 일종의 '높이 올라가는 형이상학적 삶'으로 제시한 것은 기묘하다. 바슐라르는 니체에서의 대지와 표면의 역할을 최소화할 뿐만 아니라 니체의

'수직성'을 모든 높이와 상승에 앞서는 것으로 해석한다. 그러나 그 것은 차라리 심층이자 하강이다. 맹금은 우연이라면 몰라도 날아오 르지 않는다. 그는 불쑥 솟아오르며 땅을 판다(fond). 니체에게 심층 의 개념은 높이의 관념과 상승에의 이상을 논박하기 위한 개념이다. 높이는 일종의 신비화, 일종의 표면효과일 뿐이다. 표면효과는 심층 들의 눈을 속이지 못하며 그 시선 아래에서 부수어진다.[9]

들뢰즈가 바슐라르를 잘 읽었다고 하기는 어렵습니다. 비상을 위해 축 적된 기운은 상승과 하강의 모든 이미지들을 감싸는 대립의 일치이자 원 형적 무의미이기 때문입니다.

## 4. 소리

그런데 우리의 전통 노래에 나오는 새의 이미지를 보면 날갯짓보다는 소리가 훨씬 두드러집니다. 새타령이 그 전형입니다. 흔히 알려진 가사 를 하나 옮겨보겠습니다.

새가 날아든다
온갖 잡새가 날아든다
새 중에는 봉황새 만수문전에 풍년새
이 산으로 가면 쑥국쑥국 저 산으로 가면 쑥쑥국 쑥국

어히 어히 이히 이히 이히히히 음음

좌우로 다니며 울음 운다


처음에는 "새가 날아든다"고 하더니 곧이어 새소리의 묘사로 집중되지 않던가요? 전통시가에서 단골로 나오는 두견새나 소쩍새도 별로 다를 바 없습니다. 새의 구체적인 모습이나 움직임은 마치 소멸해버리는 듯하며, 슬픈 소리만 남아 시적 이미지를 이룹니다. 이 현상을 공기라는 원소로는 어떻게 풀이할 수 있을까요?

먼저 동화 『피터팬』에 나오는 요정 팅커벨(Tinker-bell)을 떠올려봅시다. 팅커벨은 잠자리처럼 팔락거리는 얇디얇은 날개 덕분에 날 수 있을까요? 아닙니다. 어떤 요정도 날개 때문에 대기를 떠다니는 법은 없습니다. 가벼운 바람, 자유롭게 떠다니는 대기, 그게 바로 요정이기 때문입니다. 혹시라도 오해가 없었으면 좋겠습니다. 저는 '가벼운 공기가 곧 요정'이라고 했습니다. 이것은 '요정이 공기를 상징한다'는 말이 아닙니다. 상상의 세계에 다가서려면 발상을 바꿀 필요가 있습니다. 무엇보다 한 이미지(A)가 다른 무엇(B)의 상징이라는 발상을 바꿔야 합니다. 상상영역에서 상징의 내용과 상징 자체는 둘로 나뉘지 않으며, 무엇이 무엇의 상징인지 딱히 구별되지 않습니다.

가령 어떤 강물에 짙푸른 머리칼을 한 요정이 산다는 전설이 있다고 합시다. 현대인이라면 대개 "그 강물이 깊고 푸른가보구나" 하고 받아들일 것입니다. 하지만 상상의 세계에서는 그렇지 않습니다. 깊고 푸른 것, 그것이 바로 요정의 머리칼이기 때문입니다. 푸른 머리칼을 한 요정이 깊고 푸른 냇물의 상징인지, 아니면 그 역인지 불분명해지며 상징과 해석의 "무차별적 대리"가 일어납니다. '가벼운 공기가 곧 요정'이란 말은 바로 이 경지입니다. 싱그러운 대기로부터 요정을 느끼는 감수성에서 상징과 자연의 일치가 이루어집니다. 먹구름이 몰려오고 강물이 꿈틀거리며 산봉우리가 굽이치는 곳곳에서 용을 느끼십니까? 그것은 사람 마음속의 이미지가 자연의 생명력에 미쳐, 차마 둘로 나뉘지 않는 경지입니다. (저는 언젠가 비행기에서 낙동강을 내려다보고서야 뒤늦게 강이 용임을 깨달았습니다.) 온몸을 감싸는 산들바람에서 봄처녀를 느끼십니까? 봄처녀가 곧 산들바람임을 느꼈다는 이야기입니다.

이처럼 대기로부터 요정을 직관할 수 있을 때 요정의 날개란 다만 가벼움의 시각적 이해를 돕는 장치에 지나지 않습니다. 굳이 날개가 있을 필요가 없습니다. 기회가 날 때마다 되새겼지만 시각 형태에 사로잡히지 않을 때 자연의 이미지를 제대로 느낄 수 있습니다. 그제야 날개 없는 용으로부터 승천의 기운을 느낄 수 있으며, 커다란 날개를 단 천사가 오히려 무겁게 느껴지는 한편, 다소 비만에 가까운 꼬마천사들의 몽글몽글한 몸매에서 구름 같은 가벼움을 느낄 수도 있습니다. 사실 우리를 무겁게 하는 것은 시각이미지의 과잉입니다. 날개는 작을수록 좋으며, 없는 만큼 좋습니다. 그래서 우리는 '추락하는 것에는 날개가 있다'는 말을 도리어 '추락하는 것에만 날개가 있다'로 고쳐 쓸 수 있습니다. 떨어지는 것에는 "저항하는 역학"에 따라 "퍼덕이는 날개"가 필요하기 때문입니다. 그것은 소극적이며 무거운 비상, 즉 추락의 소품입니다.

그렇다면 모든 날개 달린 것의 극한은 아무런 날개도 없이 나는 것이라고 할 수 있습니다. 나아가 후자를 전자의 원형으로 볼 수 있을 법도 합니다. 그렇다면 날개는 어디까지 없어질 수 있을까요? 날개가 달린 몸마저 사라질 때일까요? 이 경지를 네 원소에서 찾자면 공기입니다. 또는 공기의 요정이라고 해도 상관없을 듯합니다. 둘은 같은 말이니까요. 한편 바슐라르는 "상상의 대기 속에 공기의 요정들이 있었기에 대자연 속에 새들이 있게 되었다"고 했습니다. 이처럼 상상의 세계에서 이미지의 발생순서는 오히려 뒤집어질 수 있습니다. 날개라는 형상에 주목한다면 새로부터 요정이 파생되었다고 하겠지만, 가벼움(날아오름)이라는 측면에서 본다면 도리어 상위의 요정에서 하위의 새가 태어납니다. 같은 이치에 따라 우리는 새의 원형을 소리로 보아도 좋을 듯합니다. 『피터팬』의 요정 팅커벨에서, 팅커(tinker)라는 말은 본디 "딸랑딸랑" 하는 소리를 가리키는 의성어입니다. 이 날개 없는 소리로부터 날개 달린 요정이라는 이미지가 태어난 것입니다.

우리 옛 노래에서 새의 모습이 사라지며 소리가 부각되는 연유도 비슷하리라는 생각이 듭니다. 그런데 궁금한 것은 새의 형태가 사라진다고 할 때 새의 몸은 어떻게 되는가 하는 문제입니다. 언뜻 보기에 새는 거의 완전하게 소리로 바뀌며 몸이 사라진다는 인상을 줍니다. 그렇다면 우리는 옛 노래에서 관념론적 경향이 나타난다고 해야 할까요? 아니면 몸의 소멸이 부각된다는 뜻에서 질료의 성격보다는 순수한 운동이 우세하며, 운동이 질료를 능가한다고 말해야 할까요? 꼭 그렇지는 않을 성싶습니다. 바슐라르의 경우를 먼저 살펴보고 말하는 게 좋겠습니다. 그는 종달새를 두고 이런 지적을 합니다. "종달새를 묘사한다는 것은 묘사에 골몰하기를 피한다는 것, 묘사가능한 미와는 다른 어떤 미를 발견하는 것이다." 한마디로 종달새를 일상적으로 묘사하기는 어렵다는 뜻입니다. 김소월은 다음과 같이 노래했습니다.

> 눈들이 비단안개에 둘리울 때,
> 그때는 종달새 솟을 때러라.
> 들에랴 바다에랴, 하늘에서랴,
> 아지 못할 무엇에 취할 때러라.
>
> —「비단안개」

종달새는 "알지 못할 무엇"입니다. 남는 것은 소리입니다.

> 종달새는 대지의 새가 아니라오……
> 그러나 내가 듣고 있듯이 그 소리를 들어보시오.
> 저 위, 어디선가 황금빛 잔 안에 수정조각들을 짓찧고 있는 소리가
> 들리시나요?

르나르(Jules Renard)의 시 「종달새」입니다. 바슐라르가 볼 때 종달새는 공기의 전형이자 극한입니다. 가벼우면서도 보이지 않고, 대지로부터의 일탈이며, 무엇으로부터의 해방이 아니라 대뜸 자유라는 것입니다. 윤동주는 "즐거운 종달새야/어느 이랑에서나 즐거웁게 솟쳐라"(「봄」)고 노래했습니다. 종달새는 한마디로 비상과 노래의 통합입니다. 그래서 시

인들은 종달새가 부르는 노래의 음조마다 초월의 음이 들린다고 예찬합니다. 셸리(Shelley)의 시에서 이러한 해석은 절정에 이릅니다. "경주를 막 시작한, **육신을 떠난 환희와도 같이**"(「종달새에게」). 바슐라르는 마침내 종달새가 "빛 속으로 사라진다"고 씁니다.

그러나 바슐라르에게 종달새는 탈(脫)육체의 경향을 보여주는 데서 그치지 않습니다. 오히려 새로운 육화의 움직임을 보여주기도 합니다. 어떻게 그럴 수 있을까요? 저는 그 실마리가 종달새 소리의 익명성에 있다는 생각이 듭니다. 방금 인용한 르나르의 시는 이렇게 이어집니다. "종달새가 **어디서 노래하는지** 이야기할 수 있을 자 그 누구리오?" 또한 셸리는 "그대가 누구인지 우리는 모르네"라고 말했습니다. 김소월에게도 "알지 못할 무엇"이었듯이, 종달새는 보이지 않는 존재입니다.

> 너는 하두 작아서
> 너는 내 곁에 있어도
> 난 네가 어디 있느냐고 묻는다
> 종달새만 울어도
> 난 네가 무슨 소리를 하느냐고 묻는다
> 너는 하두 작아서
> 나는 내 눈 속 어디에 네가 숨어 있는지를 모른다.
>
> —민용태「너는 하두 작아서」

종달새는 보이지 않습니다. 그럼에도 온 하늘과 하나가 되어 우리 모든 곳에 스며들며 심금을 울립니다. 오월 하늘의 짙푸름과 하나가 되어, 하늘의 환희를 현실화하며 솟아오릅니다. 바슐라르는 이것을 '우주적 성격'이라고 하면서 셸리의 시를 인용합니다. "그 무슨 대상이 네 행복한 노래의 원천인가? 무슨 들판, 파도, 산인지?" 종달새의 노래에는 봄의 모든 것이 참여하는 듯합니다. "숲, 강물, 인간, 가축들", 심지어 "풀밭과 언덕들과 함께 대지까지도 공기처럼 가벼워지고, 공기의 삶에 참여하는 듯"합니다.

무슨 뜻입니까? 종달새는 높이 날아올라 보이지 않게 됩니다. 그러나 그렇게 하늘과 하나됨으로써 온 세상이 한 덩어리로 섞인 기쁨을 길어온다는 것입니다. 이것을 저는 종달새의 익명성이라고 부르고 싶습니다. 비개인적(impersonal)인 성격이라고 불러도 좋겠지요. 종달새는 지금 한 개체를 넘어 온 자연의 비개인적인 경지로 우리를 이끌고 갑니다. 물론 그것은 비인격적(depersonalized)인 경지가 아닙니다. 사람이 느끼는 환희와 세계가 느끼는 환희를 한데 모으기 때문입니다. 이를 두고 종달새의 새로운 육화라고 한다면 지나친 이야기가 될까요? 작은 육신을 비우고 온 자연이라는 몸을 얻는다는 뜻에서 말입니다.

우리 전통시가도 비슷한 맥락에서 짚어볼 수 있을 듯합니다. 「정과정(鄭瓜亭)」에서 "내 님" "산 접동새" "달" "잔월효성"이 이어지는 양상이나 "梨花에 月白하니 님 생각이 새로워라./두견아, 너는 눌을 그려 밤새도록 우나니"를 단순하게 감정이입이라는 범주로 가두기에는 새소리가 너무도 풍만합니다. 단순하게 한(恨)의 정서를 표현한다고만 하기에도 석연치 않은 데가 있습니다. 이런 시구들은 오히려 보이지 않는 새소리를 통해 산, 달, 별, 꽃, 하늘을 비롯한 온 자연과 내가 하나되는 경지를 노래하고 있지 않습니까? 개인의 정서를 담았으되, 그것을 품고 확장하는 움직임이 들어 있지 않습니까? 한편 새타령에서 새의 모습이 사라지고 다만 "이 산으로 가면 쑥국……" 하는 식으로 펼쳐지는 것을 보십시오. 새 → 새소리 → 산. 이렇게 이어지는 확장이 있습니다. 나아가 산마저 사라지고 사람이 혼자 "어히 어히……" 소리를 내는 대목에 들어가면 어떻습니까? 사람 입에서 나오되, 새와 산 그리고 사람의 환희를 한데 결집한 소리가 아니겠습니까? 그것은 새의 개별적인 정서도 아니며 사람의 개인적이고 주관적인 정서도 아닙니다. 참으로 뜻없는 소리로서 딱히 무엇으로 한정되지 않는다는 뜻에서 무한한 무의미의 표출입니다.

## 5. 빛의 현재, 영원 회귀의 순간

우리는 만파식적의 경우에 운동이란 범주로 용, 바람, 소리를 이었습니다. 그러나 새와 소리를 그런 식으로 잇기는 힘듭니다. 가령 「청산별곡(靑山別曲)」에서 "울어라 울어라, 새여. 자고 일어 울어라, 새여. / 널라와 시름한 나도 자고 일어 우니나니"에서 딱히 운동성을 느끼기는 어렵습니다. 또는 「정과정」 같은 시가에서도 마찬가지입니다. 전통시가에 나오는 새에는 보통 말하는 역동성이 들어 있지는 않습니다. 그럼에도 사람과 새, 나아가 자연의 일치를 보여줍니다. 그것을 익명의 새소리를 통한 온 자연의 몸 얻기(육화)라고 말했지만, 같은 이야기를 조금 다른 각도에서 살펴볼 여지도 있을 성싶습니다. 옥따비오 빠스의 시를 들어봅시다.

> 파도처럼 펼쳐지는 순일(純一)의 세계
> 한 꺼풀 한 꺼풀씩 벗겨지더니
> 흠 없이 찬란한 진초록
> 파닥이는 날갯짓의 눈부심
> 마침내 하늘이 열렸다.
>
> 다가올 날들의 숲 사이로 나아갈 때
> 어디선가 들려오는 새소리
> 비운의 섬광처럼 빛나며 숲을 응고시킨다.
>
> —「태양의 돌」

첫째 연의 "파닥이는 날갯짓"이 둘째 연에서는 "새소리"로 바뀌었지요? 외적 형태가 사라지고 순수한 소리가 남았습니다. 그런데 하나가 더 있습니다. 마지막 행을 보세요. 새소리가 "섬광처럼 빛나며 숲을 응고시킨다"고 합니다. 이 구절이 묘합니다. 응고라는 말에서 우리는 자연과정의 정체(停滯)와 같은 부정적인 어감을 떠올려야만 할까요? 먼저 바슐라르가 인용한 바 있는 다눈치오(Gabriele D'Annunzio)의 『죽은 도시』의 한 대목도 들어봅시다.

> 종달새의 노래는 온 하늘을 가득 채운다…… 그 새들은 사방에서

솟구쳐 일어나 투석기로 던져진 듯 하늘로 격렬히 날아오르고 미친 듯 햇볕 속으로 사라져 마치 노래에 다 타버린 듯, 태양에 삼켜진 듯 더이상 나타나지 않았다.

이번에는 새소리로부터 죽음과 침묵을 떠올려야 할까요? 그런데 우리는 묘하게도 웅고, 사라짐, 타버림 같은 낱말에서 생성의 이미지를 느낄 수 있습니다. 새로운 시간이나 경계(境界)의 출현 같은 것 말입니다. 그런데 새로움의 출현이라고 하면 보통 과거와 단절된 미래를 가리킵니다. 하지만 「태양의 돌」에서 그런 느낌을 얻기는 힘듭니다. 반면 과거와 현재가 한 덩이로 뭉쳐지며 미래로 열리는 이미지를 얻을 수 있습니다. 진초록, 날갯짓, 하늘, 새소리 등은 결코 사라지지 않았습니다. 오히려 한번에 숲을 에워싸고 있습니다. 『죽은 도시』에서도 마찬가지입니다. 온 하늘을 가득 채운 종달새의 노래와 날갯짓이 햇볕 속에 녹아 태양과 하나로 되어버렸습니다. 그리하여 모든 과거는 새로운 시간을 마련해주고 있습니다.

과거가 미래를 마련하는 것은 당연한 일이 아니냐고요? 하지만 지금 말하는 시간은 원인과 결과의 선상에 있지 않은 듯합니다. 즉 과거 → 미래가 아닙니다. 모든 과거가 지금 한 덩이로 녹아 있되 무언가 낯선 것을 낳는 상황입니다. 이 낯선 것은 매우 이질적인 시간대 속에 들어 있습니다. 비록 과거와 더불어 있지만 과거라고 할 수 없으며, 그렇다고 단순하게 과거의 결과로서 미래라고 할 수도 없는 시간대에 놓여 있습니다. 그럼에도 "다가올 날들의 숲" 사이로 나아갈 때 "섬광"처럼 솟는 시간으로서 마치 과거와 미래를 한번에 아우르는 현재와 같습니다. 바슐라르가 순간(instant)으로 불렀던 이 야릇한 시간을 두고 옥따비오 빠스는 '지속하는 현재'라고 불렀습니다.

너무 추상적인가요? 남미 보로로(Bororo)부족에게 도움을 구해보겠습니다. 1894년에 한 인류학자(폰 덴 슈타이넨)는 이런 문장을 발표했습니다. "pa e-do nabure."[10] 고작 세 낱말로 된 이 문장은 처음에 '우리는 앵무새이다'(We are parrots)로 번역되어 사람과 새의 동일시, 즉 단순하게 인간과 새를 구별할 수 없는 원시성의 징표로 여겨졌습니다. 그리고 문법적으로는 현재 시제의 직설법 문장으로 해석되었습니다.

그런데 차츰 재미있는 사실들을 알게 됩니다. 보로로 사람들은 일종의 윤회를 믿고 있었습니다. 사람이 죽어 혼백만 남으면 새의 몸으로 들어간다는 믿음인데, 요컨대 사람이 죽으면 앵무새의 몸을 빌려 음식을 먹거나 짝짓기를 한다는 것입니다. 새는 말하자면 영혼이 '육화'되는 매개인 셈이지요. 이에 따라 "우리는 앵무새"라는 말이 다르게 이해되기 시작했습니다. 사람과 앵무새의 혼동이라기보다는 '우리가 죽으면 앵무새가 될 것'임을 뜻한다는 해석이 나왔습니다. 이후에 진행된 비교언어 연구가 이 해석을 지지했습니다. 문장 처음의 빠(pa)는 우리이며 끝의 나부레(nabure)는 빨간 앵무새랍니다. 그런데 가운데 계사(e-do)의 시제는 고정되고 항구적인 상태를 묘사하는 현재형이 아니라 생성과 활동의 현재성입니다. 그래서 "우리는 앵무새이다"에서 "우리는 앵무새가 된다"(become)로 고쳐서 번역되었습니다.

이를 바탕으로 "우리는 앵무새"에 들어 있는 비유법이 논의되었습니다. 여기서 비유법을 좁은 뜻으로 생각해서는 안됩니다. 수사적 기교 차원을 넘어, 대단히 일반적인 뜻으로 이해해야 옳습니다. 가령 야콥슨(Roman Jakobson)이 은유와 환유의 두 과정이 언어활동 일반의 중심에 있다고 할 때라든가, 아니면 김준오 교수처럼 은유의 원리가 산업사회의 욕망을 표현하기에는 부적절함을 지적하고, 미끄러지는 소비욕망의 시학으로서 환유 기능의 타당성을 이야기하는 경우처럼 말입니다. 좀더 넓은 뜻에서 인간이 사고하는 양상을 분류하는 틀로서 은유, 환유, 제유 같은 비유법을 채용한 것입니다. (가령 은유적 사유라고 하면 한 사람의 사유 유형이 세계를 은유적으로 인식하는 유형을 총체적으로 가리킵니다.) 그런데 오해의 소지가 있음에도 불구하고 이처럼 비유법을 논의하는 것은 그만큼 얻는 바도 크기 때문입니다. 비유법은 가령 추상적인 개념이나 논리로는 파악하기 어려운 영역을 검토해볼 수 있는 틀을 마련해줍니다. 이를테면 문화영역, 즉 일상언어나 신화, 나아가 문학이나 예술의 언어마저도 포괄적으로 검토해볼 수 있는 틀을 마련해주기도 합니다. 이때 비유법 연구는 이 텍스트에서 직접 나타나는 비유나 문채(文彩, figure)가 아니라, 정신영역이 개념화되는 방식을 좀더 일반적으로 파악하는 과제를 맡을 터입니다. 자, 이쯤 해두고 다시 "우리는 앵무새"를 둘러싼 비유법 논쟁을 들여다봅시다.

어떤 이는 은유구조로 보자고 하고 어떤 이는 제유구조로 보자고 했답니다. 둘의 의견 충돌은 기본적으로 "우리는 앵무새가 된다"는 말에 담긴 사유구조 속에 부분과 전체 관계가 있는가 없는가 하는 판단의 대립에서 오는 차이입니다. 먼저 은유로 보는 관점은 "우리는 앵무새"에서 부분–전체 관계가 없다고 봅니다. 보로로부족은 인간과 앵무새 각각을 전혀 다른 종으로 보았을뿐더러 앵무새와 다른 동물을 전혀 다른 종으로 보았던 것으로 판단했기 때문입니다. 그러므로 "우리는 앵무새"라는 발상은 서로 뚜렷이 다른 영역 우리(A)와 앵무새(B)를 동일시하여 잇는 비유법이라는 것입니다. 즉 'A는 B' 꼴의 은유라는 것입니다. 반대로 제유를 내세우려면 부분–전체의 관계가 있어야 합니다. A와 B 사이에 부분–전체 관계가 있거나 아니면 A와 B가 모두 어떤 전체에 속하는 부분들이어야 합니다. 그렇다면 은유인가 제유인가? 대답은 보로로의 전통의례에서 찾을 수 있습니다. 그리고 제유라는 대답을 찾는 과정에서 "우리는 앵무새가 된다"는 말이 사후(死後)의 변신만을 가리키는 게 아님을 알게 될 것입니다.

의례에서 으뜸가는 요소는 붉은 앵무새의 꼬리깃털로 사람들은 이 깃털로 머리와 몸을 꾸미고는 집단적인 행사를 벌입니다. 깃털을 가리키는 말은 아로에(aroe)입니다. 그런데 이 낱말은 참으로 여러가지를 의미한다고 합니다. 정신, 영혼, 선조, 나아가 보로로 자신, 심지어 의식과 관련해서 '영혼을 재현하는 행위–연기자'(actor)이기도 합니다. 가령 깃털로 몸을 꾸미고 행사에 참여하는 부족 성원을 아로에라고 부르기도 한답니다. 이로부터 우리는 몇가지를 짐작할 수 있습니다.

첫째, 아로에가 영혼을 가리킨다면 보로로부족에게는 영혼 개념이 있었다.

둘째, 아로에가 자신의 조상을 가리키는 동시에 앵무새 깃털을 가리킨다면 조상의 영혼이 앵무새의 모습을 빌려 살아간다고 믿은 것이다.

셋째, 아로에는 또한 의식 참여자를 가리킨다고 했다. 그렇다면 앵무새 깃털을 몸에 달고 의식을 행하는 사람은 앵무새의 매개를 거쳐 조상의 영혼을 이어받는다고 믿은 것이다.

이렇게 세 가지 추론에 따를 때 우리는 앵무새 깃털이야말로 영혼의 육화를 대표하는 존재임을 알 수 있습니다. 말하자면 깃털은 영혼이 시각화된 도상(emblem) 또는 형상인 셈입니다. 그 결과 의례과정에서 깃털을 뽑아 사람 몸에 붙임으로써 새로운 외형을 만들 때 사람은 영적인 존재로 거듭 태어나게 되는 것입니다.

그러므로 보로로부족의 의례에는 부분과 전체 관계가 여러 겹으로 들어 있습니다. 앵무새(전체)와 깃털(부분)은 말할 것도 없고, 조상의 혼이 앵무새 속에 들어 있다고 할 때 깃털을 뽑아 몸에 붙이는 행동에서 조상(전체)과 개체(부분)를 떠올릴 수도 있을 터입니다. 그리고 이런 중첩구조의 바탕에는 뭐니 해도 깃털은 곧 영혼이라는 관념이 자리잡고 있습니다. 조상, 보로로부족, 행사 참여자, 사람, 앵무새 등은 모두 영혼(전체)이 구체적으로 '육화'된 개체(부분)라고 봄직하니까요. 동일시도 마찬가지입니다. 깃털=영혼의 여러 뜻을 바탕으로 여러 요소 사이에 일련의 동일화가 일어납니다.

자, 이제 어떤 결론을 내릴 수 있을까요?

첫째, 깃털 의식은 부분과 전체를 보여주므로 제유구조를 포함한다. 아니, 제례의식은 부분-전체 관계를 만들어내는 활동 자체이다. 둘째, "우리는 앵무새가 된다"는 말이 사후 변성만을 뜻하지는 않는다. 의식을 통해 사람은 **살**아서 앵무새가 된다.

이런 결론들을 안고 되돌아갑시다. 옥따비오 빠스의 시를 인용하면서 저는 매우 이질적인 시간을 이야기했습니다. "섬광"처럼 빛나며 "응고"되는 시간으로서 마치 과거와 미래를 한번에 아우르는 현재를 이야기했습니다. 어떻습니까? 보로로의 깃털의식이 이런 생성의 시간을 재연(再演, re-enaction)하지 않습니까? 제례라는 특별한 사건은 이 사건이 있기 직전의 과거와 단절됩니다. 그러면서도 부족=조상이라는 엄청난 과거를 지금 여기 끌어들이며, 장차 영혼이 꾸려나갈 삶을 지금 이 몸에서 구현하지 않습니까? 삶과 죽음, 어제와 내일이 마치 자기 꼬리를 문 뱀처럼 맴돌고 있습니다. 어제의 죽음을 현재의 삶으로, 내일의 죽음을 현재의 삶으로 한데 녹여버립니다. 보로로의 의례에서 부분과 전체는 무엇보다 시간성에서 도드라집니다. 의례의 시간은 장구한 시간이 흘러가는 한 모퉁이에 지나지 않지만, 기나긴 지속을 한순간에 담아 제시합니다. 지속과 순간(현재) 사이에 있는 대립의 일치라고 할까요?

바슐라르는 『순간의 직관』에서 시간이란 "순간 안에 꽉 조여 있고 두 개의 허무 사이에 매달려 있는 현실"이라고 했습니다. 보로로의 의례가 삶의 다른 시간과 구별되는 매우 특정한 순간이었듯이 시적인 생성은 특별한 순간에 있으며 앞뒤의 "습관적인 것"과 "범속한 경험"들로부터 스스로를 구별합니다. 그러므로 시(詩)란 지속적으로 전개되는 것이 아니며 "결합되는 것, 매듭에서 매듭으로 결합되어가는 것"이라고 했습니다. 그리고 보로로의 의례가 거듭될 수 있는 한 거기에 참여하는 사람들은 언제라도 다시 영적인 존재로 태어날 수 있듯이 시적인 순간은 어느 때라도 "생성의 최초의 기회'를 재기(再起, reprise)할 수 있다는 잠재성을 갖습니다.

그렇습니다. 저는 지금 재연이라는 신화적 시간성을 말하고 있습니다. 그것은 "어느 때라도" "우리가 원할 때마다"의 시간성입니다. 신화의 시간성은 창조의 순간을 결코 과거의 한 사건이 아니라 지금 여기에서 재연될 수 있는 순간으로 여깁니다. 마찬가지로 바슐라르가 말하는 시적인 순간은 "지나가버린 시간을 다시 완성시키는 회귀적 시간의 인상"을 준다고 했습니다. 영원 회귀의 시간성은 결코 과거의 한 사건이 획일적인 시간 안에서 지속적으로 존재하는 영원성, 얼어붙은 영원성이 아니라 매번 끊임없이 자신을 갱신하며 새롭게 재연될 수 있다는 뜻에서 재연성의 영원성입니다.

이때 대립의 일치는 상징과 해석의 무차별적 대리 속에서 일어나는 듯합니다. 보로로의 의례에서 깃털의 여러 뜻이 의례를 이루는지, 아니면 의례활동이 깃털의 여러 뜻을 낳는지 알 수 없습니다. 부분-전체 구조 속에서 의례를 치르는지, 아니면 의례가 그 구조를 만드는지 모호합니다. 그리고 의례가 부분-전체 구조를 만들어낸다는 뜻에서는 제유가 은유의 바탕이라고 할 법합니다. 은유가 동일화(A=B)라면 제유는 동일(=)의 근거를 마련하기 때문입니다.

물론 깃털-의례의 순환에 대한 '합리적'인 근거가 궁금하기도 합니다. 의미구조를 생각하면 깃털이 곧 영혼이라는 게 순환의 근거이겠지만, 깃털=영혼의 근거는 무엇일까요? 보로로와 같은 언어권에 있는 까야뽀 (Kayapo)부족의 말이 실마리가 됩니다. 이들에게 깃털은 영혼을 가리킬 뿐만 아니라 '깃털처럼 가벼운 것'을 가리킵니다. 즉 영혼은 한 몸체를 벗어나며 다시 새로운 몸체 위에 솟아오르는 존재로서 '깃털처럼 가벼운 것'으로 파악되었다는 뜻입니다. 요컨대 가벼움이라는 성질을 통해 영혼과 깃털은 동일시된다는 뜻입니다.

## 6. 높이 오르기

가벼움, 마침내 우리는 공기로 되돌아왔습니다. 네 원소 가운데 가장 가벼운 것은 공기입니다. 그래서 공기는 날아오름, 날개, 깃털로 이어집니다. 그런데 동사 '깃들다'의 주어로 영혼만큼 어울리는 게 있을까요? 공기는 영혼 곧 생명입니다. 우리말 숨, 기(氣), 서양말 프쉬케(psyche)와 프네우마(pneuma) 등에는 공기와 생명의 연결에 대한 오랜 관념이 울리고 있습니다. 게다가 생물을 가리키는 우리 옛말로는 '숨튼 것'이 있습니다. 공기, 새, 영혼(생명)의 연결은 전통 시가에서 곧잘 등장하는 사람과 새, 나아가 자연의 일치를 새삼 깨닫게 해줍니다. 생명은 다채로운 자연물로 개체화되어 나타나며, 모두 서로 이어져 있습니다. 그럼에도 생명의 모습을 가장 잘 보여주는 것은 공기이며 새입니다. 이것을 깨달을 때 사람과 새, 여러 자연물은 일치하며 마침내 온 자연과 하나로 됩니다.

> 내 님을 그리사와 우니다니
> 산 접동새 난 이슷하요이다.
> 아니시며 거츠르신 달 아으

잔월효성이 알으시리이다.

대단한 확장입니다. 님 → 새 → 달 → 별. 비록 슬픈 정조로 되어 있지만, 이 시구를 놓고 다만 주관적인 감정을 자연에 투영한 것으로 보기 어려운 까닭이 여기에 있습니다. 감정이입만으로는 온 자연으로 확장될 수 없으며 다른 사람들의 동감과 참여를 이끌어내기 어렵습니다. 거꾸로 말해 우리 세대가 옛 시가로부터 동감을 얻기 어려운 까닭도 비슷할 것입니다. 온 생명의 숨결을 깨닫지 못한 채 주관적인 정서만으로 이해하려고 하기 때문이지요.

공기의 흐름은 날개로 나타날 수도 있고, 소리로 나타날 수도 있습니다. 그러나 날갯짓과 소리의 궁극적인 승화는 역시 순수한 공기로 되돌아가는 것입니다. 원형으로 돌아갈 때 우리는 무의미를 만납니다. 이 만남의 순간은 섬광 같으며 존재의 소멸 같기도 합니다. "숲의 응고" 같기도 하고, "햇볕 속으로 사라져 마치 노래에 다 타버린 듯, 태양에 삼켜진 듯 더이상 나타나지 않는" 소멸 같기도 합니다.

여기서 어떤 분은 자연의 숭고함(the sublime)을 떠올릴지도 모르겠습니다. 그러나 제가 볼 때 이 서양미학의 범주는 우리 시가는 물론이고 바슐라르에게도 걸맞지 않습니다. 그것은 무엇보다 무서움의 범주일 뿐만 아니라 무서운 하느님을 전제로 합니다. 17세기에 숭고미 개념을 내세웠다는 샤프츠버리(Shaftesbury)부터 그렇습니다. 그가 말하는 자연의 숭고함은 곧 자연의 거대함이 주는 공포이며, 그는 이 자연의 공포로부터 그것을 창조한 신의 무서움을 부추겼습니다. 뒤에 나온 칸트나 버크

(Edmund Burke)의 견해도 크게 다르지 않습니다. 버크는 숭고함을 논의하며 하느님보다는 인간의 자기보존 본능을 내세웠습니다. 자기보존 본능이 자극되면 격한 정서가 일어나는데, 이것이 적절한 한도 안에서는 오히려 기쁨을 준다고 했습니다. 마치 공포영화를 볼 때 재미를 느끼는 것처럼 말입니다. 그럼에도 버크의 숭고함이 공포에 바탕을 두었다는 점에는 큰 차이가 없습니다.

하지만 우리네 시가에서는 워즈워드(William Wordsworth)의 상상력을 북돋우던 "거대한 불멸의 바다"를 찬미하지 않습니다.[11] 전능한 신의 무한한 힘을 명상하기보다는 우리 앞에 있는 생명의 근원을 느끼려고 합니다. 자연을 놓고 보면 거대한 자연보다는 생명력을 가진 일상의 자연에 관심을 두었다고 할까요? 이것은 공포의 자연이 아닙니다. 바슐라르도 비슷합니다. 원소로서의 물에 있어 '부드러운 물'은 가장 근본적인 것입니다. 때때로 성난 바다, 난폭한 공기를 이야기하지만 이들은 우리의 원초적 상상력이나 무의식에 뿌리를 내린 것이라기보다는 인간의 의지에 대한 걸림돌이자 도전자로 설정되어 있습니다. 게다가 근본적으로 사람을 압도하는 숭고함하고는 거리를 둡니다. 공기의 역동성은 좀더 부드러운 숨결의 역동성입니다. 어디까지나 사람과 자연의 내재적 교감을 노래할 뿐 자연을 넘어선 무엇을 노래하지는 않습니다. 공포의 하느님은 두말할 나위도 없겠지요.

그럼에도 그는 공기의 상승과 비상을 언급하지 않았는가? 여기에는 숭고함의 정서가 엿보이지 않는가? 물론 그렇습니다. 그러나 이때 숭고란 한자말 그대로 '높은 곳에 오르기〔崇高〕'에 가깝습니다. 물리적인 상승이 아니라는 것은 앞에서 거듭 밝혔지만, 내적인 힘의 상승이라고 해도 그 것은 미학 범주로서의 숭고함과 방향이 다릅니다. 아니, 반대라고 하는 편이 나을 것입니다. 장파(張法)가 말했듯이 서양의 전통 미학에서 숭고 함이 밑에서 위를 쳐다보는 데서 온다면 바슐라르의 상승은 밑에서 위로 직접 솟는 데서 옵니다. 물론 둘 다 이중성이 있습니다. 전자도 아래에 위축되어 있지만은 않으며, 후자도 절대적인 상승이 아니라 "우리 내부 에 위와 아래를 동시에 위치시킴으로써 우리를 잡아 찢는 것"이라고 했 습니다. 그럼에도 전자의 상승이 결국 아래 존재가 위의 권능을 수납한 데서 오는 견인(牽引)이라면, 후자의 상승은 아래위가 별안간에 하나로 되는 팽창입니다. 물론 그는 부드럽게 표현했지만 억지로 말해 공진화 (co-evolution)의 폭발이라고 할 수 있을까요? 이 섬광 같은 현재의 순 간에 우리는 높은 데서 내려다보는 시야를 얻을 수 있습니다. 상승이 주 는 덤입니다.

하늘 저 끝 경계선에서 가느다랗게 사라지는 종국, 저 정적 속에 동일한 순수함이 깃든다. 갑자기 아무 소리도 들리지 않는다. 수직적 우주는 더이상 되던져지지 않을 화살처럼 입을 다문다.

날갯짓과 소리의 완전한 승화입니다. 생성하는 낯선 시간 속에서 무의 미를 만납니다. 시간적으로는 무–시간이며, 공간적으로는 무–장소라고 해야 할까요? 바슐라르는 그 뒤를 이렇게 잇습니다. "어떻게 떨어지는지 몰라 종달새는 허공에서 죽었네."

— **1** 자크 마리땡『시와 미와 창조적 직관』, 김태관 옮김, 성바오로 출판사(1982) 16면.

— **2** 뽈 디엘『그리스신화의 상징성』, 안용철 옮김, 현대미학사(1994).

— **3** 요한 볼프강 괴테『파우스트 2』, 정서웅 옮김, 민음사(1999) 261면.

— **4** 바슐라르『공기와 꿈』, 정영란 옮김, 이학사(2000) 128면.

— **5** 김용옥『아름다움과 추함』, 통나무(1989) 38~39면. 이 책에서 저자는 '땅'(대지)과 '딸'(여성)의 근원이 같다는 전제하에 '땅=딸'을 동시에 지칭하는 용어로 사용한다.

— **6** 바슐라르『공기와 꿈』129면에서 재인용.

— **7** 일본의 한 검도 유파(天然理心流)에서 전하는 구결(口訣)이다.

— **8** 『옥타비오 파스, 현재를 찾아서』, 김홍근 편역, 범양사 출판부(1992).

— **9** 들뢰즈『의미의 논리』, 이정우 옮김, 한길사(1999) 232~33면.

— **10** T. Turner, "We Are Parrots, Twins Are Birds: Play of Tropes as Operational Structure," *Beyond metaphor: the Theory of Trope in Anthropology*, Stanford UP(1991) 121~58면. 이 자료를 소개해주었을 뿐 아니라 제유개념의 중요함을 깨우처준 한국해양대학교 구모룡 교수께 감사드린다.

— **11** 사라 알란『공자와 노자, 그들은 물에서 무엇을 보았는가』, 오만종 옮김, 예문서원 (1999) 61면.

공기의 상상력

물 · 불 · 공기 · 흙의 자연 *5*

대지의 상상력

NIL SINE DEO

# 5

## 1. 하강의 색깔과 음예

바슐라르는 『대지와 의지의 몽상』이라는 책을 쓰고 『대지와 휴식의 몽상』이라는 책을 썼습니다(이 책에서는 『대지와 의지』 『대지와 휴식』으로 줄여 쓰겠습니다). 대지와 씨름하며 일한 다음 집에 들어가 쉬는 정취를 이야기한 셈입니다. 그런데 『대지와 의지』의 마지막 장에는 '중력의 심리학'이라는 제목이 붙어 있고, 그 마지막 두 페이지를 보면 '상승과 하강의 색깔'을 논의하며 책 전체가 마무리되고 있습니다. 과연 상승과 하강에 무슨 색깔이 있을까요? 이 물음을 생각하면서 이야기를 풀어갈까 합니다.

서양사람들은 상승은 파랑과 황금색이며 하강은 검정색이라고 쉽게 답하는 모양입니다. 우리라고 이해되지 않는 바는 아니지만 그 근거를 조금 따져볼 필요는 있습니다. 제가 볼 때 상승과 하강의 색깔은 한편으로 빛과 관계되어 있으며 다른 한편으로는 신체의 방향성과 관계되어 있습니다. 먼저 상승에 대해 생각해봅시다. 우리 몸을 중심에 놓고 볼 때 상승은 결국 머리를 기준으로 그보다 높아지는 것입니다. 그런데 우리 머리 위에는 푸른 하늘과 태양이 있지 않습니까? 그래서 오름의 빛깔은 파랑과 황금색입니다. 푸른 하늘에 해가 떠 있는 이미지입니다. 그러면 하강의 빛깔은 무엇일까요? 하강이라면 발밑으로 내려가는 것이고 우리 발치에는 땅이 있습니다. 그러므로 하강의 빛깔을 검정이라고 하는 데 별 무리가 없어 보입니다. 더욱이 땅 아래로 가면 해도 달도 없이 마냥 컴컴한 법입니다. 그런데 바슐라르가 보기에 이 대답은 불충분합니다.

　실제로 지하실 계단을 내려가봅시다. 처음부터 새카맣지는 않지요? 희뿌연 색깔로부터 약간의 검푸른 공기를 거쳐 조금씩 짙은 검정으로 바뀌지 않습니까? 아니, 검정이 짙어진다기보다는 색깔 자체가 여러번 바뀐다고 할 법도 합니다. 그래서 땅으로 내려가는 색깔을 다만 검정이라고 해두면 참으로 여러 색깔을 거치는 하강을 제대로 설명하지 못하는 측면이 있습니다. 바슐라르는 여기에 주목한 것입니다. 그가 보기에 하강은 심연과 관계가 있는데, 심연의 색깔은 그다지 연구되지 않았습니다. 검정이라고 쉽게 말해놓고는 더이상 연구하지 않았다는 뜻입니다.

　해가 질 무렵 하늘을 보아도 별안간에 깜깜해지는 게 아니라 여러차례 변화를 겪습니다. 푸른 하늘이 자줏빛으로 붉다가 다시 짙은 파랑이 되었다가 마침내 새카맣게 됩니다. 아리스토텔레스는 심지어 새카만 하늘이 되기 전에 이따금 초록색이 나타난다고 했지요. (보통 사람들 눈에는 그렇게 보이지 않지만 사진을 찍어보면 묘하게도 해가 진 하늘에서 초록색이 나타나는 수가 있습니다. 아리스토텔레스는 확실히 대단하지요?)

우리말도 마찬가지입니다. 가령 '이내'는 어떻습니까? 한자로는 남기(嵐氣)라고도 하고 녹연(綠煙)이라고도 하는데, '저녁나절에 멀리 보이는 푸르스름한 흐릿한 기운'을 가리키는 말입니다. '땅거미'나 한자말 박모(薄暮), 석훈(夕曛) 따위의 낱말도 마찬가지입니다. 이렇게 다채로운 색깔을 단지 검정이라는 낱말 하나로 묶기는 어렵지 않겠습니까? 사정은 일본도 비슷한 모양입니다. 소설가 타니자끼 쥰이찌로오(谷崎潤一郎)는 그늘이라는 주제 하나로 일본문화를 통틀어 이야기한 적이 있습니다. 그가 이야기하는 인에이〔陰翳〕는 '그늘인 듯하지만 그늘이 아니고 그림자인 듯하지만 그림자도 아닌 거무스름한 무엇'으로서 영어의 'shadow'로 번역되기 어렵다는 것입니다.¹

말이 나온 김에 계속하자면, 사실 저로서는 타니자끼처럼 그늘을 멋지게 예찬한 사람을 알지 못하는데, 한 대목만 옮겨보겠습니다.

　　어둠은 필시 그 여자들을 10중 12중으로 둘러싸고 옷깃이나 소맷부리나 옷단의 맞춤선이나 각 도처에 있는 빈틈을 메우고 있었을 것이다. 아니, 어쩌면 역으로 그녀들의 몸으로부터 그리고 이를 염색한 입안이나 검은머리 끝으로부터 땅거미를 토하는 거미의 쓸개처럼 (어둠이) 내뱉어지고 있었을지도 모른다.

다른 좋은 구절들을 놓아두고 왜 하필 음침한 대목을 따왔느냐 할 테지만 저에게는 참으로 와닿습니다. 자세한 이야기야 하기 어렵지만 언젠가 분라꾸(文樂)에서 얼굴과 손끝밖에 없는 여자 인형을 보며 느꼈던 정체

모를 느낌이 타니자끼의 풀이를 듣고서야 비로소 제자리를 찾았다고 할까요? 무엇보다 어둠이 거미줄처럼 내뱉어진다는 느낌이 재미있습니다.

근대문명의 세례를 받은 우리에게 어둠이란 무엇입니까? 다만 빛이 없는 상태에 지나지 않습니다. 전등을 켜면 어둠은 사라집니다. 크게 보면 서양 기독교사상에 가까우며 선악(善惡)의 주제에 닿아 있습니다. 사람들은 묻습니다. 하느님이 좋은 뜻으로 우주를 만들었다면 왜 세상에는 이토록 나쁜 것이 많은가? 왜 악(惡)이 있는가? 이 물음은 생각보다 파장이 큽니다. 자칫 신에게 본디 악한 면이 있지 않은가 하는 의혹으로 이어지기 때문입니다. 말하자면 신이 본래 악하거나 아니면 악한 의도로 세계를 만들지 않았느냐 하는 의심을 품게 합니다. 어떤 이는 말했습니다. "악은 실재하는 것이 아니라 다만 선이 없는 상태이다." 무슨 말일까요? 신은 절대적으로 선하지만 신의 은총에 닿지 않은 존재가 있을 수 있는데, 그 존재가 우리 눈에는 악으로 보인다는 뜻입니다. 다시 말해 신이 일부러 악을 만든 적은 없다는 것입니다. 그런데 은총이 닿지 않는 데가 있다는 말은 무엇일까요? 신의 능력이 미치지 못하는 데가 있다는 말이며, 결국 신이 전능하지 않다는 뜻이 되지 않을까요? 중세교회는 이 문제로 꽤 골머리를 앓았던 모양입니다. 그래서 내세워진 게 바로 인간의 자유의지라는 개념입니다. 은총이 닿지 않는 데는 없지만, 인간이 그것을 애써 뿌리치는 경우는 있다는 것입니다. 그리고 이때 은총을 거부한 존재, 즉 은총 결핍의 존재가 악으로 나타난다는 것입니다.

알쏭달쏭하지만 요지는 간단합니다. 잘못은 사람에게 있다. 즉 신이 악을 창조한 것이 아니라 사람이 악을 만든다는 뜻입니다. 악이란 단지 사람이 만든 인재(人災)인 셈입니다. 이런 생각에 대뜸 이어지는 은유가 빛과 어둠입니다. 어둠은 빛과 대등하게 인정될 만한 실체가 아닙니다. 다만 빛의 결여에 지나지 않은 상태입니다. 한마디로 결핍의 존재입니다. 데리다는 서양의 은유가 모두 태양의 은유로부터 비롯된다고 했는데, 이때 어둠은 태양의 반대급부로 있는 것일 뿐 스스로 생명과 권리를 갖지 못합니다. 빛이 들어오면 한순간에 스러지는 허깨비입니다. 그렇다면 어떻습니까? 사람들은 끊임없이 밝음을 좇고 약간의 그늘마저 없애려들지 않겠습니까? 이때부터 서양에는 어둠사냥이 시작됩니다. 빛, 밝음, 투명함, 이런 것들이 모든 덕망을 대표하게 됩니다.

그러나 어둠에도 생명이 있고 자기 존재 근거를 가질 수 있습니다. 어떻게 밤이 없는 낮이 있고 어둠 없는 밝음이 있을까요? 세계란 기실 어둠과 빛이 한데 어울려 운행되는 게 아니던가요? 굳이 현대 기호학에서 말하는 차이의 체계를 들먹이지 않더라도 말입니다. 한 대립개념이 홀로 설 수는 없는 법입니다. 어둠이 없으면 밝음도 없습니다. 어둠이 실체가 아니라면 밝음도 실체가 될 수 없다는 뜻입니다. 한쪽만 편들어 고집하는 것은 사실 집착에 지나지 않습니다. 그리고 집착은 곧잘 '신경증'으로 나타납니다.

저는 신경증의 언어가 일방적이라고 생각하며, 반면 바슐라르가 조탁(彫琢)한 연금술의 언어가 그 치료를 맡으리라고 생각합니다. 신경증의 언어는 본디 한 쌍이 되어야 온전한 것들 가운데 유독 한쪽만을 들어 집착합니다. 융 식으로 표현하면 의식과 무의식 가운데 의식에만 매달림으로써 무의식의 메씨지를 듣지 않는 격입니다. 그러나 연금술의 언어는 대립의 일치를 겨냥합니다. 모순되는 것을 한번에 보는 것입니다. 지금 주제와 관련짓자면 빛과 어둠을 함께 보는 것입니다.

어둠을 다른 말로 하면 무거움입니다. 씨몬느 베이유(Simone Weil)를 통해 알려지기도 했지만, 우리 상식으로도 무거움은 아래로 연결됩니다. 운동으로 보자면 내려가는 운동이며 원소로 보자면 바로 대지입니다. 흙이고 땅입니다. 하늘을 날지 못할 때 우리는 땅에 떨어집니다. 그래서 어둠=무거움=하강=대지라는 등식이 이루어집니다. 그렇다면 어떻습니까? 밝음을 좇고 그늘을 없애려는 이들은 마찬가지로 가벼움, 오름, 공기를 추구하며 대지를 벗어나려 하지 않을까요? 실제로 서양의 많은 사상가들이 그렇게 생각했습니다. 무거움을 벗어난 영혼의 비상을 외친 사람이 어디 한둘이던가요? 거꾸로 대지의 철학을 부르짖은 니체가 서양 전통에 어긋난 사람이라는 것도 이 점에서 이해될 수 있습니다. 땅은 줄곧 경멸과 극복의 대상이었기 때문입니다.

물론 빛과 상승의 사상가들에게도 일리가 있습니다. 이들이 경멸한 것은 대체로 물질적인 욕망에 사로잡히거나 현실에 안주하는 태도였습니다. 이를테면 복지부동하는 진부함을 미워했다고 할까요? 이 맥락으로 보면 대지를 넘어서자는 주장에도 일리가 있습니다. 요즘 사람들은 종종 정신적인 상승의 가능성을 부정하거나 아니면 심지어 모욕하는 경향마저 있지만 정신의 상승을 빼놓고 이루어지는 안락과 행복이란 대개 허망하기 짝이 없습니다. 그래서 그리스인들은 플라톤 시절부터 이데아처럼 이상적이고도 이념적인 무엇을 추구했으며 히브리사람들은 줄곧 하늘을 올려다보았을 터입니다.

일단 플라톤이 남긴 저작들을 한번 읽어봅시다. 우리쪽 고전에 비해 대단히 치밀하게 정돈된 사고가 돋보입니다. 인간의 지성을 매우 신중하게 사용하고 있습니다. 그러면서 지성을 도덕, 육체, 정신, 우주 등 모든 문제에 적용합니다. 하지만 플라톤의 유려한 언변을 따라가다 보면 무언가 맥빠진 결론에 도달하기 일쑤입니다. 물론 차곡차곡 쌓아가는 대화에는 빈틈이 없어 보입니다. 하지만 막상 결론을 듣고 나면 추론과정 어디선가 빈틈이 있었으리라는 의혹이 듭니다. 가령 원숭이 엉덩이는 빨개, 빨간 것은 사과…… 하는 식으로 나가는 노래가 있지요? 신나게 부르다가 마침내 백두산에 이르면 어떻습니까? 뭔가 이상하다는 느낌이 듭니다. 원숭이와 백두산이 이어지다니! 물론 이 정도는 아니지만 플라톤의 대화법이라는 게 과연 필연적인 추론으로 연결될까 하는 데는 의심이 듭니다. 그렇다면 무엇이 빠졌을까요?

플라톤의 대화들은 종종 스무고개를 넘는 식으로 진행됩니다. 스무고개란 이를테면 동물이냐 식물이냐 하고 물은 다음 동물이라는 답변을 들으면, 다시 날개가 있나 없나 또는 물에 사느냐 뭍에 사느냐 하고 물으며 넘어가는 방식을 말합니다. 이렇게 넘어가면 대개 큰 실수야 없겠지만 이따금 엉뚱한 잘못을 저지를 수도 있습니다. 가령 박쥐는 어떻습니까? 날개가 있지만 날짐승이 아닙니다. 개구리는 어떻습니까? 물에도 살고 뭍에도 살지요. 대립의 경계를 넘나드는 것들에게 '이것이냐 저것이냐'를 물으면 대답하기가 참 어렵습니다. 그런데 만약 한쪽에 치우쳐 '이것'이라고 해두면 나중에 '저것'이 삐죽 고개를 내밀지 않겠습니까? 그래서 심하게 말하면 플라톤 식의 대화는 '이도 저도 아닌 것' 때문에 무너집니다. 부드럽게 말하면 이것과 저것을 한번에 보아야 할 때 플라톤의 대화는 무력합니다. 칼로 무 베듯 하는 양자택일의 논법으로 진행되기 때문입니다(이를 두고 논리학에서는 배중률에 따른다고 합니다). 그 바람에 결론을 듣고 나면 무언가 빼먹은 듯한 느낌이 드는 것입니다.

플라톤의 논법이 오늘날까지 두고두고 살아 있음이야 새삼 밝힐 필요가 없지만, 저는 기본적으로 그 논법이 '신경증'적이라고 봅니다. 신경증의 엄밀한 뜻은 정신분석 전문가들에게 맡기기로 합시다. 다만 저는 빛이냐 어둠이냐 하는 식으로 물음을 좁힌 다음 하나만을 골라 배타적으로 집착하는 경향을 플라톤에게서 엿보았습니다. 그는 참으로 빛의 철학자요 하늘의 숭배자였던 것입니다. 그렇다면 이런 부류의 사고는 어떻게 생겨났을까요? 아득한 옛일을 누구에게 묻겠습니까만, 한 가지 하임즈의 가설은 솔깃하게 들립니다. 그가 쓴 『토양과 문명』에는 이런 구절이 있습니다. 고대 그리스인들의 사고는 "토양사회의 밖에서 오만한 사람의 습성에 의하여 토양사회의 균형을 파괴시킨 생산물의 하나"이다.[2] 물론 이것이 그리스인들의 사고를 결정했다고 말할 수는 없지만 적어도 깊은 관련이 있습니다.

고대 그리스인들은 지나칠 정도로 벌목을 했습니다. 페리클레스(Pericles)시대보다 훨씬 이전에 이미 남아 있는 나무는 거의 없을 정도였습니다. 배를 만드는 목재를 외국에서 수입할 지경이었으니까요. 그런데 알다시피 나무만큼 좋은 증류기도 없습니다. 나무는 줄곧 공기에 있는 수증기를 모아 땅을 적십니다. 떨어진 잎사귀들은 대지를 살찌우며 튼튼한 뿌리로 그 부엽토를 잡아둡니다. 덕택에 나무들은 기후를 온화하게 합니다(울창한 숲속의 온도는 그래서 추운 겨울에는 바깥보다 따뜻하며, 여름에는 맨땅보다 섭씨 20도나 낮습니다). 그러나 고대 그리스인들은 나무를 베었습니다. 곳곳에서 땅의 침식이 일어나 토양이 파괴되고 기원전 8세기 전후가 되면 그리스 토양으로는 주민을 먹여살릴 수 없게 됩니다. 그러니 응당 해외무역과 더불어 식민지 개척을 나서게 된 것입니다.

서양인들이 지금껏 흠모하는 아테네문명도 이런 맥락에 놓여 있습니다. 빵을 만들 밀이 없어 씨칠리아(Sicilia)나 이집트로부터 수입했고, 대신에 올리브기름, 포도주 따위를 좋은 도자기로 포장하여 수출했습니다 (올리브와 포도가 주된 농작물이었다는 것은 그만큼 땅이 척박했다는 말입니다. 이들은 메마른 땅에서 잘되는 과일입니다). 요컨대 아테네의 황폐한 땅은 자연적인 삶의 터전이 아니었습니다. 그래서 인력이 유일한 자원이 됩니다. 그러다보니 교육을 강조하고, 자연 대신에 사회정치의 담론을 발달시킬 수밖에 없었습니다. 자연에 맞서는 문화, 인공적인 도시문화를 꽃피워야 했습니다. 제가 하고 싶은 말은 이렇게 '편향된 문화'라는 견지에서 플라톤의 배타적 논법을 생각할 수 있다는 것입니다. 이후에 면면히 이어지는 신경증문화도 마찬가지입니다. 하늘만을 우러러보거나 빛으로만 세계를 채우려 하는 문화들은 시기가 달라도 양상은 비슷합니다. 투명한 논리만을 추구하는 정신에 '예, 아니오' 사이의 틈새는 없습니다. 그러나 빛과 어둠을 함께 받아주는 사람들도 있습니다. 서양에서도 연금술은 빛과 어둠의 양면을 있는 그대로 인정하려 했습니다. 연금술은 "모든 사물 속에 있는 그렇다와 아니다"(뵈메)를 동시에 받아들이려 했습니다.

앞에서 말한 타니자끼는 어둠이 거미줄처럼 내뱉어지는 풍경을 이야기합니다. 어둠한테도 당당한 권리가 있다는 뜻입니다. 그리고 어둠은 밝은 빛과 어울려 "음예(陰翳)의 무늬"를 만든다고 이야기합니다. "희미한 빛" "두툼한 흐릿함" "가라앉은 그늘" "옅은 어두움" 등은 모두 음예가 수놓은 무늬들입니다. 이도 저도 아닌 것으로서 대립의 일치를 건드립니다. 확실히 옛 동아시아에는 이런 존재를 위한 틈이 많았을 성싶습니다. 흰 종이만 해도 광선을 되받아 튀기듯 "반짝반짝 빛나는 것"이 아니라 "포근한 첫눈의 표면처럼 광선을 안으로 흡수"하며 그 "흰 속에 약간의 그늘"이 있지 않습니까? '음예'에서 음(陰)은 그늘이고 예(翳)는 본디 깃(羽)으로 꾸민 해를 가리는 우산[日傘]으로서 그늘, 덮다, 혹은 가리다라는 뜻입니다. 이때 밝음은 약간의 그늘에 기대어, 그 속에서 한층 환해지지 않을까요? 더구나 중국이나 우리의 옛 문헌에서 음예는 모두 "빛을 등진 수목들이 만드는 그늘"이며 "나뭇가지와 잎이 무성하여 생긴 그늘"을 가리킵니다.[3] 한마디로 나무그늘, 숲그늘이라고 할까요? 나무를 모두 베어낸 탓에 거칠어진 땅에서는 맛볼 수 없는 정경일 것입니다. 상쾌하게 서늘하면서도 마냥 어둡지만은 않은 숲그늘, 김지하 시인이 멋지게 표현했듯이 '흰 그늘'이 아니겠습니까?[4]

## 2. 괴테의 색채와 흰 그늘

'흰 그늘'의 색깔을 무엇이라고 부르면 좋을까요? 그냥 검정이라고 하기에는 너무 넉넉합니다. 빛과 어둠이 함께 우려내는 빛깔이기 때문입니다. 여기서 우리는 괴테의 색채이론을 떠올리게 됩니다. 이야기를 제대로 하려면 뉴턴부터 해야 하는데, 이 영국 과학자에게 빛은 순수하지 않았습니다. 빛은 프리즘을 지나며 무지개로 쪼개지는데, 뉴턴은 이를 두고 빛이 여러 색깔의 혼합이라는 결론을 내렸습니다. 빛이 혼합체라는 말이 당시 사회에 불러왔음직한 파문을 짐작해보십시오. '은유의 은유'라고 할 만큼 으뜸이던 빛이 순수하지 않다니! 그리고 이렇게 되면 색깔은 실상 빛으로 환원되어버립니다. 색채는 다만 빛을 이루는 요소들이 사람 눈에 그렇게 비친 것에 불과합니다. 객관적으로 있는 것은 오직 광선의 반사와 굴절각도이며, 색채란 단지 사람이 주관적으로 그렇게 느낀 결과입니다.

반면 괴테는 색채와 빛이 다르다고 봅니다. 뉴턴처럼 색채는 주관적인 감각이고 빛은 객관적인 실재라서 다르다는 말이 아닙니다. 괴테에게 색채란 한마디로 빛과 어둠이 만나서 우러난 존재이기 때문입니다. 좀 이상한가요? 그럼 이렇게 생각해봅시다. 우리는 순수한 어둠을 볼 수 있을까요? 아닙니다. 그렇다면 빛은 어떻습니까? 역시 볼 수 없다는 것이 괴테의 생각입니다. 빛과 어둠 자체는 볼 수 없으며 시각의 대상이 아니라는 뜻입니다. 가시적인 세계는 모두 빛과 어둠의 결합 덕분에 우리 눈에 보입니다. 그리고 가시적인 세계는 모두 색깔을 띱니다. 아니, 여러 색깔들이 세계를 구성합니다. 가령 여러분 앞에 있는 책을 보세요. 거기에 책이 있음을 알 수 있는 것은 기본적으로 책과 책 아닌 것이 구분되기 때문입니다. 그렇다면 그 분별은 어떻게 이루어질까요? 책을 이루는 빛깔하고 책 아닌 것의 빛깔이 다른 데서 비롯되지 않을까요? 이런 식으로 보면 세상에 있는 사물들이 모두 색채에 의해 구성된다고 할 수 있습니다. 사물들은 각각 일정한 형태를 가지며 서로 구분되는데, 그 구분이 바로 빛깔에 따라 이루어지기 때문입니다. 한마디로 색채가 형태를 구성한다고 할까요? 그러므로 색채는 세계를 구성합니다. 색채가 곧 세계인 셈인데, 어디서 듣던 소리 같기도 합니다. 반야심경에서 색즉시공(色卽是空)이라고 할 때 '색(rupa)은 형태를 가진 모든 것, 즉 물질 일반을 가리킵니다.

하나가 더 있습니다. 색채는 빛과 어둠이 한데 어우러져 생긴다고 했습니다. 먼저 색채가 빛으로 환원되지 않는다는 게 분명해졌습니다. 뿐만 아니라 재미있는 시사점을 던져줍니다. 괴테에 따르면 색채의 절반이 빛이고 절반이 어둠이라는 말은 색채의 절반은 능동적이며 절반은 수동적이라는 말입니다. 이때 독일어가 특이합니다. 빛에는 능동적인 행위나 실행을 뜻하는 낱말(Taten)을 쓴 반면 어둠에는 수동적인 뜻을 가진 낱말(Leiden)을 썼습니다. 후자의 뜻은 '참다, 견디다'입니다. 가령 그리스도의 '수난'이라고 할 때 이 낱말을 씁니다. 어떻습니까? 그림자나 그늘, 어둠 같은 것에는 그냥 아프고 괴로운 것이 아니라 그것을 속으로 삭여내는 정서가 엿보입니다. 여기서 저는 우리말 한(恨)을 떠올렸습니다. 그런데 그늘과 빛이 만나 색채를 이룬다면 어떻게 됩니까? 빛의 관점에서는 퇴락이라고 하겠지만 그늘의 관점에서는 도리어 상승과 승화에 가깝지 않습니까? 하강과 상승의 대립이 이렇듯 색채에서도 일치한다는 점에 우리는 주목하지 않을 수 없습니다.

일본인 타니자끼는 음예란 말을 우리 전통과는 조금 다르게 썼습니다. 그늘 속에 일본의 독특한 정서를 담았습니다. 거기에는 흑백, 음양, 빛과 그림자 같은 "이분법 논리의 명확한 대립이 아닌 음양이 서로의 적절한 교감 속에서 점진적으로 정도를 달리하여 생겨나는 관념적 미학의 세계"가 담겨 있습니다. 그런데 김지하 시인이 우리 미학으로 내세운 '흰 그늘'에는 하나가 더 있는 듯합니다. 거기에는 '한'이라는 요소가 스며 있어 정서적인 측면이 더 짙을뿐더러 한과 밝음의 일치를 통한 승화마저 배어 있습니다. 제가 볼 때 괴테의 색채이론은 흰 그늘에 연결되는 측면이 있습니다. 그늘과 빛을 한데 모으면 색채가 태어납니다. 괴로움을 참고 견디어내는 그늘과 밝은 빛을 한데 모으면 색채로 이루어진 세계가 우러납니다. 괴테에게 색채는 곧 흰 그늘인 셈입니다. 밝음만을 추구하고 무조건 어둠을 몰아내려는 전통과는 다릅니다. 그래서 괴테를 두고 '유럽의 다른 정신'이라고 부른 데는 일리가 있습니다.[5]

그리고 바슐라르의 미학이 있습니다. 하강은 심연과 관계가 있는데, 심연의 색깔은 그다지 연구되지 않아 아쉽다고 했지요? 한번 자세히 들어봅시다.

심연의 색깔은 그다지 연구되지 않았다. 심연의 검정색은 모든 색을 지워버리는 듯하다. 그래서 추락은 하나의 색만을 가진 것으로 보인다. 검정, 이 단순화된 상징체계는 상징을 낳는 이미지의 폐허이다.

그러고는 이렇게 썼습니다.

> 심연의 이미지에 관한 색채의 생명을 검토하려면 검정을 물들이는
> 모든 것을 검토해야 하며, 또한 화가들은 빛깔을 진하게 하는 모든
> 것을 연구해야 한다.

"검정을 물들이는 모든 것"이란 이를테면 "녹색의 그늘과 붉은 그늘,
깊은 물의 그늘, 또 지하 불의 그늘"이랍니다. 음예의 관점에서 보면 온
갖 빛과 그늘이 '서로의 적절한 교감 속에서 점진적으로 정도를 달리하
여' 나타나는 형국입니다. 바슐라르는 심지어 "보랏빛의 세계"나 "늪의
초록빛 그늘"을 언급하기도 합니다.

심연(深淵)이란 말에서 우리는 깊은 물[淵]을 떠올릴지 모르겠습니다.
그러나 이때 심연을 가리키는 프랑스어(abîme)는 본디 '바닥이 없다'는
뜻을 가진 그리스어(abussos)에서 나온 말로 '바닥을 모를 만큼 깊게 갈
라진 땅'을 가리킵니다. 사막의 상징으로 쓰이기도 합니다. 원소로 치자
면 흙에 해당합니다. 그러므로 심연으로 떨어지는 일이란 결국 흙 또는
대지를 향하는 일인 셈입니다. 그런데 지금 바슐라르의 이야기는 이 대
지의 운동이 마냥 단색이 아니라 다채로운 빛깔로 물들어 있다는 것입니
다. 심연으로 향하는 것을 오로지 추락이라고만 볼 수는 없다는 뜻입니
다. 그 과정에는 저마다 존재 의의를 가지는 단계들이 포함되어 있기 때

문입니다. 이 관점은 하강과 대지의 의의를 긍정할 때에야 비로소 가능한 것입니다. 밝음만을 좇고 무조건 어둠을 몰아내려 할 때는 나올 수가 없습니다. 거듭 말해 어둠과 그늘의 존재가치를 긍정할 때에야 있을 법한 것입니다. 그러므로 이 관점을 원소의 색채로 옮기면 우리는 이렇게 말할 수 있습니다. "흙을 검정이라고만 볼 수는 없으며, 다양한 빛깔을 흙에게 돌려주어야 한다." 괴테를 따라 색채가 곧 흰 그늘이라면, 대지는 여러 종류의 흰 그늘을 가지는 셈입니다.

빛이란 본디 하늘의 것이며 그늘은 본디 땅의 몫입니다. 그러나 이들을 둘로 갈라놓기는 어렵습니다. 하늘과 땅을 하양과 검정의 대립으로 분리할 수는 없습니다. 하양과 검정은 실제로 살아 있지 않은 것들에게서나 보이는 색깔들입니다. 그래서 둘을 섞으면 회색이 나올 뿐입니다. 괴테에 따르면 순수한 빛과 어둠에는 아무 색깔도 없으며 사람 눈에 보이지도 않습니다. 조금 자세하게 옮기면 이렇습니다. "빛이 힘으로 가득 차 있을 때면 순수하게 흰색이며, 그다지 힘차지 않을 때에도 여러 조건에서 색채가 없다." 첫째, '순수하게 흰색'은 색깔이 아니라는 점, 둘째, '순수하게 흰색'은 우리 눈에 보이지 않으며, 보통 말하는 흰색하고 다르다는 점. 그래서 굳이 말하면 빛과 어둠은 순수하게 희고 까맣다고 하겠지만, 여하튼 색채 범주에 들어오지는 못한다는 점을 알 수 있습니다. 다만 빛과 어둠이 만날 때, 빛에 가장 가까운 색깔은 노랑이며 어둠에 가장 가까운 색깔은 파랑입니다. (매우 얇은 반투명매체를 통해 빛을 보면 노랑으로 보이며, 반대로 어둠을 밝은 반투명매체를 통해 보면 파랑으로 보입니다. 그리고 이때 노랑은 약한 주황빛을 띠며, 파랑은 약한 보랏빛을 띱니다. 이 주황과 보라를 섞으면 순수한 빨강이 나옵니다. 이렇게 해서 노랑, 파랑, 빨강의 삼원색이 나옵니다.)

제가 하고 싶은 이야기는 간단합니다. 하늘을 빛과 하양으로 놓고 대지를 어둠과 검정으로 놓을 수는 없습니다. 하늘에도 그늘이 있습니다. 어둠에 가까운 파랑이 있기 때문입니다. 마찬가지로 대지에도 빛이 있습니다. 빛에 가까운 노랑이 있기 때문입니다. 우리에겐 황토라는 말도 있지 않습니까? 이렇게 두면 흰 그늘이라는 대립의 일치는 하늘과 땅 모두에 다채롭게 적용됩니다. 그러므로 땅으로 향하는 운동을 하강이라고 하고, 하늘로 향하는 운동을 상승이라고 할 때 오직 후자만이 훌륭하다는 생각은 옳지 못합니다. 아니, 한쪽으로 너무 치우친 생각입니다. 우리가 둘을 동시에 바라보면 둘이 실은 동일한 자연의 양끝임을 깨닫게 됩니다.

## 3. 솟구치는 산과 땅속의 삶

대립의 일치는 모든 데서 나타난다고 했지만 지금 주제가 땅이니만큼 땅에 있는 대립의 일치를 다시 살펴보기로 하겠습니다. 가장 간단한 예로 산을 들 수 있습니다. 산의 이미지는 어떻습니까? '지혜로운 이는 물을 좋아하고 어진 이는 산을 좋아한다'는 말이 있습니다. 이로부터 어떤 사람은 산을 굳건하고 변함이 없는 것으로만 생각합니다. 고정되고 정지된 이미지를 보는 것입니다. 그러나 산의 입장이 한번 되어봅시다. 자기 형상을 유지하려는 노력이 느껴집니다. 끊임없이 내려오라고 당기는 중력에 거슬러 움찔움찔하고 있습니다. 최창조 선생은 구월산을 두고 이렇게 썼습니다.

> 황해도는 비교적 넓은 들판의 땅이다. 서해의 바다에서 시작한 저평(低平)은 은률과 남포를 거쳐 갑자기 우뚝 솟은 평지돌출의 구월산을 만난다. 들판은 지배층을 상징한다. 평지돌출의 구월산은 그에 대한 저항의 상징이다. 민중은 저항의 선봉인 구월에 들어가지도 못하고 당연히 들판 가운데 서지도 못하고 구월산과 들판이 만나는 점이지대에 의지하게 된다. 이것이 우리나라 마을 입지의 풍수적 공간을 이루는 배산임수(背山臨水)라는 것이다. 보수로 대변되는 들판에 대해 돌출하여 저항하는 산, 그 사이에 속하여 부대끼는 민중이란 뜻이다.[6]

좀 길게 따왔습니다만, 구월산 자락에서 얻은 이 직지(直旨)가 과연 견강부회(牽強附會)냐 아니냐 하는 것은 오로지 산의 힘에 대한 동감에 달려 있습니다.

바슐라르는 산의 '솟는 힘'(forces de soulèvement)을 놓고 한참 이야기합니다. 하지만 먼저 짓누름(écrasement)을 말합니다. 들판을 짓누르는 산의 이미지 말입니다.

> 이 산은 자신의 휘어진 그림자와 더불어, 앞에 있는 환한 달빛을 받으며, 밤에 끊임없이 군림한다. 비극적이고 무거운, 지친 들 밑

에…… 밭들은 산이 숨기고 있는 거대한 신비를 두려워한다.

그는 이 시에서 산의 짓누르는 힘, 또한 그 힘의 전파를 떠올립니다. 그리고 이렇게 말했습니다.

산은 짓누르는 우주를 멋지게 실현한다. 은유 속에서 산은 절대적인 짓누름의 몫을 맡는다. 회복될 수 없는 짓누름 말이다. 무겁고 치유될 수 없는 최상급의 불행을 산은 표현한다.

우리 시를 한번 들어볼까요?

물로 사흘 배 사흘
먼 삼천 리
더더구나 걸어 넘는 먼 삼천 리
삭주구성(朔州龜城)은 산을 넘은 육천 리요
물 맞아 함빡이 젖은 제비도
가다가 비에 걸려 오노랍니다
저녁에는 높은 산
밤에 높은 산

—김소월「삭주구성」

소월은 지금 임을 가로막고 선 '높은 산'을 보고 있습니다. 제비도 비에 걸려 돌아올 수밖에 없을 만큼 산은 높습니다. 이 산의 높이는 곧 절망의 높이이자 그리움의 축적이겠지요. 임에 대한 그리움이 깊어질수록, 그리고 깊어지는 때일수록 산의 높이는 더해만 갑니다.[7] "저녁에는 높은 산/밤에 높은 산." 한편 바슐라르는 플로베르(Flaubert)의 표현 하나를 인용합니다. "내 나날들을 무겁게 짓누른 것은 마치 산과 같았다." 산의 우뚝 솟는 기운이 우리를 짓누르는 감각으로 나타나는 것인지, 아니면 우리의 짓눌리는 감각이 산의 솟는 기운으로 나타나는 것인지 모르지만 어쨌든 둘은 긴밀하게 닿아 있는 모양입니다.

그런데 짓눌리는 감각은 동시에 재기(再起, redressement)의 감각으로 나타납니다. 지금까지 대립의 일치를 들어온 분이라면 별로 새로운 이야기도 아니겠지요? 이미지의 영역에서는 결코 배타적인 양자택일이란 없습니다. 재기의 감각은 모순력(矛盾力)입니다. 옛 그리스사원의 기둥을 떠받드는 인물상들을 통틀어 아틀라스로 부른다는데, 이 무게를 참을 만큼 단단한 영웅 아틀라스로 표현된 재기의 노력을 생각해보십시오. 저는 이제야 인자요산(仁者樂山)이란 말을 떠올립니다. 어질다는 것은 사실 산을 들어올리는 기운이 없이는 빈말에 그칩니다. 그래서 바슐라르는 "산은 그의 영웅에게 활기를 준다"고 말합니다. 산은 대지의 어깨입니다. 시인 릴케(Rilke)도 「발레의 사행시」에서 "언덕들의 어깨"를 노래한 적이 있습니다.

아틀라스는 산 위에서, 즉 대지의 어깨 위에서 하늘을 떠받칩니다. 아니, 산은 곧 아틀라스입니다. 산을 두고 "풍경의 영웅"이라거나 "말없고 성스런 짐꾼"(빅또르 위고)이라고 한 데는 일리가 있습니다. 영웅으로서의 아틀라스 또는 산으로서의 아틀라스가 온 하늘을 목덜미 위에 올려놓은 것을 보며 우리는 아틀라스가 됩니다. 사람은 저마다 작은 산이며 아틀라스입니다. 해부학에서는 목덜미의 제일추골(椎骨)을 아틀라스라고 합니다. 우리는 목덜미의 수직성 안에서 높음과 낮음, 오름과 내림, 짓누름과 재기의 대립을 한데 일치시킵니다. 바슐라르는 그것을 "수직성의 투쟁"이라고 불렀고 아틀라스를 "이 투쟁의 영웅"이라고 불렀습니다. 그러면서 시를 하나 인용합니다. "대지를 지니고 다니기엔 얼마나 무거운지! 사람들은 저마다 등짐을 짊어진다고 말하리라…… 아틀라스, 오 공통된 비참함이여, 아틀라스, 우리는 그대의 자손이다." 이처럼 어떤 이에게 산은 기운과 행동의 모델이 될 수 있습니다.

『대지와 휴식』머리말을 보면 이런 구절이 나옵니다. '의지와 휴식의 심리학'에 대한 것인데, 프랑스어의 전치사를 관련지어 이야기합니다. 이에 따르면 의지와 휴식에 각각 걸맞은 전치사가 있답니다. 실속 없는 이야기처럼 들리기도 하지만, 의지에 걸맞은 전치사(contre)는 '무엇에 반대하여 맞선다'는 뜻인 한편 휴식에 걸맞은 전치사(dans)는 장소전치사로서 '무엇의 안(속)'을 뜻합니다.

말하자면 이렇습니다. 의지는 바람이며, 바람은 구체적인 무엇을 바라는 것입니다. 그런데 구체적인 바람은 늘 저항에 부딪힙니다. 정도야 다르지만 무엇을 거저 얻기란 어려운 법입니다. 그래서 의지, 바람의 실현은 특별한 전치사(contre)의 노동으로 이어집니다. 그리고 노동은 뭐니 해도 참고 기다리는 일입니다(『대지와 의지』에서는 "노동의 정신분석적 가치의 백과사전은 인내의 가치도 검토해야 할 것"이라고 이야기합니다). 그런데 바슐라르는 여기서 주체와 객체의 벡터를 뒤집습니다. 우리가 무엇을 바라기 때문에 노동을 하고 참아야 한다기보다, 어떤 바람의 대상이 우리에게 노동과 인내를 요구한다는 식으로 말입니다. 괜한 이야기 같지만 한번 들어봅시다.

바람의 대상이 우리에게 노동을 북돋운다는 대목에서 그는 "질료(물질)의 이미지를 꿈꾸기", 단순히 그것만으로도 의지가 활력을 얻는다고 했습니다. 이때 활력을 주는 질료의 이미지란 무엇일까요? 노동에 저항하는 질료의 이미지를 가리킵니다. 물론 힘에 턱없이 부치는 질료라면 도리어 의지를 가라앉혀버릴 법도 합니다. (어쩌면 숭고함의 느낌을 일으킬 것입니다. 그러나 진정 무서운 숭고함 앞에서 사람의 의지는 안개처럼 흩어집니다.) 하지만 전혀 힘이 들지 않는 질료라고 해도 김이 새기는 마찬가지입니다. 반면 적절하게 저항하는 질료라면 어떻습니까? 꿈꾸는 이의 용기를 북돋워줄 만도 할 것입니다. 이로부터 우리는 노동의 의지가 질료의 성질에 따라 좌우된다고 짐작해볼 수 있습니다. 우리의 노동, 의지, 기운을 재는 잣대가 질료에 있다고 말입니다. 그래서 바슐라르는 "질료는 우리에게 우리의 힘을 드러내 보여준다"고 말합니다.

달리 말해 질료는 "인간에너지의 초점을 모으는 거울"입니다. 그렇다면 우리는 질료라는 거울을 들여다볼 때 우리의 능력을 이해하고 분류할 수 있을 것입니다. 그런데 이 거울 앞에서 노동을 준비하는 우리의 모습은 어떨까요? 적당한 상대를 지배하려는 의지가 보이지요? 완전히 벅찬 상대도 아니고 그렇다고 가만히 있지도 않으며 적당히 반항하는 상대를 지배하려는 의지가 엿보입니다. 어딘지 남성을 떠올리게 합니다. 물론 생물로서가 아니라 상징적인 남자의 성격 말입니다. (이런 뜻에서는 여자 속에도 남성이 있을 수 있습니다.)

『대지와 의지』1부의 차례를 한번 훑어보세요. 저항하는 세계, 예리한 의지와 단단한 물질, 도구의 공격적 성격, 단단함의 은유…… 저항하는 질료에 덤벼드는 모습이 마치 남성이 달려드는 모습을 떠오르게 합니다. 바슐라르는 더 심하게 이야기합니다. 저항하는 질료는 심지어 "우리에게 조물주의 인상을 주고 전능의 환상을 주는" 노동을 북돋운다고 말입니다. 지배하려는 의지, 남성의 노동이 가득합니다. 여기서 '저항하는 질료'는 여성으로서의 대지입니다. 대지와 관련된 일, 농사나 광업에 남성적인 상징들이 많다는 점이 이해될 법도 합니다. 그리고 17세기 영국의 베이컨(Francis Bacon)이 과학연구의 방향을 '자연을 착취하고 고문' 하는 것으로 둘 때 엿보이는 싸디즘(Sadism)의 경향 또한 이 맥락에서 크게 벗어나지 않을 듯합니다.

그런데 남성적 노동의 전말은 이렇게 묘사됩니다.

> 노동하는 존재는 즉시 대상과 결합하여, 그 모든 욕구로써 질료 속에 침투하고, 그리하여 가장 깊은 잠과 같은 고독함에 도달하는 것이다.

세 낱말이 눈에 띕니다. 결합, 침투, 고독함. 한참을 결합과 침투에 골몰하던 남성적 노동이 마침내 질료 속에서 변성을 겪은 것처럼 느껴집니다. 질료를 변성하는 순간에 바로 그 질료로부터 변성되는 형국이라고 할까요? 그런데 변성은 왜 고독함으로 향하는가? 저는 여기서 바슐라르가 질료와 사람의 결합을 강조했다고 생각합니다. 골몰하던 질료 속으로 들어가 결합함으로써 둘만의 아늑한 세계에 몰입한 경지를 묘사한 것입니다. 이때부터 남성적 노동은 휴식에 들어갑니다. '안'의 심리학이 열립니다.

내부는 문을 닫을 때 만들어지는 공간 따위로 설명할 수 없는 '열린 세계'가 될 수도 있습니다. 『대지와 휴식』은 이야기합니다. "외부의 한계를 넘어, 이 내부의 공간은 얼마나 넓은지. 이 친밀한 분위기는 얼마나 아늑한지." 이 대목에서 유명한 미쇼(Henri Michaux)의 문장이 나옵니다. "나는 사과 한 개를 책상 위에 놓는다. 그러고는 나를 이 사과 속에 놓는다. 얼마나 평온한지!" 바슐라르는 어떤 맥락에서 이런 이야기를 꺼냈을까요? 먼저 『대지와 휴식』의 머리말 끝 대목을 읽으며 실마리를 잡는 게 좋겠습니다.

우리는 휴식, 피난(refuge), 뿌리내리기의 이미지들을 검토할 것이다. (…) 이 모든 이미지들은 우리에게 동일한 하나의 운동, 즉 휴식의 원천들을 향한 운동을 권고한다. 예컨대 집, 배(腹), 동굴은 모성으로의 회귀와 동일한 표지를 가진다. (…) 이들은 밤의 힘, 지하(地下)의 힘이 가지는 모든 절대성을 겨냥한다. (…) 이들은 절대적 무의식의 가치들이며, 우리로 하여금 지하의 삶을 탐구하게 한다. 지하의 삶은 숱한 영혼들에게 휴식의 이상(理想)이다.

모성으로의 회귀나 밤, 지하의 삶 같은 낱말들이 눈에 들어옵니다. 그렇다면 이렇게 짐작해보면 어떨까요. 대지의 휴식과 관련하여 그가 자꾸 사물의 속이나 내밀함 같은 이야기를 꺼내는 바탕에는 먼저 땅속의 이미지가 있다고 말입니다. 땅속, 구체적으로는 지하의 삶이라고 적혀 있습니다. 그런데 지하의 삶이란 곧 죽음이 아닐까요? 물론 죽음을 지하의 삶이라고 해둔 것이 묘하지만, 우리는 일단 모성이나 밤의 힘, 지하의 힘 같은 이미지들이 온통 죽음의 색채에 물들어 있다는 짐작을 해볼 수 있습니다. 모성으로의 회귀도 마찬가지로 모성을 어머니 대지로 본다면 거기로 회귀한다는 말은 결국 땅에 묻힌다는 뜻이 될 것입니다. 저는 이 대목에서 특히 '밤의 힘'이란 낱말에 사로잡혔습니다. 그리고 노발리스의 「밤의 찬가」(*Hymnen an die Nacht*)를 떠올렸습니다.

## 4. 밤의 찬가

「밤의 찬가」는 이렇게 시작합니다. "어느 살아 있는 존재가…… 환희에 가득 찬 저 빛을 사랑하지 않겠는가?" 그러나 노발리스는 이내 털어놓습니다. "형언할 수 없을 만큼 거룩하고 신비로운 밤으로 나는 향한다." 왜 그랬을까요? 감히 요약하자면 이렇습니다.

본디 여러 신들이 살았던 대지는 무한하였으며, 아침의 산봉우리와 거룩한 바다에는 만물에 생기를 주는 빛, 태양이 거주하였다. 그리고 지상에 사는 자들은 수세기 동안을 마치 봄날과 같이 생에 취했다. 그런데 한

가지 상념이 일어났다. 하나의 무서운 꿈이 즐거움의 식탁으로 다가갔고 지상의 영혼들을 공포의 그림자로 뒤덮었다. 신들조차 미처 생각하지 못했던 이 상념은 바로 죽음이었다. 옛세계의 종말이 왔다. 신들은 대지를 떠났다. 자연은 고적하며, 살아 있어도 살아 있지 않으며, 숫자와 측정의 족쇄와 추상적인 언어들이 기승을 부린다. 그리고 한편으로는 죽음의 공포를 이기려고 도리어 죽음을 윤색하고 미화하는 몸부림이 일어나기도 한다. 지상은 여전히 빛으로 가득 차 있지만 그 빛에는 더이상 신성이 깃들지 않는다. 빛은 신들의 안식처도 신비로운 상징도 아니다.

대지는 한마디로 죽음의 의식 때문에 폐허가 되었다는 것입니다. 보통 대로라면 다음 대목이 짐작될 법도 합니다. 가령 메시아의 도래 같은 것 말입니다. 그런데 노발리스는 밤의 도래를 노래합니다. 빛이 아니라 밤에게 희망을 거는 것입니다. 그에 따르면 신성은 밤에 찾아듭니다. 우리의 눈을 뜨게 하며 그 눈으로 "엄숙한 얼굴" "밤의 태양"을 보게 해준다는 것입니다. 어떤 분은 엄숙한 얼굴이나 밤의 태양은 결국 메시아를 가리키지 않는가 하고 지적할 것입니다. 물론 그렇습니다. 구체적으로는 예수를 가리킵니다. 그렇다면 강조되는 이미지가 빛에서 밤으로 바뀌었다는 점을 높이 산다고 해도, 딱히 새로운 점이 무엇이냐? 세속의 빛남과 영화를 빛과 낮으로 본다면 「밤의 찬가」는 결국 예수를 따라 그 모두를 버리고 일견 죽음 같은 밤을 거쳐 참된 삶, 영생에 들어간다는 교리를 노래한 게 아니냐? 옳습니다. 분명히 예수에 의해 삶과 죽음의 의미가 바뀐다는 테마는 「밤의 찬가」에서 으뜸가는 주제입니다. 다만 저는 예수의 상징적 의미를 조금 다르게 음미하려고 합니다. 그럼으로써 밤의 찬가를 조금 다르게 읽으려고 합니다.

예수라는 존재는 참으로 신비의 근원입니다. 탄생부터 그렇습니다. 가령 천사 가브리엘이 수태고지(受胎告知)를 하는 장면을 생각한다면 어떨까요? 수태를 알리는 말씀이 곧 예수의 몸이 되었다고 할 수 있습니다 (물론 천사는 전령이므로 가브리엘의 고지가 곧 예수의 몸이 되었다고는 할 수 없지만, 이를테면 하느님의 말씀이 곧 예수의 몸이 되었다고 할 수 있습니다). 저는 이 비유가 신비로울뿐더러 대단히 시(詩)적이라고 생각합니다. 신비란 무엇입니까? 뜻밖의 만남입니다. 전혀 뜻밖의 존재들이 한데 만나는 일입니다. 여기에 육화의 신비가 있습니다. 천사와의 조우, 그리고 천사가 전해주는 말이 몸으로 현실화되었습니다. 예수의 몸을 통해 입에서 나온 말이 곧 몸이 되고 하늘의 사랑이 곧 현실로 존재하게 되었습니다. 이렇게 기막힌 만남이 어디 있을까요? 그래서 시적입니다. 감히 여쭙건대, 시란 무엇입니까? 말의 몸이 아니던가요? 영혼의 고통과 환희의 말씀을 피가 도는 살과 몸으로 살아나게 한 것이 아니던가요? 그렇다면 신비야말로 시가 아니겠습니까?

노발리스는 밤을 신비롭다고 했습니다. 뜻밖의 만남이 일어나기 때문입니다. 낮에는 도저히 이룰 수 없는 만남을 밤은 자기 속에서 실현시킵니다. 이런 생각은 여느 초월적인 종교와 다릅니다. 초월적인 종교란 대체로 세계를 구분하고 등급을 매겨 갈라놓습니다. 그리고 맨 위의 존재는 지상의 세계와 닿아 있지 않습니다. 그래서 초월적입니다. 만약 아래 존재들과 닿을 때가 있다면 그때는 늘 중간단계의 존재를 매개로 씁니다 (제도로서의 종교는 이 매개 역할을 자처하며 아래 존재들 위에 군림하려 듭니다). 하지만 밤은 우리와 지고(至高) 사이에 있는 중간단계의 존재가 아닙니다. 그럼에도 자기 품안에서 우리와 '밤의 태양'을 한데 만나게 해줍니다. 매개(mediation)가 아니라 즉각적(im-mediate)인 방식으로 말입니다. 그래서 신비롭다는 것입니다.

낮은 활발하게 변형하는 힘들을 불러냅니다. 대지 위의 존재들을 밝게 비추며 사물들을 결합하고 해체합니다. 밤은 그런 식으로 일하지 않습니다. 밤은 기실 쉬는 시간입니다. 밤에 일하기를 좋아하는 사람이라 해도 일의 성격을 따지고 보면 낮에 하는 일과는 사뭇 다릅니다. 적어도 그 사람에게만큼은 일종의 쉬는 즐거움을 주는 경우가 많습니다. 밤이 일하는 방식도 그렇습니다. 자기 품안에 온 누리를 감쌉니다. 우리를 마치 발효시키듯이 따뜻하게 삭히며 은밀한 연금술을 베풉니다.

그것은 변증법을 따르지 않습니다. 변증법은 중간단계의 존재가 '아래 것'들을 위로 집어올리는 과정입니다. 흔히 종합으로 불리는 변증법의 과정은 늘 초월을 향하거나 초월적인 존재를 향합니다. 밤의 연금술은 오히려 초현실주의자 앙드레 브르똥이 말한 "녹는 물고기"(la poisson soluble)를 떠올리게 합니다. 낚싯대와 만나기 전의 물고기는 물 전체에 녹아 있다는 비유 말입니다. 우리와 태양은 밤 속에 녹아 있습니다. 둘이 만날 때 우리는 또다른 현실로 태어납니다. 밤은 이 즉각적이고도 예기치 못한 만남을 마련하는 장소인 셈입니다. 가득 차 있음에도 어떤 좁은 규정도 허용하지 않는 순수공간, 빈 공간입니다.

오늘날 생태(ecology)의 어원은 그리스어로 집이라는 말에 있습니다. 자연은 모든 존재들이 함께 머물게 해주는 커다란 집이라는 뜻입니다.

아마도 노발리스는 밤을 이런 뜻에서 집으로 여긴 모양입니다. 「밤의 찬가」는 이 신비로운 집 속에서 빚어지는 연금술적 만남과 변성을 노래한 것입니다. "오 유일한 밤, 기쁨이여! 영원의 시! 그리고 우리 모두의 눈앞에 있는 태양, 그것이 신의 얼굴이로다."

## 5. 사물 속의 밤, 사건 없는 삶

노발리스가 이처럼 밤 속에서 태양을 만났다면 바슐라르는 오히려 태양 속에서 밤을 만납니다. 그는 로런스(D. H. Lawrence)의 소설을 인용합니다. 태양에서는 "먼지로 된 외투만이 타오른다. 어둠속을 여행하여 우리에게 오는 진정한 빛들은 원초적 태양의 움직이는 암흑이다. 태양은 어둡다. 그 빛은 어둡다. 빛이란 그 어둠의 이면일 뿐이다."

사실 밤의 태양이나 어두운 태양 같은 비유는 매우 오래된 것입니다. 서양에서 보면 엠페도클레스로 거슬러올라가는데 이 현자는 두 종류의 태양이 있다고 했습니다. 하나는 밝고 빛나는 영적인 태양이며 다른 하나는 어둡고 자연적인 태양이랍니다. 전자는 본질적인 불로 만들어진 것이며, 우리 눈에는 보이지 않는답니다(괴테가 순수한 빛은 보이지 않는다고 생각한 것도 이와 무관하지 않을 성싶습니다). 그리고 우리 눈에 드러나는 것은 후자입니다. 연금술도 이 생각을 받아들여 전자를 철학적 황금, 후자를 물질적 황금이라고 불렀습니다. 로런스의 소설에 나온 "암흑의 태양"은 바로 후자에 속한다고 할 수 있습니다. 우리는 유독 이 어두운 태양에 주목한 로런스, 그리고 이 대목을 인용한 바슐라르의 생각을 살펴볼 필요가 있습니다. 「밤의 찬가」가 노래한 커다란 집을 그들은 오히려 존재들의 내부에서 발견합니다. 노발리스의 밤이 온 누리를 감쌌다면 이들의 밤은 온 누리 속에 들어 있는 셈입니다. 그러나 둘은 크게 다르지 않습니다.

릴케는 어느 날 밤에 있었던 기이한 추억 하나를 떠올립니다. 그는 한밤에 언덕에 올라 사람들과 더불어 염소젖을 마셨답니다.

> 금발의 여인이 돌로 된 사발 하나를 가져와 우리 앞에 있는 탁자 위에 놓았다. 양유(羊乳)는 거무스름했다. 그 사실에 우리는 모두 놀랐지만, 아무도 감히 내색하지 않았다. (…) 황혼 무렵부터 염소젖은 어두워지고, 새벽 두 시가 되면 마치 잉크처럼 되는 것이다. (…) 우리는 이 밤의 염소의 검은 젖을 맛보았다.

하얀 젖의 속내는 원래 밤처럼 검은 것일까요? 그래서 우리는 밤이 되어서야 그 속내를 알아볼 수 있을까요? 이를 두고 바슐라르는 "우리의 사적인 신비를 지켜주는 내밀한 밤은 아마도 사물들의 밤과 소통하는 듯하다"고 이야기합니다. 이 말에 따르면 두 가지 밤이 있습니다. 우리의 신비를 지켜주는 밤이 있고, 사물들 내부의 밤이 있습니다. 그리고 둘은 서로 통합니다. 이렇게 두 종류의 밤이 통한다는 말은 안팎의 밤이 통한다는 말이며, 존재의 안팎이 통한다는 말입니다. 우리는 여기서 대립의 일치를 또 한번 만납니다.

그런데 우리는 사물 내부의 밤을 어떻게 이해할 수 있을까요? 먼저 내부와 중심이라는 낱말부터 짚어야 할 성싶습니다. 그는 한 연금술사의 말을 인용합니다. "중심에는 어떤 한계도 없다. 그 덕과 비밀의 심연은 무한하다." 이 말은 대단히 역설적입니다. 어쩌면 중심만큼 한계를 가지는 것도 없기 때문입니다. 원을 떠올려보더라도 원주의 점들은 무한하게 존재하는 반면 원의 중심은 오직 하나밖에 없지 않습니까? 중심은 자기 자리를 벗어나지 못하며, 스스로를 닫힌 얼개 속에 가두는 동시에 모든 것을 가장자리로 몰아내고야 맙니다. 사람들이 탈중심이나 '주변'을 생각하는 것도 그 때문입니다. 그리고 어쩌면 중심만큼 비밀이 없고 투명한 것도 드뭅니다. 늘 자기 논리 속에 갇혀 있으므로 그 정체를 오히려 훤히 드러낼뿐더러 그것이 자신과 주변을 나누는 논리가 매우 노골적이기 때문입니다. 한편 사물의 본질로 눈길을 돌리면 어떻습니까? 한 사물의 본질이 정의될 때 그 사물의 내부는 남김없이 이해되는 것처럼 보입니다. 사물의 본질은 그것이 정의된 방식을 벗어나지 못하며 마치 투명한 중심을 가진 것처럼 보입니다. 그렇다면 우리는 더이상 중심의 신비는 없으며 내면의 신비는 더더욱 없다고 해야 할까요? 그런데 엘뤼아르(Eluard)는 이런 시를 썼습니다.

> 한 얼굴은 정녕
> 세상의 모든 이름에 응답해야만 한다.
>
> —「사랑, 시」(L'Amour la Poésie)

얼굴표정 하나를 설명하려면 세상의 모든 명사를 끌어들어야 한다는 말도 될 것이며, 얼굴 하나에는 무한한 이름(명칭)을 붙일 수 있다는 말도 될 것입니다. 그만큼 한 가지 본질 규정만으로는 사물의 여러 성격을 빼놓지 않고 다 담을 수는 없다는 말입니다. 이로부터 우리는 딱히 한 가지 정의로 사물을 대표하기가 얼마나 어려운 일인지를 깨닫게 됩니다. 그리하여 좁게 정의된 본질이나 중심의 언어로부터 벗어나는 길을 꿈꾸게 됩니다. 이 길을 놓고 뭐라고 묘사하든 큰 상관이 없습니다. 사물의 한정된 내부(중심)로부터 외부로 나가는 길이라고 해도 좋고, 아니면 피상적으로 정의된 사물의 외면으로부터 참된 내면으로 들어가는 길이라고 해도 좋을 것입니다. 언뜻 보기에 서로 반대쪽을 향하는 듯하지만 실은 마찬가지입니다.

이런 뜻에서 볼 때 들뢰즈가 한 말은 의미심장합니다. 그는 "자기 언어 속에서 말 더듬기", 심지어 "자기 언어 속에서 이방인이 되기"를 제안했습니다.[8] 투명한 중심으로부터 벗어나는 움직임, 불투명한 외부로 뻗는 운동을 이야기하고 있습니다. 여러가지로 풀이될 법합니다. 하지만 저는 중심의 언어와 관련된 창조성의 문제로 이해합니다. 말하자면 생명을 잃은 중심의 언어에 매달리지 말고, 저마다 자기언어를 찾아내야 한다는 호소로 풀이합니다. 자신의 언어를 찾다 보면 자기를 낳고 길러준 모국어 속에서 말을 더듬겠지요. 여기에는 창조(생성)의 어려움이라는 주제가 놓여 있습니다. 모국어를 사용하는 "이중언어"(bilingual)라든가 "소수의 언어" 등도 다 비슷합니다. "우리말 안에서 이국어를 함께하기" "우리 말 내부에서 소수파의 언어를 가지기", 단순한 도피라기보다는 무언가를 찾아 헤매는 데서 오는 고통이 엿보입니다. 이 힘든 과정을 그는 "무엇의 속에 머물면서 빠져나가기"라는 포괄적인 전략 속에 넣었습니다.

들뢰즈의 기획에는 이렇게 안팎의 긴장이 있으며, 늘 안으로부터 바깥으로 열리는 운동이 있습니다. 이때 안팎은 분명히 대비되어 있습니다. 하지만 둘이 절대적으로 나뉘어 있다고 전제하지는 않습니다. 안팎을 무조건 구분하고 바깥에 초월적인 가치를 두지 않습니다. 반면 안을 끌어안으며 빠져나가려 합니다. 거의 법어(法語)처럼 들리지요? 아닌게아니라 『유마경(維摩經)』의 한 구절이 생각납니다. 유마거사는 "번뇌를 끊지 않고 열반에 들어간다"는 말을 남겼습니다. 모르긴 해도 차안과 피안, 세속과 신성 따위를 초월적인 방식으로 분리하고 대립시키고서는 열반에 들어갈 수 없다는 뜻으로 새겨봅니다.

사실 대립하는 것들 가운데 하나만을 집어내면 배제된 하나가 끝내 말썽을 일으킵니다. 대립이라는 구도 자체가 깔아놓은 덫 때문입니다. 그래서 대립으로부터 벗어나려면 대립구도 자체를 넘어서야 합니다. 서양 철학으로 말하면 니체의 뜻에서 전복이 필요합니다. 그는 플라톤의 이원론을 놓고 씨름했습니다. '이데아의 세계야말로 실재세계이며 감각되는 세계는 현상세계에 지나지 않는다'는 이원론과 맞붙었습니다. 마침내 그는 선언합니다. "우리는 실재세계를 폐지하였다." 그런 다음 묻습니다. "그렇다면 무슨 세계가 남았는가? 아마도 현상세계?…… 그러나 아니다! 참된 세계와 더불어 우리는 현상세계마저 함께 폐지하였다." 그럼에도 보통 사람이라면 아무도 니체처럼 쉽게 말하지는 못할 것입니다. 차라리 어눌하게, 그러나 묵묵하게 모국어 속에서 말을 더듬을 것입니다.

다른 한편 바슐라르는 사물의 외면으로부터 참된 내면으로 들어가는 길을 제안합니다. '사물의 밤'을 이야기합니다. 이원론을 넘어서는 맥락에서 우리는 이 길을 따라잡을 수 있으며 연금술의 비밀을 읽을 수 있습니다. 바슐라르는 사물의 투명한 바깥을 끌어안으며 안의 심연으로 들어가려 했습니다. "중심에는 어떤 한계도 없다. 그 덕과 비밀의 심연은 무한하다." 또 있습니다. "실체들의 안과 밖을 뒤집어라. 실체들의 내부를 세척하라!" 물론 들뢰즈와는 다릅니다. 언뜻 보기에도 방향이 거꾸로 되어 있습니다. 들뢰즈가 안을 감싸며 밖으로 나가려고 했다면 바슐라르는 밖을 감싸며 안으로 들어오려고 합니다. 더욱이 들뢰즈가 고통으로 일그러져 있다면 바슐라르는 휴식의 아늑함으로 차 있습니다. 훨씬 밝다고 할까요?

하지만 우리는 안팎의 고정된 대립구도에 매달릴 필요가 없습니다. 그것은 안과 밖을 다르게 정의하는 데서부터 출발합니다. 들뢰즈가 벗어나려는 중심과 내부는 기존 "코드"와 "표상", 얕은 생각으로 가득한 중심의 표상들을 생기 없이 베끼고 재현한 것들이었습니다. 그런데 연금술에서는 이것들이야말로 사물의 표피이며 바깥입니다. 바슐라르가 연금술의 비전(秘傳)을 인용한 까닭을 알 수 있습니다. 그는 사물의 표피를 스치는 이미지를 두고 형식(형상)적 이미지라고 했습니다. 다만 이들이 상투적인 방식으로 사물의 외형을 건드릴 뿐이라는 깨달음에서 질료(물질)적 상상력이 출범한다고 했습니다. 따라서 그는 연금술을 따라 사물의 밖으로부터 안으로 들어가는 상상력을 제안했습니다. 이때 사물의 안은 밤이며, 한 가지 정의로 규정될 만큼 투명하지는 않습니다. 그리고 이러한 상상력의 벡터를 가장 돋보이게 하는 원소가 대지이며 안(dans)의 심리학입니다.

안의 심리학이 아늑하고 밝다지만 마냥 바깥처럼 밝지는 않습니다. (지하가 지상처럼 밝기는 어렵겠지요?) 또한 존재의 속은 짙고 따뜻할지언정 불로 지지듯 뜨겁지는 않습니다. 태양의 성찰에 이어 로런스는 말했습니다. "우리는 따라서 세계의 이면 속에서 살고 있다. 불의 진정한 세계는 어둡고, 맥박이 뛰며, 피보다 검다. 우리가 살고 있는 빛의 세계는 그 뒷면이다." 어떻습니까? 노발리스를 떠올려보세요. "빛이란 얼마나 빈곤하고 실없는가!" 우리는 지금 이 「밤의 찬가」와 비슷한 대목을 보고 있지 않습니까? 사물의 표면에서 스러지는 빛의 한계 말입니다. 앞에서 말한 "그늘"로 치자면 세계를 보여준다는 표상들 앞에서 "그 소리에는 그늘이 없어" 하고 중얼거리는 격이 아닌가요? 로런스는 또 이렇게 말합니다. "사랑도 마찬가지이다. 우리가 알고 있는 창백한 사랑은 또한 이면이다. 진정한 사랑의 하얀 무덤이다…… 진정한 사랑은 야성적이고 슬프다. 어둠속에서 두근거리는 두 고동(鼓動)이다." 존재의 속이란 이토록 짙은 것일까요?

이렇게 해서 연금술의 주제가 놓입니다. 연금술은 존재의 밖을 통해 안으로 들어가려는 노력입니다. 빛에 드러난 사물의 표면으로부터 깊고 또 깊게 들어가려 합니다. 그곳은 어둡습니다. "검정보다 더 검은 검정"(nigrum nigrius nigro)입니다. 연금술사는 존재의 이 깊은 검정을 찾으려 했습니다. 그것은 하양의 반대말인 검정이 아닙니다. 일본의 제아미(世阿彌)라면 유겡(幽玄)을 이야기하며 중국의 곽상(郭象)이라면 현명

(玄冥)을 이야기할까요? 그윽한〔玄〕 어둠〔冥〕 말입니다.

저는 이 대목에서 현대를 돌이켜봅니다. 기실 현대과학과 예술은 밝은 빛 속에서 만들어지고 있습니다. 투명한 논리를 추구합니다. 그러나 실제로 이들이 투명하게 연결되는 것은 아닙니다. 인간과 자연의 고통을 헤아리지 않으며 그 한숨소리를 다만 말없음표나 쉼표로 묻어버리고 넘어갈 뿐입니다. 그만큼 참된 기쁨이 무엇인지도 모른다는 이야기겠지요. 하지만 우리는 쉼표와 침묵의 모습으로 불쑥불쑥 어른거리는 그림자에 주목하고, 그림자를 실마리삼아 존재의 짙은 그늘을 읽어야 할 때가 되었다는 생각이 듭니다.

바슐라르의 관심도 비슷할 듯합니다. "백조의 속은 검다"는 민담이나 "검은 우유"라는 표현을 오랫동안 살펴보는 것도 같은 맥락입니다. 밝게 드러난 부분이 전부가 아니라는 동기가 깔려 있습니다. 이때 검정은 단순하게 하양에 반대라거나 존재의 부정(無)이라기보다 오히려 사물을 뿌리부터 물들이며 한 사물을 사물답게 세워주는 것입니다. 그리고 이것은 사물 바깥에서 주입되는 힘이 아닙니다. 사물이 스스로 품고 있는 숨은 힘이라고 할까요? 이 숨은 힘을 두고 말합니다. "작은 대상의 내부는 크다" "미소한 것, 그것은 거대하다!" 바슐라르는 심지어 "소우주–대우주"의 일치를 넘어 "극소우주–극대우주"의 일치를 말하기도 합니다.

어느 갠 여름날 릴케는 장미를 봅니다. 장미 속에서 호수를 보고 그 위에 하늘이 비치는 것을 봅니다. 그런데 장미 속의 호수란 무엇일까요? 꽃봉오리에 맺힌 이슬방울이 아닐까요? 작은 이슬 속에서 커다란 호수를 느끼고 거기에서 온 하늘이 들어온 것을 느끼다니, 그리하여 마침내 온 세상이 장미향기로 흔들림을 느끼다니, 릴케는 참으로 시인입니다. 청나라의 작가이자 화가 심복(沈復)의 「부생육기(浮生六記)」도 비슷한 경계를 보여줍니다. "어릴 때 나는 개미들을 자주 살펴보았다. 어느 날 개미들은 하나하나 짐승만큼 커지고 근처에 흩어진 돌들은 산처럼, 골짜 기처럼 보였다." 상상력은 참으로 크기를 지키지 않는 모양입니다. 걸리 버가 여행하며 만난 사람들이나, 앨리스가 이상한 나라에서 본 것들을 어떻게 표준도량형으로 잴 수 있겠습니까? 상상력이 단순한 감각을 넘어선다는 말은 바로 이를 두고 한 말일 것입니다.

그런데 상상력은 묘합니다. 방금 말한 이미지들을 한번 보세요. 순수하게 감각적입니다. 장미, 호수, 하늘, 개미, 사람, 거인, 난쟁이…… 어떤 이론적인 설명에도 기대지 않으며 순수한 지각의 덩이를 직접 제시합니다. 그리고 어디에도 새로운 지각의 내용은 없습니다. 모두 그 자체로는 친숙한 내용들입니다. 그럼에도 이들은 한데 모여 별천지를 만들어냅니다. 감각을 넘어섭니다. 앞에서도 잠깐 말했지만 상상력과 지각 사이에는 이처럼 묘한 긴장이 있습니다. 지각의 덩이가 어떤 느낌도 불러일으키지 못한다면 다만 상투적인 감각에 머뭅니다. 반면 결과적으로 일상적인 감각에 맞지 않으면서도 보는 이로 하여금 저도 모르게 탄성 섞인 동감을 자아내게 할 때, 그것은 참된 상상력을 만족시킵니다. 이미지는 이때 일종의 보편성을 얻으며 새로운 우주 하나를 제시하는 것입니다. 릴케의 예를 들면 장미 속 물방울에 매달린 우주 하나를 제시하는 것입니다. 이것은 취상(取象)인가요? 익숙한 지각을 빌려 낯선 세계를 이야기하는 셈인가요? 그렇다면 모국어 속에서 이국어로 이야기하자는 기획과도 통하는 셈인가요?

여기서 저는 대지의 상상력이 본질주의와 갈라지는 지점을 거듭 말하고 싶습니다. 기실 사물의 내면이나 안의 심리학 같은 말들은 자칫 고루한 본질주의로 비칠 법도 합니다. 그래서 가령 안팎의 도치라는 간단한 방법을 통해 안이한 길을 제시한 것처럼 들리기도 합니다. 그러나 본질주의가 문제를 일으키는 경우는 사물의 진면목을 무엇 하나로 정해두고 다른 속성들을 모두 부차적으로 여겨 무시하는 데 있을 터입니다. 그게 아니라면 사물의 핵심을 존중하는 이념이 뭐 그리 나쁘겠습니까? 물론 사물의 내면이란 말은 존재의 본질에 해당하는 말입니다. 하지만 바슐라르에게 존재의 본질은 하나로 정해져 있지 않습니다. "중심에는 어떤 한계도 없고 무한하다"는 말은 여기서 빛을 낼 것입니다. 하나로 고정되어 있는 것을 두고 무한하다 할 수는 없을 것입니다.

가령 "실체의 속을 세척하라"는 연금술의 비밀만 해도 그렇습니다. 세척이라면 물을 떠올릴 것인가? 그러나 일상적인 물이 아니다. 그렇다면 세제를 쓸 것인가? 그러나 일상적인 세제가 아니다. 그렇다면 수은을 쓸 것인가? 그러나 일상적인 수은이 아니다…… 문답은 이런 식으로 계속됩니다. 벌써 낱말이 세 번이나 바뀌었습니다. 이를 두고 바슐라르는 이야기합니다.

상상력은 현실 속에서 '세척하다'라는 동사의 진정한 주어를 찾지 않는다. 상상력은 끝없는 활동성을 바란다. 실체의 마지막 근원까지 내려가는 무한함 말이다…… 거기서 다시 한번 끝없는 근원의 친밀함이라는 전망이 열린다.

연금술사는 한 비유를 끝없이 다른 비유로 대체합니다. 냄새와 빛이 있는 황은 참된 황이 아니다. 진정한 불의 근원이 아니다. 우리가 보는 불은 진정한 불이 아니다. 불꽃이 튀고 뜨겁고 연기가 나고 재가 남는 불은 진정한 불, 불의 원리, 순수한 불, 불-빛, 실체적 불하고 다르다. 이런 식입니다.

과연 진정한 불은 무엇이며 연금술사들은 왜 비밀을 이런 방식으로 숨기는가? 아마 숨긴 게 아닐 것입니다. 일부러 끝없는 비유로 대체한 것이 아니라 사물의 속성이 본디 그렇다고 생각했을 것입니다. 우리는 떠버리(Bombast)라는 이름이 붙은 파라켈수스가 얼마나 비밀을 공개하려 애썼는지 알고 있습니다. 어떤 분은 혹시 연금술사의 언어를 두고 하나의 본질을 다양하게 표현한다고 여길지 모르겠습니다. 이를테면 '본질은 하나'인데 '표현이 여럿'이라고 말입니다. 하지만 저는 거꾸로 말하고 싶습니다. 오히려 '본질이 여럿'이며 각각의 본질에 해당하는 '표현이 하나'라고 말입니다. "작은 대상의 내부는 크다" "미소한 것은 거대하다"라는 말은 이런 맥락에 놓일 듯합니다. 작은 것의 내부가 큰 까닭은 한 가지 커다란 진리가 도사리기 때문이 아닙니다. 대지 속의 이미지는 결코 집이나 배, 요나(Jonas)콤플렉스, 동굴, 미로, 뱀, 뿌리 등이 아닙니다. 이 모든 것입니다.

그렇다면 끝없는 이미지들은 어떻게 대지라는 이름 하나로 이어지는 걸까요? 대지의 본질은 어디에, 어떻게 있을까요? 이 물음으로부터 "검정보다 더 검은 검정"이나 "지하의 삶"이라는 말이 생명을 얻게 될 것입니다. 앞에서 말한 환유와 제유 개념으로 말하면 이렇습니다. 언뜻 보기에 실체의 속을 씻는 세제나 진정한 불의 여러 이름, 나아가 대지의 여러 이미지들은 끝없이 대체되어 나갈 뿐 서로 연결되지 않습니다. 환유로 보입니다. (이때 환유란 여럿이 공유하는 어떤 전체의 '부분들 사이의 관계'로 정의된 것입니다. 전체를 매개로 이질적인 것들이 인접한 경우 말입니다. 여럿은 다만 같은 이름 아래 가까이 닿아 있을 뿐 내적 연관성을 갖지 않습니다.) 가령 실체의 세척제와 수은이 어떻게 연결되며, 뱀이나 미로가 어떻게 대지와 연결되겠습니까? 서로 닿아 있을 뿐 기본적으로 무관하며 서로 끊어진 것처럼 보입니다. 그런데 우리는 이때 어떤 내적 연관성이 숨어 있다고 볼 수도 있습니다.

숨은 연관성은 이미지들의 근원에 있는 무엇이 아닙니다. 차라리 이미지들 사이에 있으면서 이들을 물들이는 무엇일 것입니다. 이렇게 써볼까요? A, B, C…… 이때 문자들은 환유관계로 닿아 있습니다. 반면 문자들 사이에 있는 쉼표(,)에 주목하면 어떻습니까? 오히려 말없음표(……)를 느낄 수도 있습니다. 이미지들 사이에는 말없음이 있습니다. 이 침묵의 자리를 무시하지 않고 그 뜻을 밝게 새길 때 드러나는 무엇이 있을 수 있습니다. 어떤 개념도 잡아낼 수 없으며 오직 직관의 상상력만이 다가갈 수 있는 그것은 '부분들 사이에 있으면서 부분들을 물들이는 무엇'입니다. 김지하의 개념으로는 그늘에 가까울 듯합니다. (그늘은 정녕 사물들 사이에 있지 않던가요?) 수사학으로는 제유에 가까울 듯합니다.[9] 물론 완전하지는 않습니다. 제유가 뭐니 해도 뚜렷한 부분-전체 관계를 가리킨다면, 지금 말한 제유에서는 전체가 다만 흐릿하게 드러납니다. '흐릿한 제유'라고 해둘까요?

사설이 길었지만 바슐라르가 본 대지의 이미지들도 비슷할 성싶습니다. 안의 심리학, 대지와 휴식의 이미지에서 가장 중요한 개념은 "작은 것이 크다"는 뜻에서 "소우주-대우주"의 일치입니다. 그것을 우리는 선뜻 제유라고 부를 수 있습니다. (작은 부분 속에 전체가 들어 있으므로 부분과 전체의 일치가 있기 때문입니다.) 이때 대지의 본질은 낱낱이 떨어진 이미지들로 분리되어 있지 않습니다. 대지라는 울타리 속에 들어 있습니다. 그럼에도 이 울타리의 경계는 정해져 있지 않습니다. 그래서 대지의 본질은 하나로 정해지지 않습니다. 하나하나 다르지만 어렴풋이 이어진 이미지들의 '흐릿한 전체'가 끝없이 꿈틀거립니다. 대지는 집, 배, 동굴, 미로, 뱀, 뿌리, 이 모두를 보여주며 끝없이 움직이는 전체입니다.

대지의 본질은 무한합니다. 바로 거기에 상상력의 몫이 있겠지요. 상상력은 저마다 대지와 만납니다. 감각이나 논리적인 개념으로 재현(representation)되는 것들이 제아무리 훌륭해도 재현된 표상들 사이에는 빈틈이 있습니다. 상상력은 이 빈틈에 있는 흐릿한 무엇을 마주하며 그것을 순수한 지각의 이미지로 직접 제시(presentation)합니다. 쉴러(Schiller)는 이런 말을 한 적이 있습니다.

> 위대한 예술가는 우리에게 대상을 보여주고(그의 표현은 순수한 객관성을 지닌다), 평범한 예술가는 자기 자신을 보여주며(그의 표현은 주관성을 지닌다), 졸렬한 예술가는 소재를 보여준다(그의 표현은

매개물의 자연과 예술가의 한계에 의해서 규정된다).[10]

상상력은 사물을 머릿속에서 생각하여 재현하지 않으며 사물을 있는 그대로 제시합니다. 즉 상상력이 제시하는 이미지는 개념의 추상적인 영역을 우회하지 않으며 마치 사물이 스스로를 드러내듯이 곧장 출현한다는 뜻입니다. 이때 출현하는 생생하고 독창적인 이미지는 기존 현실의 질서에 있던 것이 아닙니다. 그러므로 기존의 무엇(기호·상징·개념)을 대신해서 표현할 수가 없으며 오직 그 자체를 직접 보여줄 수밖에 없습니다. 창조적인 예술은 다만 자신을 제시할 뿐이라는 말은 이런 맥락에서 나온 것입니다.

상상력은 이렇게 개념으로 재현될 수 없는 것을 개념이 아닌 방식으로 보여줍니다. 논증과 설명으로 따라잡을 수 없기에 침묵해야만 하는 것을 논증과 설명으로 제시할 수는 없을 것입니다. 침묵은 침묵으로 표현될 수밖에 없습니다. "검정보다 더 검은 검정" "지하의 삶", 그래서 상상력의 역사는 밤의 역사입니다. 존재에 투영된 감정이입의 결과도 아니며, 존재의 본질을 인식 주관이 전유(專有, appropriation)하여 대상과 주관이 일치된 결과도 아닙니다. 대상에다 감정이나 개념을 덮씌운다고 해서 얻어지는 게 아니기 때문입니다. 순수한 순간은 지극히 어두운 곳에서 일어납니다.

그래서 신비롭습니다. 바슐라르는 "이미지 없는 상상력"을 거듭 강조했습니다. 재현-표상을 넘어선 상상력 말입니다. 다시 말해 자연과의 예기치 못한 만남, 네 원소와의 조우에서 빚어지는 상상력을 강조했습니다. 그것은 주관적인 감정을 내세우는 게 아니라 오히려 사물이 스스로 상상하도록 돕는 데서 출발합니다('상상하다' 동사의 주어는 사물이라고 했습니다). 이런 측면이 가장 돋보이는 원소가 바로 흙, 대지입니다. 대지의 품에 안길 때 우리는 거의 완전히 대지에게 상상을 맡기게 됩니다. 때로는 단단하고 때로는 부드럽고 때로는 차갑고 때로는 따뜻하고 때로는 작고 때로는 크고…… 역설의 이미지들로 금방 넘칩니다.

그러나 대지는 자신에게 씌우는 모든 역설적인 규정을 마다하지 않고 받아들입니다. 그러면서 여전히 이해되지 못한 채 남아 있습니다. 자신과 만나는 인간이 저마다 제시하는 끝없는 본질 규정들을 끝없이 긍정하며 여전히 대지로 남아 있습니다. 모든 초월적 분리를 넘어선 무한 긍정, 뜻밖의 만남에 대한 가없는 열림. 그렇다면 대지야말로 순수한 내재이며 절대적인 신비가 아닐까요? 그리고 우리는 대지의 신비를 꿈꾸며 우리의 신비를 꿈꾸게 됩니다. 바슐라르는 "실체들의 비밀스런 덕을 꿈꾸며 우리는 비밀스런 우리 존재를 꿈꾼다"고 했습니다. 여기에 안과 밖의 공존이 있습니다. 그러나 대지가 그랬듯이 우리 존재의 가장 깊은 비밀 또한 이해되지 못한 채 남습니다.

대지의 원점으로 되돌아가볼까요? 물론 바슐라르에게 원점이었던 곳으로 말입니다. 『대지와 휴식』은 "내부의 공간"을 이야기했습니다. 아늑하며 넓다고 했지요. 그리고 저는 머리말을 다시 읽으며 이런 가설을 세웠습니다. 대지의 휴식과 관련하여 사물의 속이나 내밀함이 언급되는 바탕에는 땅속의 이미지, 죽음의 이미지가 있다고 말입니다. 이렇게 해두고 우리는 밤이라는 낱말을 실마리로 해서 대지의 짙은 무한함을 그려보았지만, 이번에는 조금 다른 각도에서 이야기를 꺼내볼까 합니다.

네 원소의 시학은 뭐니 해도 물질주의(materialism)입니다. 하지만 정신과 물질의 이분법 속에서 유심론에 맞서는 유물론은 아닙니다. 차라리 형식(형상)주의에 대조되는 질료주의에 가깝습니다. 그것도 이분법 속에서가 아니라, 이를테면 원초적 질료(네 원소)가 형상을 만들어내는 힘과 운동을 존중한다는 맥락이었습니다. 그런데 이 맥락을 여기에 맞춘다면 이렇습니다. 질료주의는 사회보다 질료를 존중하는 입장이다.

바슐라르는 틀에 박힌 사회화를 거북해합니다. 『몽상의 시학』에서는 이렇게 썼습니다.

아이가 철(raison)이 들 나이에 접어들게 되면 세계를 상상하는 절대적인 권리를 잊게 된다. 이때가 되면 어머니는 모든 교육자들이 그러하듯 하나의 의무를 가지게 되는데, 그것은 아이더러 '객관적'이기를 가르치는 일이다. 어른들이 객관적이라고 믿는 식으로 단순하게 객관적인 것 말이다. 사람들은 아이에게 사회성을 다져넣는다.

사회성이 대단히 부정적으로 그려지고 있지요? 그렇다면 사회성의 주입 대신에 그가 제안하는 교육의 내용이 있을 법한데, 그게 바로 시(詩)정신의 형성입니다. 이때 언급되는 시 교육은 자연에 바탕을 둔 것입니다. 그래서 네 원소가 으뜸가는 몫을 차지합니다. 『물과 꿈』에서는 이렇게 썼습니다. "질료의 명상은 열린 상상력을 교육한다." 이처럼 그는 어린이를 교육하는 내용에 있어서도 네 원소의 시적 상상력을 강조했습니다. 구체적으로 그것은 원소의 향유(jouissance)로부터 출발합니다. 이 근본 향유를 두고 그는 '우주적인 향유'라고 했습니다. 그런데 향유란 것이 누리고 즐기는 것이라면 대관절 우주적 향유란 무엇을 누리고 즐긴다는 이야기일까요? 다시 『몽상의 시학』을 들춰 보면 재미있는 구절이 있습니다.

> 꿈이 우리에게 가르쳐주는 것은 있음(être)의 본질이다. 그것은 잘-있음(bien-être)이며, 태고의 있음 속에 뿌리 내린 잘-있음이다.

저는 일부러 '존재'라는 번역어를 피하고 '있음'을 썼습니다. '있음'의 본질이 '잘 있음'에 있다면 우주의 본질은 또한 우주의 잘 있음에 있는 것입니다. 그러면 우주적 향유란 결국 우주가 잘 있음을 즐기는 것입니다. 원소의 꿈이 우리에게 가르쳐주는 것은 우주의 잘 있음을 제대로 누리고 즐기는 방법입니다. 그리고 이 방법을 가르치고 배우는 일이 교육의 근본이라는 것입니다.

터무니없는 이야기로 들릴 법도 하지만 여기에는 깊은 통찰이 담겨 있습니다. 가령 이렇게 물어봅시다. 우리의 우주는 잘 있는가? 아니면 이런 물음도 있을 수 있습니다. 우리는 잘 있는가? 우리는 제대로 자신을 누리며 즐기는가? 아무도 시원한 대답을 내놓진 못할 것입니다. 그만큼 우리는 잘 있지 못하기 때문입니다. 그렇다면 우리는 왜 잘 있지 못할까요? 바슐라르에 따르면 우리가 우주적 향유와 멀어졌기 때문입니다. 왜 멀어졌는가? 잘못된 사회성과 객관성 탓이라는 게 그의 생각입니다. 중요한 것은 향유이며 잘-있음입니다. 제아무리 그럴듯해 보인다고 해도 우리를 잘 있지 못하게 하는 것에는 어딘가 문제가 있습니다.

이 관점에 관한 한 그의 입장은 한결같습니다. 이를테면 철학에 대한 견해도 그렇습니다. 『공간의 시학』에서는 이렇게 썼습니다. "철학은 우리를 너무 심하게 정돈된 생각들과 대면하게 한다…… 철학은 우리를 너무 빨리 성숙하게 하며, 성숙한 상태 속에서 결정(結晶)으로 만들어버린다." 다시 말해 철학은 우리를 꿈꾸게 하지 못하며, 우주를 향유하게 하지 않는다는 것입니다. 모두 그런 것은 아닐 테지만, 크게 볼 때 일리 있는 견해가 아닐 수 없습니다. 가령 오늘날 대학교에서 가르치는 철학은 어떻습니까? 스스로 논리정연한 학문임을 내세우고 있지만, 속된 말로 '개똥철학'으로 불리는 것보다 못할 때가 많습니다. 개똥철학이 사실 대수롭지 않은 것이나마 자유롭고 독창적인 통찰을 내놓는 데 반하여 철학과의 철학이란 이미 굳을 대로 굳은 개념들을 하릴없이 되풀이하는 형편이 아니던가요? 때로는 작은 개울물처럼 때로는 강물처럼 낱말들이 흘러 지나가고, 조로(早老)한 젊은이들은 거기에 발끝을 담그며 온 세계를 희롱하지만, 그 어디에도 우리를 적실 만한 꿈의 향유는 없습니다. 사람들은 거기서 잘 있지 못합니다. 그래서 우리는 도리어 사막으로 갈 필요가 있습니다. 정돈된 낱말의 물길을 뒤로하고 낙타처럼 묵묵하게 원점으로 돌아갈 필요가 있습니다.

한편 정신분석에 대한 견해도 비슷합니다. 그는 탈(脫)심리학을 내세웁니다. 사람을 사회적이고 개인적인 역사 속에 가두어버리는 정신분석 이론을 한결같이 비판합니다. 『몽상의 시학』에서는 이렇게 말합니다.

"정신분석은 사건의 삶을 연구한다. (반면) 우리는 사건 없는 삶을 알려고 애를 쓴다."[11] 사건의 삶이란 무엇입니까? 정신분석가들이 말하는 어린 적 외상(外傷, Trauma)에 매달리는 삶이겠지요. 사람들은 거기서 잘 있지 못합니다. 반면 '사건 없는 삶'이란 무엇일까요? 주어진 사건들에 얽매이지 않고 자유로이 꿈꾸며 살아가는 삶을 가리킵니다. 우리 몽상 속의 존재들은 늙지도 않고 유년에서 노인에 이르기까지 사람의 온갖 나이를 넘나들기도 합니다. 유년시절의 몽상은 더더욱 그러합니다. 누가 옆에 앉아 "너는 틀렸어, 그때 그 사람은 거기 없었어" 하고 덤벼도 소용이 없습니다. 몽상은 날짜가 아무리 틀려도 진실하기 때문입니다. 바슐라르는 되묻습니다. "내 몽상이 왜 내 역사를 알아야 할 것인가?" 몽상은 비현실성의 경계에까지 역사를 넓힙니다.

따라서 그는 우리를 소금기둥으로 만들어버리는 철학은 물론이며, 역사와 심리학이 넘치는 사건의 삶도 멀리하려 합니다. 그 속에서 우리는 잘 있을 수 없기 때문입니다. 그래서 "태고의 있음 속에 뿌리내린 잘-있음"을 찾아 떠납니다. 사건들이 없는 그곳은 낙타가 묵묵히 등짐을 지고 가는 사막일 수도 있습니다.

요즘 교육이 쏠려 있는 경향에 견줄 때 자연을 바탕에 두고 시정신과 상상력을 북돋우자는 생각은 어수룩하기 짝이 없습니다. 심지어 사회보다 질료를 존중한다거나 탈(脫)사회화를 내세우는 발상은 극단적으로 볼 때 사람을 죽게 만들 수도 있습니다. 사회적인 죽음 말입니다. 이 맥락에서 우리는 네 원소의 시학을 다시 읽어볼 수 있습니다. 그것은 죽음에 닿아 있습니다. 화장, 수장, 풍장, 특히 대지의 상상력에서는 매장에 닿아 있습니다. 그래서 우리는 앞에서 밤을 이야기했고 '검정보다 더 검은 검정'을 이야기했습니다. 검정이 죽음에 통한다면 '검정보다 더 검은 검정'은 끝없는 죽음에 통합니다. 긴 밤입니다.

그럼에도 마냥 죽음에서 끝나진 않습니다. 기실 끝없는 죽음이란 절대적인 죽음이 아닙니다. 끝없이 죽을 수 있다는 것은 아직 다음 죽음이 남아 있다는 뜻이기 때문입니다. 그래서 대지의 상상력이 말하는 죽음은 일종의 휴식입니다. 책 제목에서도 '대지와 휴식'(repos)이라고 하지 않았던가요?

이 점에서 블랑쇼(Maurice Blanchot)처럼 죽음과 문학의 관계를 곱고 촘촘히 살펴들어간 이에게 바슐라르의 생각은 순진한 것으로만 비칠지도 모릅니다. "낮의 밤"이 아니라 "또다른 밤", 죽음이 아니라 절대적인 죽음을 아름다운 형이상학으로 끌어올린 『문학의 공간』, 이 앞에서 원소의 휴식은 마냥 소박할 수 있습니다. 그러나 저는 블랑쇼와 바슐라르를 바꾸지 않겠습니다. 논지는 질펀하고, 체계는 없다 못해 머리를 어지럽히며, 끌어들이는 이론이라고는 백년이 다 되어가는 것들뿐이라 해도 저는 도리어 『대지와 휴식』에 끌립니다. 차라리 오래된 이야기라서 그런가 봅니다. 현대 담론들의 끝도 없는 해체와 새것의 생산, 자기만족에 지나지 않을 기호분석과 죽음의 탐구보다는 아마도 가장 오래된 이야기, 사람이 나고 죽는 것보다 더 오래된 대지의 통소〔地籟〕소리를 듣고 싶었던가 봅니다.

## 6. 추억의 무용지용

어느 겨울아침에 햇볕은 따뜻했고 하늘은 맑았습니다. 저는 이렇게 맑은 겨울날이 좋았습니다. 한번씩 무작정 버스를 탔습니다. 마음이 내키면 아무데나 내려서 걸었지요. 이리저리 걷다가 잔잔한 바다 위로 떨어지는 햇볕보라를 보았습니다. 때로는 혼자 중얼거리기도 하고, 때로는 가슴이 벅차올라 짧은 중얼거림마저 내뱉지 못할 경우도 있었습니다. 무슨 일이었을까요? 저는 어릴 때 살던 동네를 생각하면 늘 초여름 저녁의 짙은 푸른빛 하늘과 선선한 바람이 떠오릅니다. 둘러싼 대기는 왠지 가슴을 아리게 하면서도 희망에 싸여 있었습니다. 바슐라르가 한 말이 맞습니다. 어린아이의 기억을 지배하는 것은 "계절이라는 하늘의 사대신성 (四大神性)의 시간"입니다. 순수한 추억에는 날짜가 없고 계절이 있습니다. 네 원소는 여기서 계절의 기본 표지입니다.

244

계절의 추억 속에는 특정한 사건이 없습니다. "우주에 대한 기억"이 있을 뿐입니다. 그러나 이 "아무것도 일어나지 않은 시간" 속에서 세계는 얼마나 아름다웠던가! '사건 없는 삶'이 가장 맞아떨어지는 시절은 어린 시절이며 여기에는 몽상의 조용함과 아름다움이 배어 있습니다. 그때라고 어디 사건이 없었겠습니까마는 우리는 어린아이의 자연스런 고독을 잊을 수 없습니다. 행복한 고독 속에서 자신을 세계와 몽상적으로 결합하는 어린아이의 체험에서 우리는 "세계에 시적으로 거주하기"(횔덜린)라는 지상명제를 찾을 수 있습니다. 실제로 바슐라르에게 사건 없는 삶이란 "타인의 삶과 맞물려 있지 않은 삶"입니다. 이 표현으로부터 인간혐오나 대인기피 등을 떠올린다면 너무 성급합니다. 대신 고독이라는 낱말 하나를 떠올리면 충분할 것이며, 지금이라도 고독 속의 몽상으로부터 조용한 아름다움의 우주가 다시금 나타날 수 있다는 가능성을 되새기면 족할 것입니다. 꿈꾸던 어린아이가 자라 나이가 들어도 어릴 때 만들어놓은 우주는 늘 남아 있기 때문입니다. 그 우주를 되살리는 데는 오직 휴식이 필요할 뿐이며 조용함의 의식이 유지되기만 하면 되는 것입니다.

아무것도 일어나지 않는 시간의 체험은 한편으로 아무 쓸모가 없어 보입니다. 그러나 바슐라르는 말합니다.

> 순수 추억이, 이 무용한 유년시절의 무용한 추억이 얼마나 자주 몽상의 먹이처럼 삶의 여백에서 일순을 살도록 도와주는 非-生(non-vie)의 혜택처럼 되살아나는가! 휴식과 행위, 몽상과 사고의 변증철학에서는 유년시절의 추억이 아주 명확하게 무용한 것의 유용성을 말해준다![12]

몽상의 휴식은 무용합니다. 바로 그렇기 때문에 유용한 것입니다. 유년시절은 그 이후의 삶에 송두리째 배어 있으며 곧잘 삶의 기운을 북돋워주기도 합니다. 딱히 즐거운 기억이기 때문이 아니라 그 시절에 꿈꾸었던 우주를 떠올리며 몽상에 젖는 일이 우리를 쉽게 해주기 때문입니다. 쉰다는 측면에서 볼 때 노동에 대한 휴식이며 활동에 대한 침묵이며, 경제성에 대한 비경제성인 것입니다. 노동이 본디 계산된 전략으로서의 질서와 금지, 곧 제한을 바탕에 깔고 있다면 몽상의 휴식은 오히려 어떤 구획이나 규정이 의의를 잃을 때 찾아듭니다. 한편 전자가 진지하고 엄숙한 자의식에 바탕을 두고 있다면 후자는 속으로 터져나오는 웃음과 황홀경에 닿아 있습니다. 다른 한편 전자가 세계의 지배를 위한 인내와 노력의 자의식을 요구한다면 후자는 애써 자기 것을 고집하지 않는 일종의 자기망각의 유희입니다. 그렇기 때문에 몽상의 휴식은 딱히 쓸데가 없습니다. 그래서 쓸모가 있습니다.

바슐라르는 이 '무용한 시절의 무용한 추억'이 삶이 아닌 것[非-生]에 닿아 있다고 했습니다. 비록 이후의 삶을 물들이되 그 자신은 아직 자기 울타리를 고집하며 내세우지 않기 때문입니다. 즉 사회적인 뜻에서의 생활과 다르기 때문입니다. 저는 이 대목에서 장자의 '삶 잊기'를 떠올리지 않을 수 없습니다.

> 사흘이 지나자 천하를 잊게 되었소(外天下)…… 7일이 지나니까 사물을 잊게 되었소(外物)…… 9일이 지나니까 삶을 잊게 되었소(外生).[13]

외생이란 '삶의 바깥'이자 삶의 한계, 곧 죽음입니다. 우리가 삶에 파묻혀 있을 때면 결코 느낄 수 없습니다. 그런데 이것은 우리가 지나친 삶의 의식을 버릴 때 별안간 다가옵니다. 무엇을 이루려는 노동의 자의식이 사라지고 오직 조용함만이 남을 때 말입니다. 이로부터 우리는 쉴 수 있습니다. 지나친 자의식으로부터, 제 것과 남의 것을 가르는 집착으로부터 스스로를 놓아주고 살 수 있습니다. 이렇게 외생은 사회성[天下]의

잊음에 이어지는 사회적 삶의 잊음입니다. 그리하여 참된 "삶을 지배하는 삶"이며 "지속하지 않는 지속"이라는 대단히 이상한 순간을 맞게 되는 것입니다.

외생 또는 "비-삶"이 주는 휴식을 으뜸으로 드러내는 원소는 대지입니다. 대지는 휴식의 원소입니다. 그러므로 우리는 똘스또이의 단편 「주인과 종」에 나오는 브레꾸노프의 죽음을 대지의 휴식으로 읽을 수도 있습니다. 블랑쇼가 '니끼따의 몸 위에 눕다'라는 제목으로 멋지게 풀이했던 그 죽음 이야기를 우리는 "대지 위에 눕다"로 고쳐 쓸 수 있습니다.[14]

브레꾸노프는 언제나 인생에 성공해온 상인이었습니다. 어느 날 그는 눈 속에서 길을 잃습니다. 그런데 그는 자기 같은 사람이 이렇게 죽어야 한다는 사실을 도저히 받아들일 수 없었습니다. "그럴 수는 없는 것이다." 그리하여 하인 니끼따와 썰매를 내버려두고 말을 타고 가버립니다. 그는 단호하고 과감하며 끝없이 앞으로 나아가는 사람입니다. 그러나 그는 길을 찾지 못합니다. 그리하여 '우연히' 썰매 있는 곳으로 되돌아옵니다. 잠시 아무 말 없이 서 있던 그는 다시 힘을 냅니다. "우리는 이렇게 해. 우리 같은 사람은 말이야……" 하고 늘 자신에 찬 그는 하인의 몸을 따뜻하게 녹여주려 합니다. 그러나 그 순간, 무슨 일이 벌어집니다. 분주히 하인의 몸을 오가며 비비던 순간에 무엇인가 무너집니다. "매우 놀랍게도 그는 계속할 수가 없었다. 왜냐하면 두 눈에 눈물이 가득 고였으며, 아래턱 뼈가 흔들리기 시작했기 때문이었다." 그러나 불쾌하지는 않았습니다. 블랑쇼의 표현을 빌리면 힘이 없어진다는 사실이 "그의 내면에 그때까지 한번도 느낀 적이 없던 특이한 환희를 불러일으킨 것"입니다. 나중에 사람들이 그를 발견했을 때 그는 하인 니끼따의 몸 위에 누워 그를 꼭 껴안고 죽어 있더랍니다.

브레꾸노프의 마지막 행동을 "미덕으로의 개종, 영혼의 만개, 동지애" 같은 것으로만 이해하기는 어렵습니다. 우리는 그의 행동력과 길 잃음을 대비할 때 비로소 사정을 온전하게 알 수 있을 것입니다. 이리저리 마구 달리며 그 어느 곳에도 마음을 놓지 못하는 힘, 그리고 여기에 대비되는 길 잃음, 즉 미로를 헤매듯이 앞으로 내딛는 발걸음 하나하나가 그대로 뒷걸음질이 되는 순간을 보아야 합니다. 그리하여 이 순간에 불현듯 찾아오는 대지의 휴식을 깨달아야 하는 것입니다.

대지의 휴식은 조용하게 시작됩니다. 순수한 휴식을 통해 자신의 영혼에 부수적인 사건들을 모두 우연한 것으로 돌리기 시작합니다. 시인은 이 사실을 알고 있습니다. 전기작가보다 추억의 본질을 잘 전해주는 자는 시인입니다. 노발리스의 이야기를 인용해보겠습니다.

　　제가 곰곰이 생각해보건대 역사가는 꼭 시인이라야 할 것 같습니다…… 학식 있는 사람의 연대기에서보다 시인들의 동화 속에서 우리는 더 많은 진리를 발견할 수 있습니다. 이야기의 주인공과 운명이 비록 만들어진 것이긴 하지만 그 속에 나타나는 뜻은 더욱더 자연스럽고 진실합니다. 그 속의 인물들이…… 정말 살았는가 혹은 살지 않았는가 하는 문제는 우리의 교육이나 공감의 견지에서 볼 때 전혀 관계가 없는 것이라고 생각됩니다. 우리가 요구하는 것은 그 시대의 사건들 속에서 거대하면서 단순한 영혼을 직관하는 것뿐이고, 일단 우

리가 그것을 본 다음이면 우연적 현상인 외형은 전혀 우리 관심 밖에 있는 것입니다.[15]

이것은 역사의 문제로 그치지 않습니다. 마음이 쉴 때에는 상상력과 기억이 둘로 나뉘지 않기 때문입니다. 우리는 역사와 전설의 경계이자 과거와 미래의 경계에서 꿈꿉니다. 이 꿈이 우리에게 현실로 다가오는가 아니면 단순히 지어낸 이야기로 그치는가 하는 여부는 실로 우리가 그 상상력과 기억의 결합 속에 들어 있는가, 아니면 바깥에 있는가 하는 여부에 따릅니다. 만약 우리가 그 속에 있다면 우리는 그것을 향유할 수 있습니다. 향유란 향수와 다릅니다. 우리가 향수를 느끼지 않고 직접 우리의 휴식 속에서 살 수 있다면 우리는 우리 자신 속에서 참으로 대지처럼 굳건할 것입니다. 이 굳건함은 무엇보다 우리의 영혼이 부차적인 사건들을 돌보지 않는 데서 나옵니다. 과거는 물론이고 현재와 미래에서도 마음에 담지 않을 때 우리는 조용함을 되찾을 수 있습니다. 이제 중요한 것은 우리를 스치며 '오고 가는 것'이 아니라 늘 '머무르는 것'입니다.

사막의 모래언덕은 바람에 따라 바뀌지만 사막은 한결같습니다. 한편 바람은 태어나는 곳도 없고 사라져야 하는 곳도 없이 그저 한결같이 사막 위를 돌아다닙니다. 그러므로 '머무르는 것'을 생각하는 사람들은 사건의 사막 속에 있습니다. 그들은 언뜻 희망이 없어 보이는 사막에서 자신의 신화를 찾습니다. 꼬엘료(Paulo Coelho)의 『연금술사』처럼 말입니다. 그리하여 먼 길을 걷습니다. 자기가 갈 길을 스스로 가는 사람에게 걷는다는 것은 곧 쉬는 것입니다. 그들은 쉬기 위해 걸으며, 쉬면서 걷습니다. 대지는 그들에게 여러가지 표정으로 말을 건넬 것입니다. 그들은 이 모든 것을 그대로 응시하며 우주의 휴식을 즐길 것입니다. 바슐라르는『합리적 유물론』에서 이렇게 썼습니다. "아무리 지성의 도정(道程)에 참여한다 해도, 우리는 심리현상의 배후를 보는 시야를 결코 놓쳐서는 안된다." 심리학이 다루는 심리현상을 넘어 그 뒤편을 보자는 뜻입니다. 그런데 심리현상의 뒤편이야말로 "이미지들이 싹트는 곳"이라고 말합니다. 사건 없는 삶이란 바로 이미지들이 싹트는 그 자리에 자신을 맡기는 삶입니다. 시(詩)로 말하자면 산출된 작품이 아니라 출산(pro-creation)의 시점이며, "잘-있음"을 다시 들먹이자면 "태고의 **있음** 속에 뿌리내린 잘-있음"일 것입니다. 태고(archaic)를 태초로 볼 필요는 없으며, 유별난 태곳적 문명을 들먹일 것도 없습니다. 요즘 들어서는 하루아침에 무너질 위험에 처해 있긴 하지만, 예나 지금이나 늘 있는 전-지성(前-知性)의 상상력을 떠올리면 됩니다. 네 원소의 우주적 향유 말입니다.

## 7. 걷기와 미로의 의식

랭보는 말했습니다. "나는 걷는 사람이오. 그 이상 무엇도 아니오." 마음을 쉬고 싶을 적에 한번씩 멀리 걷고 싶을 때가 있습니다. '걷는 사람'(piéton)이란 무엇일까요? 산업사회에서 으뜸가는 덕목 하나를 저버린 사람입니다. 속도 말이지요. 따라서 걷는다는 것은 쉬는 것하고 통합니다. 그러면서 대지에 발을 닿게 하는 일입니다. 바쁜 이동을 닦달하는 요즘 사회에서 천천히 걷는다는 것은 어쩌면 자멸에 가까운 일일지도 모릅니다. 그러나 걷는 일이 필요할 때가 있습니다. 만약에 칸트가 아침마다 달리기를 했다면, 하이데거가 숲속의 오솔길을 자동차로 달렸다면 뒷사람들의 이야기가 달라졌을지도 모릅니다.

그런데 시점을 옛날로 돌려보아도 걷는 것이 쉬는 것일 때가 있었습니다. 서양사회에서 보자면 중세사람들의 성지순례를 꼽을 수 있습니다. 석판으로 만든 청원서를 들고 순례자들은 떠났으며 그들의 궤적은 온 대륙에 걸쳐 있었습니다. 로마, 예루살렘 등지를 비롯하여 성전, 성(聖)유물, 기적이 일어난 곳 모두를 향하는 복잡한 경로였습니다. 어찌나 경로가 다양했던지 몇세기에 걸쳐 순례자들이 만들어놓은 길들이 "유럽을 창조해내었다"(괴테)고 할 정도였습니다. 순례의 길을 걷는 데는 여러가지 뜻이 있습니다. 그것은 자기를 희생하고 물질적인 구속을 피하며 나아가 영적인 깨달음을 얻어 영생을 얻는 과정이었습니다. 물론 이 과정이 상식적인 뜻에서 휴식은 아닙니다. 어떤 이는 길에서 병들고 어떤 이는 길을 잃고 헤매다 죽기도 했습니다. 그럼에도 순례에 심취한 이들은 개인적인 구속뿐만 아니라 사회적인 구속까지 벗어나 있었습니다. 아니, 스스로 구속을 벗어던졌다는 게 옳을까요? 어떤 이는 평생을 걸어다녔으며 끝없이 대륙을 헤매고 다녔습니다. 이들에게는 미리 정해진 여정이 따로 없었으며, 중간중간에 가까운 성지를 찾아 멈추고는 또다른 성지를 찾아 떠나는 식이었습니다. 이처럼 일생을 걸어가는 이에게 순례란 사회적인 휴식이었으며, 나아가 사회적인 죽음이었던 것입니다. 물론 말 그대로 육신의 죽음을 향해 걸어가는 일이기도 했지만요.

대상은 바뀌었지만 성지순례는 아직도 이어지는 듯합니다. 가령 미국의 예술가 펄턴(Fulton)은 이렇게 썼습니다. "자연 속에 있다는 것은 나에게 즉각적인 종교의 한 형태이다." 이제 대지 자체가 성지로 된 셈입니다. 그러면서 덧붙입니다. "걷기란 좋은 정신훈련이다." 이로부터 그는 일종의 걷는 선(禪)수행에 들어갑니다. 1968년에 그는 북미의 여러 곳을 카메라 하나만 들고 걷기 시작했습니다. 그러다가 1973년에는 급기야 47일 동안 1022마일, 그러니가 약 1635km를 걷습니다. 이후에도 계속되지요. 유럽대륙, 영국, 미국, 인도, 아프리카, 오스트레일리아……

영국의 대지예술가(Land Artist)로 알려진 롱(Richard Long)도 비슷합니다. "나는 대지를 존경심으로 대하려 한다. 아마도 아메리카 인디언과 같은 방식으로." 이 작가에게 대지는 그 자체로 성지인 셈입니다. 그가 걸은 길도 만만치 않습니다. 스코틀랜드에서는 12일 동안에 산 12개를 암벽등반했으며, 아일랜드에서는 1마일을 걸을 때마다 돌 하나를 놓으면서 164마일을 쉬지 않고 걷기도 했습니다. 한번은 지도에 커다랗게 동그라미를 둘러치고는 그 안에 있는 모든 길을 걷기도 했답니다. 그는 이렇게 들판과 산에 있는 돌을 놓아가며 원이나 선을 그렸습니다. (10년 전에 한국에 왔을 때에도 한강에서 가져온 자갈로 전람회장 바닥에 원을 그렸습니다. 그리고 전시가 끝나자 자갈들을 본디 있던 데로 옮겼답니다.) 그는 걸으면서 느끼는 풍경 자체가 예술이라고 말합니다. 나아가 "태고의 풍경"은 "강력한 곳들이며 명상을 이끈다"는 것입니다. 중세 순례자들이 성지에서 추구하던 명상에 통할 경지입니다. 더구나 걷기의 정서를 이렇게 묘사하기도 합니다. "자연원소들과 접촉하는 문화의 활기찬

(energetic) 금욕"이라고 말입니다. 이쯤 되면 명실공히 성지순례자라고 할 법하지 않겠습니까? 이처럼 롱은 "걸으면서 하는 예술" "직선과 원, 또는 돌과 낮(days)을 이용한 예술"을 하는 것입니다.

돌을 이용한다는 말을 한번 짚어봄직합니다. 눈 덮인 히말라야에서도 그는 돌을 놓으며 걸었답니다. 물론 그가 만든 돌길(Line Made by Walking)은 이내 사라집니다. 그의 표현으로는 "돌의 강이 천천히 움직이듯이" 대지 속으로 사라집니다. 그 길은 아무도 보지 않았으며, 아무도 볼 수 없습니다. 오직 대지만이 기억할 것입니다. 김시습이 시를 적어 냇물에 흘려보냈다면 롱은 자신의 조각을 대지 속으로 흘려보낸 셈일까요? 이른바 대지예술이라는 이름 아래 불도저나 포크레인 같은 괴물을 끌어들이는 사람도 있는 반면 그는 자신의 생애(days), 걸음걸음으로 대지를 만나려 했습니다. 그리고 스스로 자신의 꿈을 이렇게 요약했습니다. "충만한 자연, 영혼의 고독."

한편 돌을 놓는 행위에 대해 우리는 좀더 정신적인 의미를 부여할 수 있습니다. 그는 이런 말을 했습니다. "대지를 직선으로 가로질러 걷거나 돌멩이를 둥글게 놓아가며 걷는 일은 내게 실질적인 의미가 있다. 이렇게 할 때 나는 **그 순간마다 옳은 일을 한다**는 절대적인 느낌을 가지게 된다." 저는 이 대목에서 오스트레일리아의 어떤 원주민이 백인 인류학자에게 들려준 이야기 하나가 떠오릅니다.

내가 열여섯살 되었을 적에 아버지는 대지의 노래를 어떻게 부르는지 가르쳐주셨다…… 하루는 아버지하고 낚시를 갔지. 나는 투창

(投槍) 끝으로 모래바닥을 그으며 걸었어. 내 걸음을 따라 금이 길게 그어졌지. 이걸 보더니 아버지는 당장 그만두라고 하셨어. 아무 이유 없이 표시를 하거나 땅을 파면, 그 땅에 사는 사람들의 뼈가 아프다는 거야. 배가 고프거나 의식을 지낼 때 말고는 땅에 표시를 하거나 파서는 안된다고 하셨지.

꿈같은 이야기입니다. 대지의 노래를 하려면 먼저 대지와 사람의 연관성을 깨달아야 한다는 말일까요? 나아가 대지를 존중하는 태도가 필요하다는 이야기인가요? 그렇다면 걷는 작가 롱이 한 일은 과연 이 기준에 맞을지 잘 모르겠습니다. 배가 고프거나 의식을 지낼 때만 땅에 표시를 할 수 있다는 기준 말입니다. 그럼에도 만약에 "옳은 일을 한다는 절대적인 느낌"을 믿는다고 할 때 우리는 그를 이렇게 변호해줄 수 있을 터입니다. 롱이 "대지를 직선으로 가로질러 걷거나 돌멩이를 둥글게 놓아가며 걷는 일"을 할 때 그는 의식을 지내고 있었다고 말입니다.

걷기, 직선과 원 또는 돌, 이런 말들로부터 저는 한 가지 영상이 떠오릅니다. 미로입니다. 앞에서 중세 순례자이야기를 했지만, 그들이 걷던 복잡한 경로야말로 일종의 미로였다는 아딸리(Jacques Attali)의 지적에는 공감하는 바가 있습니다.[16] 사실 중세와 현대의 순례에는 공통점이 있습니다. 물질적인 구속을 피하여 깨달음을 얻으려는 한편, 휴식을 추구합니다. 이 점에서 미로의 세계와 통합니다. 미로에 들어설 때 우리는 산업사회가 요구하는 덕목들과 멀어져야 합니다. 속도라든가 이성, 논리, 투명함 따위를 잊는 대신에 끈기, 느림, 유연함, 즉흥, 극기 등의 덕목들을 다시 찾아내어야 합니다. 그것은 무엇보다 미로 자체가 가지는 시간성에서 비롯될지도 모릅니다. 미로에 발을 디딘 사람은 자신의 행로가 언제 어디서 끝이 날지 가늠할 수 없습니다. 당장 끝이 날 수도 있으며 온 생애를 걸쳐 계속될 수도 있을 것입니다. 조급함은 금물이며 참을성 있는 자만이 걸어갈 수 있습니다. 그래서 미로의 시간은 여유의 시간입니다. 죽음이 길목마다 지키고 서 있지만 불안에 지지 않는 자만이 계속 걸어갈 수 있습니다. 몸은 움직여도 마음은 쉬어야 합니다.

산업사회에서 길을 잃는다는 것은 패배하는 것입니다. 시간과 돈을 잃습니다. 아딸리의 이야기처럼 우리는 "똑바로 걸어가야 하며 어디로 가는지 알고 있어야" 하고, 길을 잃었다는 사실을 다른 사람에게 털어놓아서는 안됩니다. 데까르뜨는 『방법서설』에서 숲에서 길을 잃으면 한 방향으로 계속 가라고 했습니다. 상식적으로 볼 때도 그럴듯합니다. 한 방향으로 죽 가다 보면 여하튼 숲을 빠져나갈 수 있을 테니까요. 근대사회도 이 전략을 받아들인 모양입니다. 직선의 전략이 도처에 퍼져 있습니다. 길을 잃지 마라. 길을 잃더라도 직선으로 계속 진행하라. 하지만 이 군사작전 같은 방법이 통하지 않을 때가 있습니다. 똘스또이의 브레꾸노프가 눈보라를 만났을 때가 그러하며, 미로가 그렇습니다. 우리는 똑바로 걸어갈 수 없으며 어디로 가는지 알지 못합니다. 길을 미리 알 수 없을뿐더러, 바로 옆이 가장 먼 곳인가 하면 가장 먼 듯한 데가 제일 가까울 수도 있으며, 벽과 길이 뒤바뀔 수도 있기 때문입니다.

그러나 정해진 길이 없다는 게 반드시 불안하지는 않습니다. 꼭 패배가 아닐 수도 있습니다. 켈트족에게는 "여행자들이 길을 잃고 노를 뱃전에 올려놓고 어느 쪽으로도 가지 않을 때에 비로소 그들은 신비의 섬에 도달한다"는 말이 있는 모양입니다. 유대민족이 계율을 받았던 것도 역시 사막에서 길을 잃었기 때문입니다. 어디 그뿐이겠습니까? 무릉도원에 대한 전설도 저는 같은 맥락에서 읽습니다. 산에서 길을 잃어 헤매다 자기도 모르게 무릉도원으로 들어갔다는 전설 말입니다. 누구도 무릉도원으로 가는 길을 찾아갈 수는 없습니다. 그곳은 오직 길을 잃어야 갈 수 있는 곳이기 때문입니다. 청학동이 궁궁을을(弓弓乙乙)의 땅에 있다는 이야기도 비슷할 듯합니다. 弓 乙 두 글자는 미로같이 꼬여 있어, 중심에 닿았다고 믿을 때 곧장 그곳에서 멀어지는 모양이 아닙니까? 그러므로 길 찾기를 그만두어야 할 때가 있습니다. 묵묵히 걸어야 할 때가 있습니다. 길 없는 길, 미로는 역설적으로 휴식에 통합니다.『대지와 휴식』7장은 미로의 이미지에 대한 장입니다.

프로이트는 신화의 의미를 풀이하면서 미로이야기를 꺼냅니다. 미로는 "항문 출산의 한 표현"이라는 가설을 내놓습니다. "구불구불한 길은 내장이고 아리아드네(Ariadne)의 실은 탯줄"이라고 했습니다. 바슐라르가 왜 그의 정신분석학을 좋아하지 않았는지 알 법도 하지만, 이 적나라한 가설에도 일리는 있습니다. 미로가 출산과 자궁의 이미지에 관계되며 굴곡이나 동굴과 더불어 어머니라는 상징과 연결된다는 것입니다. 그러고 보면 크레타섬의 왕 미노스가 아테네의 왕에게 하필이면 9년마다 처녀, 총각들을 바치라고 한 것도 이상합니다. 어린 아기가 어미 뱃속에서 보내는 아홉달하고 무관하지 않을 듯합니다. 한자말 미궁(迷宮) 역시 자궁과 엮일 성싶습니다. 중국 도교에서 나온 구궁도(九宮圖) 또한 아홉 개

지점들이 어지럽게 얽혀 있기가 미로 같지만 하필 9라는 숫자를 쓴 데는 배태(胚胎)라는 맥락도 있을 것입니다. 그럼에도 미로의 풍성한 이미지를 여기에 묶어두기는 어렵습니다. 미로는 불안하지만 여유있는 길이며 일과 휴식, 삶과 죽음이라는 두 세계 사이로 열린 틈새와도 같습니다. 그래서 사람들로 하여금 내적 여행을 하도록 이끕니다. 그 여행은 최초이자 최후의 여행입니다. 모태로부터 빠져나온다는 점에서는 최초이지만 죽음을 향한다는 뜻에서는 최후의 길이기도 합니다.

아니, 두번째 이미지를 정확히 하자면 죽음을 향한 여행이라기보다는 여행으로서의 죽음이라는 게 옳을 것입니다. '저승길은 일종의 여행'이라는 이미지 말입니다. 고대 이집트에서 우리는 좀더 정교한 관념을 찾을 수 있습니다. 미로는 저승길을 그려놓은 지도랍니다. 그러나 죽은 자를 마음놓게 해주는 지도인 동시에 망인을 거기 가두어 이승에 되돌아오지 못하게 하는 지도랍니다. 그러고 보면 우리 부적에 그려진 형상이 마치 지도 같기도 하고 미로 같기도 합니다. 초기 기독교의 교회건물에 남아 있는 미로 도상도 악령들을 잡아놓는 데 쓰였다고 합니다.

그런데 여기서 역설적인 이미지가 나옵니다. 부활의 이미지가 있습니다. 미로를 넘어 깨달음을 얻은 이는 새로 태어날 수 있습니다. 우리는 고대 그리스의 성년식에서도 이러한 관념의 흔적을 찾을 수 있습니다. 성년이 되기 위해 크레타의 젊은이들은 어지러운 골짜기와 동굴들을 거쳐 되돌아왔다고 하는데 재미있는 것은 그동안 다른 가족들은 여행을 떠난 젊은이들이 죽었다고 생각한다는 것입니다. 되돌아왔을 때 비로소 어른으로 태어났음을 축하해줍니다. 동굴에 들어가서 다시 태어나는 이야기도 같은 종류인 모양입니다. 웅녀이야기는 물론이며, 크게 보면 예수도 일종의 동굴에서 부활한 셈입니다. 유대인에게도 시나이반도는 가나안땅으로 가는 길을 막는 미궁으로서 여러 성인(聖人)마저 죽인 곳이었지만 마침내 온 민족을 살리는 곳이었습니다. 마찬가지로 중세 교회건물의 바닥에 그려진 미로는 실제로 성지순례를 대신해주기도 했습니다. 중심부가 예루살렘을 상징한다면, 기도하는 자세로 미로를 따라 무릎으로 기어가면 순례자 체험을 대신할 수 있다고 믿었습니다. (그때부터 우리가 대지의 체험으로부터 멀어졌는지도 모르겠습니다.) 다른 한편 교회바닥의 미로는 실질적으로 부활절 의식을 거행하는 제단으로 이끄는 길이기도 했습니다. 미로가 죽음을 다시 삶으로 잇는 길이 된 셈인가요?

이렇게 해서 미로는 이승과 저승 사이에 있는 경계이자 삶과 죽음이 지나가고 만나 섞여 흐르는 길이 되는 것입니다. 그래서 여러 제의의 뿌리에 닿아 있습니다. 사람이 산 채로 죽음을 만나는 게 제의라면 미로는 그 뿌리에 닿아 있습니다. 그러므로 그 역 또한 옳습니다. 살아서 저승을 겪는 사람에게는 삶이 곧 미로일 것입니다. 기다림, 끝없고 막연한 위협, "불분명함 자체 속에 온통 내포된 위협의 기다림, 그것에의 접근과 의혹 또 부침(浮沈)"[17]을 겪는 이들에게 세상 모든 곳은 미궁입니다. "대낮 몸부림"이 너무 고달픈 이들에게 삶의 순간들은 모두 제의입니다.

여기서 조바심은 금물입니다. 초조하게 조바심을 내면 미로를 걸어갈 수 없습니다. 미로의 미덕은 가나안땅에 다가가는 게 아니라 사막, 사막의 진실 앞에 마주서는 법을 가르쳐주는 데 있습니다. 새로 태어나려면 누구보다 먼저 사막에서 자기 목숨을 걸어야 합니다. "대지를 직선으로 가로질러 걷거나 돌멩이를 둥글게 놓아가며 걸었던" 롱은 마찬가지로 대지 속에서 자기를 제사지내려 했던 것입니다. 그는 말합니다. "내가 원과 직선을 좋아하는 까닭은 어떤 형식주의 때문이 아니라 그 힘을 좋아하기 때문이다." 그에게 원은 "어떤 생각이라도 담아낼 수 있는 열린 체계"였으며 수많은 방식으로 실현할 수 있는 존재였습니다. "나는 둥글게 걸을 수 있으며, 돌멩이들을 둥글게 늘어놓을 수 있으며, 진흙으로 원을 만들 수도 있고 낱말로 원을 만들 수도 있다." 직선도 비슷합니다. 원과 직선은 이렇게 제기(祭器)로 쓰였을까요? 스스로 만든 원과 직선의 미로 속에서 대지의 진실을 그렇게 만나려 했을까요?

그리스신화에 따르면 무사히 미로를 빠져나온 테세우스(Theseus)는 미로의 모양을 흉내내어 만든 춤을 추었답니다. 서로서로 꼬리를 물며 여러가지 둥근 선으로 이루어진 춤이었다고 합니다. 그러나 우리는 테세우스의 춤이 어떠했는지 알지 못합니다. 두루미의 움직임을 닮았다던 그 춤, 되찾은 자유에 미쳐 아폴로신의 제단에서 추었다는 그 춤이 어떠했는지 알 길이 없습니다. 한편 1851년 6월 13일 저녁에 소로우(Thoreau)는 이런 일기를 썼습니다.

강낭콩밭으로 다시 올라갔을 때 나는 귀뚜라미 소리를 들었다. 내게는 너무나 정다운 노래이며, 태고의 노래이자 친밀하고도 영원한 (immortal) 노래였다. 마치 다른 모든 소리들의 바탕에 깔려 있는 듯했다. 처음에 나는 귀뚜라미 소리만 들었다. 그러나 이 소리가 멈추는 순간 나는 온 대지의 노래를 깨달았다…… 나는 물었다. 이 노랫

소리 뒤에 또다른 노래가 숨어 있지는 않은지, 이보다 더 보편적인
노래가 숨어 있지는 않은지.

소로우가 들었던 노래가 무엇인지 우리는 알지 못합니다. 귀뚜라미 소
리가 그칠 때 들리는 대지의 노래, 그리고 대지의 노래가 그칠 때 들릴
듯한 노래가 무엇인지 우리는 알 길이 없습니다. 길 없는 길, 대지의 휴
식 속으로 흘러가버렸기 때문입니다. 하지만 짐작컨대 귀뚜라미가 울던
그날 소로우는 대지와 더불어 잘 있었을 것입니다.

— 1 타나자끼 『음예공간 예찬』, 김지견 옮김, 발언(1996).
— 2 하임즈 『토양과 문명』, 김준민 옮김, 범양사 출판부 25면.
— 3 한동수 「일본인의 삶과 그 미학적 본질: 타나자끼 준이찌로의 『음예공간예찬』을 읽
고」, 『건축인』(1997. 3.) 42~45면.
— 4 흰 그늘이라는 개념은 김지하 『예감에 가득 찬 숲 그늘』(실천문학사 1999)에서 빌려
왔다.
— 5 한 인도인이 쓴 괴테연구서의 제목이다. Uberoi, *The Other Mind of Europe: Goethe
as a Scientist*, Oxford University Press 1984.
— 6 최창조 『북한 문화유적 답사기』, 중앙 M&B(1998) 167면.
— 7 권택우 「한국 근현대산수시 연구시론: 자연을 대하는 시적 자아의 태도와 어조를 중
심으로」, 『국어국문학』 제13집(동아대학교 1994) 214면.
— 8 Gilles Deleuze & Claire Ramet, *Dialogues*, Paris: Flammarion 1977, 10~11면.
— 9 제유를 환유의 심층에 놓는 관점은 구모룡 『제유의 시학』, 좋은날(2000)에서 빌려왔다.
— 10 프리드리히 쉴러 「칼리아스 편지」, 『쉴러의 미학·예술론』, 장상용 옮김, 인하대학
교 출판부(1999) 60면.

— **11** 바슐라르『몽상의 시학』, 김현 옮김, 146면.

— **12** 바슐라르『몽상의 시학』132면.

— **13** 「대종사(大宗師)」,『장자(莊子)』, 안동림 역주, 현암사(1998) 194~95면.

— **14** 모리스 블랑쇼『문학의 공간』, 박혜영 옮김, 책세상(1990) 247~52면.

— **15** 노발리스『푸른 꽃』, 이유영 옮김, 탐구당(1975) 113면.

— **16** 자크 아탈리『미로-지혜에 이르는 길』, 영림카디널(1997).

— **17** 블랑쇼가 카프카의『땅굴』을 가리켜 했던 말.『문학의 공간』256~57면.

물 · 불 · 공기 · 흙의 자연

*6*

자연과 같은 예술

# 6

◦────◦ 드러그 ◦────◦

## 1. 큰 죽음과 큰 삶

　화가 이브 끌렝(Yves Klein)은 1958년에 「공허」(le vide)라는 제목으로 전시회를 열었습니다. 아니, 전시장을 전시했다는 말이 옳은 표현일 것입니다. 갤러리 내부의 벽면 전체를 온통 하얗게 칠하고 판유리 하나를 파랗게 해놓은 것이 전부였으니까 말입니다. 그런데 끌렝은 작품, 즉 흰벽 한 귀퉁이에 이렇게 써놓았답니다. "먼저 무(無, rien), 이어서 깊은 무, 그 다음에 파랑의 깊이가 있다." 바슐라르가 쓴 『공기와 꿈』의 한 대목을 인용한 것입니다. 하지만 아무도 이 구절이 인용된 연유를 헤아리지 못했습니다. 물론 전시회의 제목인 공허와 무가 통한다는 점은 생각해볼 수 있지요. 또 공허가 흰색에 통한다는 점도 생각해볼 수 있습니다. 그러나 공허로서의 하양이 파랑으로 이어지는 경로가 이 전시회에서 어떻게 표현되었는지 아무도 이해하지 못했답니다. 한편 화가는 바슐라르를 직접 만나려 했지만 만남은 끝내 이루어지지 않았습니다. 건강을 핑

자연과 같은 예술

계 삼긴 했지만, 바슐라르가 실제로는 그의 작품을 "미숙"하다고 보았기 때문이라는 게 후일담입니다. (사실 건강은 그리 문제가 안되었을 것입니다. 1962년, 그러니까 네 해 뒤에 일흔아홉살로 세상을 떠날 때까지 바슐라르는 책 네 권을 더 썼습니다.)

우리가 알고 싶은 것은 다만 이브 끌렝이 내세운 하양과 파랑이라는 색채와 바슐라르의 연관성입니다. 그런데 우리는 둘의 연관성을 살펴들어가는 과정에서 신비주의라는 배경에 주목하게 됩니다. 끌렝은 인간의 정신성을 표현하려 했던 여러 초기 추상화가들과 마찬가지로 신비주의 사상에 쏠려 있었으며, 특히 '장미십자회'로 알려진 로젠크로이츠(Rosenkreuz) 형제단의 경향에 동조하고 있었습니다. 여기서 한 가지 실마리가 잡힙니다. 신비주의 전통에서는 색채에 대하여 각별한 의미를 부여했다는 점입니다. 이에 따를 때 파랑은 영성(spirituality)의 상징이었으며, 또한 하양은 '물질의 속성을 벗어난 파랑'의 상징이었던 것입니다.

좀더 일반적으로 말하면 연금술에서도 색채에 관한 상징이 매우 중요한 자리를 차지한다고 할 수 있습니다. 연금술은 네 원소의 조화를 기도합니다. 연금술에서 가장 중요한 수은, 황, 소금은 각각 물, 공기, 흙에 해당하며 여기에 불이 더해지면 조화가 일어납니다(황금은 첫 존재이자 끝 존재인 빛의 상징입니다. 이런 뜻에서 보면 갖은 역정을 거쳐 처음 빛으로 되돌아가는 것이 연금술일 것입니다). 그리고 연금술에서는 물질의 완성이 네 가지 단계를 거친다고 말합니다. 흑화(nigredo), 백화(albedo), 접근(citrinitas), 적화(rubedo)라는 단계입니다. 우리는 이들이 저마다 직접적으로 네 색깔을 가리킴을 알고 있습니다. 검정, 하양, 노랑-초록,

빨강이라는 색채 말입니다. 그러면 파랑은 어디에 있는가? 검정과 하양 사이에 있습니다. 검정은 여러 물질이 뒤섞여 부패하고 죽는 단계인 반면 하양은 이 검은 혼합물이 죽음으로부터 되살아나는 단계입니다. 이때 물질은 하얗게 되며 영성을 얻는다고 합니다. 말하자면 검정은 물질의 극한이며, 하양은 정신의 극한이라고 할까요? 검정이 정신(개체적 자아)의 죽음이라면 하양은 또한 물질의 죽음입니다. 그리고 검정에 최초의 빛이 더해지면 파랑이 나옵니다. 검은 새벽하늘에 어슴푸레 도는 푸른빛 말입니다.

이런 맥락에서 우리는 파랑이 영성의 상징이며, 하양은 '물질의 속성을 벗어난 파랑'이라는 말을 이해할 수 있으며, 나아가 바슐라르와의 연관성을 생각해볼 수 있습니다. 우리는 『공기와 꿈』에서 이런 구절을 찾을 수 있습니다. "공기의 이미지는 **탈-물질**의 도정(道程)에 있다." 또한 이런 대목도 있습니다.

> 공기의 실체(물질)적 상상력은 **탈-물질**의 역동성 속에서야 참으로 활성화된다. (…) **파랑**의 탈-물질 단계를 주파할 때 우리는 대기(하늘)의 꿈이 활동하는 것을 본다. 대기의 감정이입, 꿈꾸는 사람의 융해가 무엇인지 이해하게 된다. 꿈꾸는 사람이 거의 분화되지 않은 우주, **푸르고 부드러운 우주**, 무한하며 무형인 우주, 최소한의 물질로 이루어진 우주와 더불어 융해하는 것을 알게 된다.

무슨 설명이 더 필요하겠습니까? 끌렝이 화랑의 판유리를 파랗게, 나머지 벽면을 온통 하얗게 칠할 때 그는 공기의 꿈을 꾸고 있었습니다. 가장 가벼운 물질, 최소한의 물질을 생각하고 있었습니다. 그래서 가장 적은 색깔, 즉 단색의 하양으로 벽을 채웠던 것입니다. 『공기와 꿈』에서 자기 생각을 찾은 것은 그만큼 자연스러운 일이었을 터입니다. 그 책은 "이미지 없는 이미지" "현상 없는 현상", 이른바 소멸의 철학으로 가득하기 때문입니다.

그런데 이번에는 조금 다른 색깔을 꺼내봅시다. 사람들은 보통 『공기와 꿈』을 두고 이중성이 드러난다고 합니다. 네 원소의 상상력이 공기에 이르러 모순을 일으킨다는 것인데, 말하자면 계속해서 물질의 상상력을 이야기하다가 이제 와서 탈-물질을 이야기한다는 것입니다. 그래서 대부분의 사람들은 『공기와 꿈』을 커다란 전환의 계기로 봅니다. 바슐라르의 사상이 물질의 상상력으로부터 순수현상학으로 넘어간다고 풀이합니다. 그러나 저는 이것이 조금 과장되었다고 생각합니다. 『공기와 꿈』을 쓴 해(1944)보다 14년 뒤, 즉 끌랭의 전시회하고 같은 해에 나온 『대지의 꿈』(1958) 연작에서도 물질(질료)의 상상력은 계속 이어집니다. 왜 그럴까요? 그가 말하는 물질은 형식(형상)에 맞서는 질료이며, 이때 질료란 '질료의 운동'입니다. 즉 중요한 것은 처음부터 질료의 '운동'이었지 그냥 질료가 아니었다는 뜻입니다. 그래서 "탈-물질" 같은 표현은 『공기와 꿈』에서 처음 나오는 게 아니라 훨씬 이전인 『불의 정신분석』이나 『물과 꿈』에서도 이미 곧잘 나오는 것입니다. 다만 공기를 놓고 볼 때, 이 원소는 손에 잡히는 재료로서의 성격이 가장 적은 반면 운동성이 가장 또렷하게 나타나는 원소입니다. 따라서 공기에서 탈-물질과 역동성을 앞장

세운 것은 강조의 변화라고 볼 수는 있어도, 질료의 운동이라는 관점에서 볼 때 조금도 모순되는 바가 없는 것입니다.

사람들이 바슐라르를 두고 이야기하던 이중성은 오히려 화가 끌렝에게 더 적용됨직합니다. 특히 공기와 불의 이미지가 부딪힌다는 측면을 말할 수 있습니다. 이 화가는 공기를 표현하는 한편 불을 표현합니다. 가령 「공허」보다 한 해 전에는 「1분의 불」 전시회가 있었습니다. 푸른색을 칠한 합판 위로 열여섯개의 조명탄을 쏘아올렸다는데 섬광과 더불어 푸른색이 눈부셨다고 합니다. 끌렝은 말했습니다. "초-생명(ultra-vivant) 원소의 거대한 가능성. 천천히 변하는 모든 것이 삶으로 설명된다면 빨리 변하는 모든 것은 불로 설명된다." 그는 『불의 정신분석』의 핵심을 옮긴 것입니다. 불과 생명(삶)의 동일성, 생명과 순간의 동일성 말입니다. 불로 죽는 순간에 거듭 태어나려 하던 엠페도클레스를 생각해보세요. 불새는 또 어떻습니까? 비록 유고(遺稿)로 발표되었지만 바슐라르는 이렇게 묘사했습니다. "불의 새는 불이 그은 선(線)이다. 이 불의 선은…… 끌어올려진 순간이며, 우주의 순간이다." 불은 급작스런 변화와 연결된다고 했는데, 따지고 보면 탄생과 죽음만큼 급작스런 변화도 없습니다. 그렇다면 생사는 불처럼 결정되며 불의 순간은 생사에 연결된다고 하겠지요.

1960년에 끌렝은 일종의 행위예술을 했습니다. 발가벗은 모델들 몸에 물감을 바르게 한 다음 종이 위에 몸을 찍도록 했습니다. 이 작품에 붙은 별명이 "불-도장"입니다. 기실 몸이 도장을 찍는 순간이야말로 불이 붙는 순간이며, 생사의 순간이라고 할 수 있지 않겠습니까? 아닌게아니라 벌거벗은 몸으로 물감을 찍으면 특히 또렷하게 찍히는 부분이 가슴, 배, 성기입니다. 이들은 사람 몸에서 가장 야한 곳입니다. 대뇌(지성)의 조정과 매개를 벗어나는 기능을 맡고 있습니다. 그러므로 이 화가는 우리와 삶을 매개한다는 명목으로 둘을 갈라놓고 있는 모든 중간 조정제도들을 벗어던지고, 마치 불처럼 즉각적으로, 참된 삶을 향해 곧바로 돌아가자고 소리친 것입니다.

그러면 흰색의 공기로 상징되는 '물질 벗어나기'와 불로 상징되는 '직접적인 삶'에는 모순이 있지 않을까 하는 의문이 들 수 있습니다. 이를테면 불의 생생함, 불의 한 형태에 지나지 않는 성(性)과 공기의 물질적 속성을 벗어난 무, 영성 같은 것들하고는 모순이 있지 않으냐 하는 의문입니다. 그러나 우리는 알고 있습니다. 불이란 뭐니 해도 태우며 정화하는 원소입니다. 바슐라르는 초기 『불의 정신분석』(1938)으로부터 마지막 『초의 불꽃』(1961)에 이르기까지 줄곧 불의 승화라는 측면을 놓치지 않았습니다.

불은 시학과 과학 모두에서 승화의 상징으로서 모든 선입견, 상식, 타성에 빠진 삶을 태우며 솟구치는 상징이었습니다. 승화를 놓고 그는 두 종류로 나누었습니다. 하나는 정신분석에서 말하는 "고전"적 승화로서 "연속적(continue) 승화"입니다. 반면 불의 승화는 "변증"적 승화로 "무의식의 억압" 대신에 "재기(再起)에 대한 지속적(constant)인 의지"를 가리킨다고 했습니다. 재기란 끊임없이 새롭게 상식과 타성, 또한 물질적 삶으로부터 단절해나간다는 뜻입니다. 그러므로 재기의 의지란 곧 넘어져도 다시 일어나는 긍정적인 승화를 뜻합니다. 이럴 때 억압은 "향유의 활동성"이 된다고 했습니다. 즐거운 억압이라고 할까요? 프로메테우스에 관한 대목에서는 이런 말이 있습니다. "우리를 태우는 불은 갑자기 우리를 밝힌다." 불의 정화는 우리를 기쁘게 하며 정신을 밝혀줍니다. 그래서 불꽃은 정신적 상승의 이미지가 됩니다. "불은 물질을 벗어나며, 현실을 벗어난다, 정신이 된다."(이렇게『불의 정신분석』에서 이미 탈-물질 개념이 나옵니다. 공기의 상상력에서 처음 나오는 게 아닙니다.) 끌렝도 비슷합니다. 불은 생생한 삶의 원소인 동시에 영화(靈化)의 원소로서 우리로 하여금 물질주의를 벗어나게 해주는 원소입니다. 그러므로 불은 삶과 정신을 이어주며 물질과 정신을 이어줍니다. 따라서 불과 공기 사이에 모순은 없습니다. 빨강과 하양 그리고 파랑은 서로를 도와줍니다.

이렇게 우리는 한 전위예술가의 생각을 이해하려 했습니다. 그러나 이 예술가와 바슐라르가 닮은 점은 아쉽게도 여기까지가 아닌가 싶습니다. 끌렝은 적어도 원소에 관한 한 공기와 불의 원소를 작품화하는 데서 그치기 때문입니다. 물론 그는 하양, 파랑, 빨강말고도 다른 색을 표현하기도 합니다. 파랑, 장밋빛, 황금색 같은 것들 말입니다. 나아가 후자의 삼위일체를 주장하기도 합니다. 장밋빛은 성신, 황금색은 성부, 파랑은 성자를 상징한다는 해석도 있습니다. 그러나 이 셋은 다만 불꽃의 세 부분이라는 게 그의 설명입니다. 그렇다면 역시 그는 공기와 불을 떠나지 않은 셈입니다. 바슐라르의 네 원소에 견준다면 꼭 절반이 빠져 있습니다. 이 차이는 큽니다.

연금술의 네 단계로 본다면 흑화, 백화의 두 단계가 있을 뿐, 나머지 접근과 적화의 두 단계가 없다는 이야기가 됩니다. 즉 상승만 있을 뿐 하강이 없다는 뜻입니다. 또는 몸 벗어나기가 있을 뿐 새 몸 얻기가 없다는 뜻입니다. 연금술에서는 흑화를 죽음의 단계, 백화를 영성의 단계로 명시하지만 크게 보자면 검정과 하양은 모두 죽음의 단계들을 상징하는 죽음의 색입니다. 하나는 개체적 정신의 죽음이며 다른 하나는 물질의 죽음으로서, 둘 다 온전하지 못합니다. 반면 끌렝이 빠뜨린 두 단계는 어떻습니까? 접근의 단계는 마치 싱싱한 레몬 같은 노랑과 초록으로 나타나며 이들은 생명을 낳는 대지의 색이자 대지에서 움트는 식물들의 색입니다. 죽음(검정)과 영성(하양)을 거친 존재가 다시 대지로 돌아온다는 뜻입니다. 그리고 마침내 새 몸을 얻습니다. 잘 익은 레몬처럼 초록에서 노랑으로 바뀌다가 차츰 주홍을 거쳐 빨강으로 변합니다. 붉은 피가 돈다는 뜻입니다. 바슐라르의 네 원소 이야기도 그러합니다. 큰 죽음〔大死〕을 이야기하지만 거기서 그치지 않고 큰 삶〔大活〕을 이야기합니다. 큰 삶은 자연의 재발견이자 인간 속에 들어 있는 자연과의 재결합이며, 시학에서 보면 새 이미지와 작품의 탄생입니다.

## 2. 낭만주의와 아방가르드

새 몸 얻기로서의 큰 삶을 시학에서 보면 새로운 이미지와 작품의 탄생이라고 했습니다. 싱거운 이야기로 그치지 않으려면 새롭다는 뜻을 분명히 해두어야겠습니다. 그것을 저는 '삶에 관련된다'는 말로 새기고 싶습니다. 이때 삶은 이른바 '생활'하고 다르며, 예술의 순수자율성에서 말하는 순수함이나 절대성하고도 다른 길에 서 있습니다. 말라르메는 언젠가 시인의 임무를 두고 "한 종족의 언어에 가장 순수한 의미"를 부여하는 것이라고 하며, 저잣거리에서 주고받는 기능언어의 사소함에다 시적 언어의 순수함을 대립시켰습니다. 그러나 새 몸 얻기를 통한 시학은 차라리 순수나 본질이라는 이름으로 규정된 공허한 일반성을 깨뜨리며, 감성적 구체성과 그 끝없는 영역을 여는 데 몰두할 것입니다.

여기에 상승과 하강의 일치가 있습니다. 그런데 어떤 분은 바슐라르에게는 근본적으로 반(反)사회성이 있다고 하지 않았느냐, 그것이 어떻게 삶과 관련되는 시학과 일치될 수 있느냐고 지적할 것입니다. 그렇습니다. 과연 바슐라르가 네 원소의 상상력으로 정말 하고 싶었던 이야기는 무엇이었을까 하고 묻는다면 저는 한마디로 반사회성이라고 답하겠습니다. 물론 듣기에 썩 좋은 말은 아닙니다. 그 내용이라도 좋으냐 하면 꼭 그렇지도 못합니다. 교육에 대한 회의, 탈-심리학, 탈-사회, 탈-역사 같은 말들이 반사회성을 대표합니다. 특히 마지막에 탈-역사 같은 낱말은 자칫 혐오감마저 불러일으키기 십상입니다. 그러나 해석은 우리의 몫입니다. 좀더 넓은 맥락에서 풀이할 자유 정도는 주어져 있을 테니까요. 그렇다면 반사회적 경향을 포용할 만큼 넓은 맥락은 무엇일까요? 한 가지 가설이 있습니다. '바슐라르가 반대한 사회는 근대사회이다. 그는 근대사회에 대한 비판을 상상력이론 속에 담으려 했다. 그리하여 예술과 일치하는 삶을 구상했다.'

최근에 제가 읽은 책이야기를 하겠습니다.[1] 모더니즘과 포스트모더니즘을 가운데 놓고 20세기 사상의 흐름을 짚어보는 책이었습니다. 서문에

자연과 같은 예술

"이 책은 모더니즘과 포스트모더니즘을 다룬다. 양자는 20세기 전반과 후반을 각기 지배하면서 다양한 문화와 다양한 철학을 수태하였다"고 씌어져 있었습니다. 수태란 모름지기 근원적인 발생관계입니다. 그렇다면 모더니즘과 포스트모더니즘이 여러 문화와 철학을 낳았다는 말이 아닙니까? 결국 문예사조에 해당하는 것이 문화와 철학을 낳았다는 것인데, 저는 이 관점이 좋았습니다. 예술에는 이론적인 철학과 구체적인 문화양상들을 낳을 만한 수태의 힘이 있다는 발상, 예술은 마냥 아름다움을 좇는 데서 그치지 않고, 일하고 생각하는 사람들이 자라는 터가 된다는 발상 말입니다. 적어도 저는 그렇게 읽었습니다. 그러고 보니 우리는 데까르뜨가 그렸다는 학문의 나무에 너무 길들여져 있었습니다. 뿌리는 철학(형이상학)이고 나뭇가지는 과학이라는 그림 말입니다. 이 나무에 예술은 없었습니다. 그렇다면 어느 잔가지 한 귀퉁이에 놓여 있을까요? 아닐 테지요. 예술은 철학에서 돋아난 가지가 아닙니다. 오히려 철학이라는 근원의 근원, 즉 토양일 것입니다. 적어도 저는 그렇게 읽었습니다. 예술은 세계를 만들어낸다, 아니 예술은 세계이다.

서문은 이렇게 이어졌습니다. "양자(모더니즘, 포스트모더니즘)는 일견 서로 대립적이면서도 공통적인 지반을 갖고 있다. 필자는 그 공통적 지반이 아방가르드적 정신에 있다고 파악했다." 사실 양자에 공통 지반이 있다는 견해는 이미 여러 사람이 말한 것이었습니다. 그리고 두 사조가 단절되었다는 평가는 과장되었으며, 실제로는 중세와 근대 사이에 있는 단절이 그보다 더 크다고 말하는 사람들도 적지 않습니다. 말하자면 모더니즘과 포스트모더니즘은 모두 근대라는 테두리 안에서 이해될 수 있다는 뜻입니다. 따라서 문제는 이 테두리 자체를 어떻게 넘어설 것인가 하는 게 되겠지요.

제가 미리 명시하지는 않았지만 이 책의 이야기가 출발한 문제틀도 마찬가지입니다. (포스트)모더니즘의 문제점들은 이미 드러났지만, 그렇다고 중세로 되돌아갈 수도 없고…… 옛날을 그대로 본받자는 뜻은 아니지만 굳이 옛시대 가운데 하나를 모범으로 삼자면 어느 시대를 고를 것인가? 중세를 고를 것인가, 고대를 고를 것인가? 저는 르네쌍스를 골랐습니다. (포스트)모더니즘을 넘어서려는 고민이 마치 중세를 넘어서려던 르네쌍스의 고민과 통한다는 사실을 알았기 때문입니다. 더욱이 인간중심사상이나 자연과학 같은 근대성의 조건을 마련하는 시대로서가 아니라 그 자체로 의의를 갖는 시대, 특히 연금술 같은 비학을 꽃피우던 시대로서 르네쌍스를 생각했습니다. 마침내 르네쌍스 연금술의 정신을 20세기에 고민했던 사상가로서 바슐라르를 떠올렸습니다.

그런데 제 생각에는 몇가지 치우친 데가 있었습니다. 그중 하나가 모더니즘과 포스트모더니즘에 대한 평가이지 싶습니다. 은연중에 너무 나쁘게만 보지 않았나 하는 반성도 들었습니다. 물론 근대성(modernity)에 대한 평가를 바꾸지는 않았습니다. 저는 근대사회를 세운 기획에 많은 문제가 있다고 봅니다. 근대적 합리성이라는 말도 마찬가지입니다. 물론 합리성 자체를 책잡을 생각은 없습니다. 사람이 직면한 문제를 이치에 맞게 풀자는 데 무슨 잘못이 있겠습니까? 잘못이 있다면 근대사회가 정한 이치라는 것이 너무 좁다는 점입니다. 또한 잘못은 그 좁은 이치로 모든 문제를 풀 수 있다는 어리석은 믿음에 있으며, 좁은 이치로 덤비면 안될 곳에서도 주책없이 날뛰는 사나움에 있습니다. 급기야 온 사회는 포드-테일러 생산체계에 따라 다스려지는 한편, 모든 가치의 순서를 산업생산에 쓸모있는 차례대로 매기게 되었습니다. 자연과학의 가치가 으뜸으로 놓이는 반면 자연의 가치는 꼴찌로 떨어졌습니다. 자연은 오직 산업에 필요한 재료에 지나지 않게 되었고, 마치 임자 없는 곳간 신세가 되어버렸지요. 숭고한 것이 머물 데가 없어졌습니다.

그러나 근대성과 모더니즘이 동의어가 아님을 인정하지 않을 수 없습니다. 심지어 모더니즘이 근대성에 거스르는 측면이 있다는 점도 인정하지 않을 수 없습니다. 앞에서 따온 서문을 더 들어볼까요? "아방가르드 정신이란 단순히 예술적 실험을 의미하지는 않는다. 그것은 예술이 실천되기를 원하며, 심지어 현실적 실천을 대체하는 유일한 근원적 실천이기를 꿈꾼다."

꿈꾼다…… 그렇습니다. 저는 (포스트)모더니즘의 꿈을 너무 간단하게 보았던 것입니다. "진리가 출현하는 유일한 장소로서 예술"을 강조하며 "경직된 부르주아적 주체를 파괴"하려 했고 "정신적 혁명"으로 "현실적 실천을 대체"하려 했던 모더니스트의 꿈을 간단하게 보아 넘겼던 것입니다. 물론 모더니즘은 곧잘 자기가 비판하던 근대성의 논리에 오히려 물들기도 했습니다. 그런 까닭에 실제로 모더니티와 모더니즘을 분명하게 나누기 어려울 때가 많습니다. 가령 삐까소(Pablo Picasso)의 「게르니까」(Guernica)벽화만 해도 여러 의문을 낳았습니다. 어쩌면 우리 시대의 폭력과 공포를 다만 심미적인 형식으로 바꿔놓은 것은 아닌가?[2] 다시 말해 폭력을 거부하기는커녕 오히려 심미적으로 즐긴 것은 아닌가? 혹은 이 그림이야말로 위험한 시대를 만들진 않았을까?[3] 말하자면 폭격으로 찢고 칼로 베듯이 사물을 보는 큐비즘이야말로 오히려 잔혹한 시대를 뒷받침해주지는 않았을까? 만일 그렇다면 모더니즘예술은 근대성이 낳았음직한 폭력에 맞설 수 없습니다. 근대성에 대한 "부정적 모방"에 지나지 않기 때문입니다.[4] 그럼에도 저는 새삼 아방가르드정신이 그립습니다. 기교나 세계관이 아니라 진리가 출현하는 장소로서의 예술, 정신적 혁명으로서의 예술이라는 테마 말입니다. 얼마나 서먹해진 구호들입니까? 진실이 드러나지 않는 작품, 문화상품으로서의 예술에 친숙한 우리에게는 얼마나 아득한 말들입니까?

그리고 저는 이 테마를 통해 바슐라르를 생각합니다. 반사회적인 상상력이론이 자리잡을 맥락은 여기에 있습니다. "형성하는 힘이 아니라 새롭게 변형하는 힘"으로서 상상력을 정의할 때 그는 당대 아방가르드정신 속에 취해 있었고, 시각에 들러붙지 않는 상상력으로서 "이미지 없는 상상력"을 내세울 때 그는 초현실주의 흐름 속에 떠 있었으며, "교육된 정신은 꿈꾸지 못한다"는 경구를 내뱉을 때 그는 근대 부르주아사회와 그 경직된 주체성을 재생산하는 예술과 학교를 비판하며, 이들을 넘어서는 유일한 희망으로서 "몽상"에 잠겨 있었습니다. 어디 그뿐입니까? 기존 정신분석학에 반대하여 탈-심리학을 내세우면서도 스무개가 넘는 콤플렉스 이름을 만들어낸 까닭은 무엇입니까? "정신분석학은 부르주아의 산물이다." 한편으로 무의식을 성욕 속에 가두는 것은 기존 이론이 부르주아를 중심으로 만들어졌기 때문이라고 비판하며, 다른 한편으로 무의식을 다채롭게 고려함으로써 경직된 주체성을 해방하려 했습니다. (좀체 사회학의 용어를 쓰지 않던 그로서는 아마 유일하게 부르주아라는 단어를 쓴 대목이지 싶습니다.) 세계를 바꾸는 힘으로서의 예술과 그 원동력으로서의 몽상, 이 테마가 늘 바슐라르를 사로잡았습니다. 지성으로 살균된 사회를 무엇으로 적실 것인가? 베르그쏭이 직관을 생각했다면, 바슐라르는 거기서 예술적 상상력을 생각했습니다. 예술과 삶의 일치를 생각한 것입니다.

아플수록 더욱 빛나는 건강이 있습니다. 바슐라르는 그 순수한 건강을 좇았습니다. 유대 신비주의에 깊이 영향을 받은 부버(Martin Buber), '메시아주의'적 모더니즘, 그리고 니체, 낭만주의, 그러다 마침내 르네쌍스 연금술사들을 찾아내었습니다. 순수한 건강은 시대를 넘어 빛나고 있었습니다. 이 가운데 특히 낭만주의가 우리의 시선을 머물게 합니다. 이 사조야말로 바슐라르의 시학을 떠받치는 뿌리라고 할 법합니다.

기실 낭만주의자를 붙들었던 물음은 지난 세기 아방가르드 예술가들, 그리고 오늘날 우리를 붙드는 물음에도 통합니다. 어떻게 하면 예술과 삶 사이에 가로놓인 거리를 좁힐 수 있을까? 참으로 몽상적 정신의 절대화, 참된 삶으로서의 예술이라는 테마는 아방가르드보다 백년쯤 앞서는 낭만주의에서부터 찾을 수 있습니다. 이 질풍노도의 시절은 천재들의 자폐적 몽상의 시대라기보다는 예술을 통한 실천, 예술을 통해 정신적 혁명을 꿈꾸던 시대였습니다. 이들은 먼저 예술영역 안에서 혁명을 시작했습니다. 무시되던 온갖 평범한 것들이 고상한 예술의 울타리 안으로 밀려들어왔습니다. 낭만주의는 모든 위계를 희롱하며 높은 것을 아래로, 아래 것을 높은 곳으로 올려놓았습니다. 성 아우구스티누스에게 목적 그 자체가 될 수 있었던 것이 오직 신 하나였다면 이제 낭만주의자에게는 어떤 것도 목적이 될 수 있었습니다. 화가 프리드리히(Friedrich)는 소수 장르였던 풍경화를 가장 고상한 장르인 종교화처럼 그렸으며, 제리꼬 (Gericault)는 또한 신문 사회면에 나온 난파선 기사 하나를 역사에 길이 남을 그림으로 만들면서 실제 역사를 오히려 스쳐가는 이야기로 만들어버렸습니다. 그리고 위대한 건강, 노발리스가 있습니다. 그가 1798년에 쓴 글입니다.

> 세계는 낭만화되어야 한다. 그럼으로써 사람들은 본래의 의미를 되찾으리라…… 이 작업은 아직 전적으로 미지의 것이다. 내가 평범한 것에게 고양된 의미를 줄 때, 상식적인 것에게 신비한 측면을 줄 때, 기지(旣知)의 것에게 미지의 위엄을 줄 때, 유한한 것에게 무한의 외양을 줄 때, 나는 그것들을 낭만화한다…… 상승과 하강의 교체.

이 대목은 초현실주의에서 말하는 "객관적 우연"을 떠올리게도 합니다. 객관적 우연 개념을 그저 프로이트의 말실수(lapsus) 개념이 응용된 정도로 여길 수도 있지만, 둘의 방향은 다릅니다. 프로이트는 표층의 우연을 심층에서 보면 어떤 객관적인 근거를 찾을 수 있다고 했습니다. 이를테면 국회의 개회를 선언해야 할 의장이 폐회를 선언해버렸을 때 그 말실수는 실제로 국회의 조속한 폐회에 대한 소망을 보여준다는 것입니다. 심층에 있는 객관적인 질서의 표출로서 우연을 이해한다고 할까요? 프로이트가 이렇게 어떤 우연한 실수로부터 그 원인을 분석해 내려간다면 초현실주의는 오히려 우연을 더욱 열어 새로운 세계로 넓힙니다. 이를테면 브르똥은 『미친 사랑』에서 나무숟가락을 신발로 잘못 본 경험을 이야기합니다. 그러면서 자신의 환각이 '정신의 휴가' 상태에서 일어났음에 주목합니다. 상식적인 유용성에 얽매인 선입견에서 벗어나 세계를 바라볼 때 무의식은 정신의 휴가를 보결(補缺)하는 한편, 모든 대상들은 해방되어 숨은 진면목을 계시한다는 뜻입니다. 이런 맥락이라면 나무숟가락을 신발로 잘못 본 게 아니라 나무숟가락 속에 숨은 신발을 제대로 본 셈이 될까요? 객관적 우연은 이처럼 내적인 진실(무의식)과 외적 현실이 한데 만나는 순간에 일어납니다. 그리하여 친숙한 대상들을 새롭게 보여줍니다. 브르똥은 이 낯익지만 새로운 세계를 놓고 이렇게 말했습니다.

> 모든 사물은 일반적으로 부여받던 것과 다른 쓰임새를 향해 호출된다. 일차적인 쓰임새를 의식적으로 희생함으로써 어떤 초월적인 속성들이 추론되어 나온다. 이 초월적인 속성들은 우리에게 주어진 다른 세계 또는 우리가 만들 수 있는 다른 세계에서 그 사물에 결부되어 있는 것들이다.

낯익은 세계의 마술, 말하자면 평범한 것들의 풍요로움을 생각한 것입니다. '마술적 관념론'을 주창한 노발리스는 말했지요. "세계는 낭만화되어야 한다. 그렇게 할 때 사람들은 본래 의미를 되찾으리라." 초현실주의를 제기한 브르똥은 평범한 것들로부터 "다른 세계"를 만나려 했고 그때서야 사물의 참 모습이 드러난다고 했습니다. 이들은 모두 기존 미학의 코드를 바꾸려 했던 셈이지요. 타성적인 생활로부터 상승하되 참된 삶의 재발견을 통해 내려오는 예술과 삶의 일치를 기도했습니다. 그리고 우리는 이런 흐름 속에서 바슐라르를 이해할 수 있습니다. 진부함에 대한 일관된 비난, 이미지의 변형에 대한 선호 등을 단지 '새것 콤플렉스'로 여기기보다는 오히려 낭만주의로부터 출발하여 모더니즘에서 절정에 이른 비판적 몽상, 다른 세계를 꿈꾸는 몽상이라는 경향 속에서 보아야 할 것입니다. 누군가는 비판을 상상력 속에 담는다는 것은 결국 공허한 일로서 한낱 넋두리가 아니냐고 지적할 것입니다. 그렇습니다. "권력을 상상력에게!" 같은 구호는 넋두리입니다. 그러나 공허한 말이기 때문이 아니라 죽은 이의 넋을 대신하여 하는 말이기 때문에 그럴 것입니다.

저는 아방가르드정신의 한계가 '몽상과 예술을 통한 실천'에 있다고 보지는 않습니다. 그리고 현실적 대안을 내놓지 않는다는 점에 있다고 보지도 않습니다. 하이데거는 한 쎄미나(1968)에서 헤겔을 인용한 적이 있습니다. "구멍난 양말이 기운 양말보다 낫다." 구멍난 양말은 온전한 상태를 그립게 하지만, 어설프게 기워버린 양말은 오히려 온전함에 대한 희망을 빼앗을 수 있겠지요. 그래서 하이데거는 철학의 바탕에 "분리"와 "찢김"을 두었습니다. 철학은 말하자면 어설프게 기워버린 온전함이 아니라 "생생한 온전함"을 좇는 데 있다는 뜻입니다. 예술에서도 비슷한 이야기를 할 수 있지 않을까요? 우리에게 그리운 것은 어설픈 명창보다는 목놓아 부르는 노래입니다. 부르짖음에 가깝다 해도, 살아 있는 소리 한마디가 더 그리운 것입니다.

근대사회는 굳세고 튼튼합니다. 그리고 이 사회의 두드러진 현상 가운데 하나는 이른바 평범함으로 가장한 저속함의 연대입니다. 저속함에 대한 숭배가 근대사회를 견디게 합니다. 아방가르드는 이 컬트(cult)에 가까운 존경을 부서뜨리고 평범함의 본래 의미와 풍요로움을 밝히려 했습니다. 그러나 아방가르드예술에 체계는 존재하지 않습니다. 그러므로 엄밀하게 말해 아방가르드예술이란 존재하지 않으며, 다만 생각하고 꿈꾸는 몇가지 가능성만이 존재할 뿐입니다. 이 가능성의 영역에다 여러 이름을 붙일 수도 있겠지만 중요한 것은 이름이 아니며, 본질적인 것은 이름이 아닙니다. 본질적인 것은 가능성입니다. 아방가르드의 생명은 이 가능성을 열어준 데 있습니다. 그리고 제가 생각하는 아방가르드정신의 한계는 또한 이 가능성 속에 있습니다.

## 3. 아방가르드의 한계

물론 아방가르드의 다양함을 하나로 뭉뚱그려 이야기하기는 어렵습니다. 더욱이 그 한계를 말한다는 것은 참으로 못할 일입니다. 그럼에도 한가지를 생각해본다면 바로 자연이라는 패러다임의 상실입니다. 아니, 적어도 자연이라는 범주가 중요한 문제틀을 이루지 못했다고 고쳐 말하겠습니다. 사실 그렇습니다. 인습과 상업성으로부터 벗어난 창작과 '예술의 실천'을 앞세우던 이들에게 중요한 것은 정신의 힘이었습니다. 비데(bidet)를 전시회에 내놓은 사건도 마찬가지입니다. 예술작품을 상품가치로만 따지던 부르주아의 예술관을 꼬집었던 것입니다. 그 힘을 영혼이라 해도 좋고 상상력이라 해도 좋겠지만, 여하튼 아방가르드의 생명은 정신의 힘을 높이는 데 있었습니다. 그러나 역설적으로 한계도 여기에 있습니다. 정신의 힘이 맞서야 할 것은 무엇이었습니까? 사람을 얽어매는 낡은 전통과 인습이었습니다. 그런데 이 낡은 체제에는 자연마저 포함되어 있었음을 놓쳐서는 안됩니다.

사실 무리도 아니었던 것이 19세기 말을 보면 과학에서는 뉴튼의 물리학, 다윈의 진화론, 유전학 같은 법칙들이 자리를 잡았고, 문학에서는 "환경에 의해 종족이 변형되는"(에밀 졸라) 과정을 그리겠다는 섬뜩한 자연주의가 득세하였지요. 그러므로 당시 사람들에게 자연의 이미지란 한마디로 무서운 것이었습니다. 인간을 움츠러들게 하는 힘, 인간을 유한함과 초라함 속으로 밀어넣는 무서운 힘들의 총체였다고 할까요? 여기에 반대급부로 나온 과학주의는 온 유럽에 퍼졌고, 그러다보니 과학적이라는 술어는 모든 행위의 가치를 증명하는 술어가 되었으며, 자기 말이 옳다는 것을 설득하려면 누구라도 '과학적'이라는 표지를 달고 나와야 했습니다. 과학만능주의라고 해둘까요? 아방가르드의 정신주의(spiritualism) 경향은 이런 상황에 대한 총체적 반발로 이해될 수 있습니다. 과학의 잣대를 넘어선 예술의 고유한 가치를 내세우는 한편, 인간을 결정된 한계 속으로 몰아세우는 자연을 벗어나 자유로운 상상력의 깃발을 들었을 것입니다.

그러나 문제는 이때 정신의 힘이란 것이 자연과 더불어 어떻게 놓여 있나 하는 것입니다. 혹시 정신과 자연이 맞서 있지는 않은가요? 온 사회에 만연한 과학주의와 자연주의를 벗어나려 하면서 그들은 자연마저 벗어던지려 하지 않았을까요? 그리하여 자연을 벗어난 정신을 내세우지는 않았던가요? 이런 의혹을 지우기 어렵습니다. 그리하여 정신과 자연, 나아가 문명과 자연의 대립이라는 오래된 전통이 되풀이되었다는 느낌을 받기도 합니다. 요컨대 '전통 인습과의 단절'을 꾀할 때 그들은 자연과도 함께 절연하려 했다는 인상을 줍니다.

그래서 자연이라는 측면에 관한 한 아방가르드는 새롭지 않습니다. 플라톤으로 거슬러올라가는 서양의 오래된 형이상학이 재현될 뿐입니다. 아방가르드의 선조로 불리는 보들레르도 마찬가지라는 인상을 줍니다. 그는 언젠가 이렇게 썼습니다. "자연은 아무것도 또는 거의 아무것도 가르치지 않는다. 말하자면 인간으로 하여금 자고 마시고 먹도록 강요할 뿐이다." 아방가르드는 이러한 자연혐오주의를 계승한 듯합니다. 그리고 도시의 공간 속에서 특이한 정신적 체험을 노래한다는 그의 도시 취향마저 이은 듯합니다. 물론 그렇지 않은 부분도 있습니다. 아방가르드에서도 자연이라는 주제가 곧잘 등장합니다. 그러나 도시 체험 자체가 자연과의 단절이 아니며, 도시라는 소재를 쓴다 해서 자연과의 단절을 단정할 수는 없는 것처럼, 자연이 소재로 쓰인다 해서 그 자체로 자연과의 친화를 말하기도 어렵습니다. 보들레르부터 그런 예가 될 수 있습니다. 상징의 '숲'을 노래한다 해서 「교감」(상응)이라는 시가 그 자체로 자연을 존중했다고 하기는 어렵습니다. 잘 알려진 것이지만 첫 대목만 들어보겠습니다.

자연은 하나의 사원이어라. 그곳에 살아 있는 기둥들은

혼란스런 말을 때때로 흘려 내보내니
사람은 친근한 눈길로 그를 맞이하는
상징의 숲을 가로질러 그리로 들어간다.

　저는 먼저 "상징의 숲을 **가로질러 그리로 들어간다**"는 구절을 읽습니다. 숲은 '그리'로 가기 위해 거치는 곳으로 되어 있습니다. 통로인 셈입니다. 그렇다면 "그리로"는 어느 쪽입니까? 자연인가요? 이상합니다. 숲을 가로질러 사원이 있다는 건 이상하지 않지만, 숲을 가로질러 어떤 자연이 따로 있다니. 숲은 자연이 아니라는 말인가요? 저는 이 구절에 보들레르의 근본적인 이원성과 초월성이 담겼다고 생각합니다. 「교감」이 노래하는 숲은 숲이 아니며 자연은 자연이 아닙니다. 한번 보세요. 숲은 상징입니다. 또한 상징은 '무엇을 가리키는 것'입니다. 그 자체로서 의의는 적습니다. (가령 '백기白旗는 항복의 상징'이라고 할 때 백기의 의의는 다만 항복 의사를 가리키는 데 있을 뿐이듯이 말입니다.) 숲이 상징이라면 상징으로서 숲의 의의는 '숲이 아닌 무엇'을 가리키는 데 있을 뿐입니다. 숲을 그 자체로 보지 않고 다른 무엇을 가리키는 존재로 본 것이 아닌가요? 숲은 자연을 가리킴으로써 마침내 사람을 그리로 이끄는 존재에 지나지 않습니다. 그런데 이 자연은 '하나의 사원'이랍니다. 사원은 무엇입니까? 이중적으로 '구별되는 곳'〔聖別〕입니다. 한편으로 지금 사람이 있는 '여기'와 구별되는 동시에 '숲'과도 구별됩니다. 그리고 다른 한편으로 '신성' 자체와도 구별됩니다. 사원에 신성이 머문다고 할 수는 있어도 사원을 곧 신이라고 할 수는 없을 것입니다.

자연과 같은 예술

그러므로 이렇게 줄일 수 있습니다. 「교감」에서 숲과 자연의 운명은 같다. 모두 숲과 자연 자체를 넘어선 어떤 것, 숲과 자연이 아닌 어떤 세계와 교감하는 통로에 지나지 않는다. 그래서 저는 이원성과 초월성이 담겨 있다고 했습니다. 보들레르는 결국 플라톤의 후예였던 것입니다. 이곳과 저곳, 이 세상과 저 세상, 자연과 신성이라는 대립구도가 고스란히 되풀이됩니다. 실상 보들레르의 시 「교감」은 만물의 조응이 아니라 오감의 조응을 노래한 것이며 이 공감각(synaesthesia)이 노래하는 것은 실질적인 자연이 아니라 정신의 자연적 상태인 것입니다. 이같은 맥락에서 "미(美)는 자연의 숭고한 변형"이라는 보들레르의 경구를 이해할 수 있습니다. 그것은 결코 자연을 바탕으로 미가 이루어진다는 말이 아니라, 자연을 숭고하게 바꿀 때야 비로소 미가 이루어진다는 말로서, 미는 결국 인간적 산물이라는 주장이었던 것입니다. 제가 볼 때 아방가르드는 이런 생각을 많이 물려받은 듯합니다.

물론 제 생각에 동의하지 않는 분들도 있을 것입니다. 이른바 자연경관을 예술로 승화시킨다는 환경예술(environment art)이나 대지예술 등을 떠올리는 분들도 있겠지요. 그럼에도 가령 크리스토(Christo) 같은 작가의 기획은 어떻습니까? 1마일이나 되는 「포장된 해안선」이나 4톤이 넘는 「계곡의 커튼」 같은 광경에서 우리는 과연 자연미를 느낄 수 있나요? 아닙니다. 만 레이(Man Ray)가 일찍이 내놓았던 「포장지로 덮인 재봉틀」과 비교해서 크게 다를 바가 없습니다. 자연 자체보다는 낯설게 하기의 정신이 돋보입니다. 나아가 기술이라는 인간의 힘이 낳은 야릇한 숭고미가 느껴집니다. 말하자면 자연의 힘을 멋쩍게 만드는 인간정신의 힘이 전면에 떠오른다고 할까요? 자연 소재를 쓴다 해도 자연과 정신의 관계를 어떻게 두는가에 따라 이야기가 달라질 수 있습니다. 그리고 이런 견지에서 20세기 아방가르드는 자연이라는 패러다임을 잃었습니다. 나아가 이러한 자연과의 단절 경향은 모더니즘과 포스트모더니즘 전체를 놓고도 말할 수 있다는 생각이 듭니다.

같은 관점에서 저는 아방가르드의 중요한 특징으로 알려진 개인주의를 이해합니다. 자아 속에의 매몰도 마찬가지입니다. 문제는 역시 정신을 초월하는 방식에 있었을 성싶습니다. 창조적인 정신을 (근대)사회로부터 초월시키려는 동시에 자연으로부터도 초월시키려는 데서부터 극단적인 개인주의가 나왔다는 뜻입니다. 이원론적인 틀 속에 설정된 초월이 문제입니다. 이러한 초월은 결국 전통 아니면 새것, 이곳 아니면 저곳, 현실 아니면 환상, 이 세상 아니면 저 세상, 자연 아니면 정신이라는 양자택일 속으로 자아를 몰아세우지는 않았을까요? 그리하여 개인의 자아를 우주와 사회 어디에도 머물 데가 없게 함으로써 종국에는 사회적이고 우주적인 차원에서의 고립을 자초하지 않았을까요?

또한 이러한 경향은 모더니즘과 포스트모더니즘 전체를 놓고도 말할 수 있다는 생각이 듭니다. 요컨대 이들은 '몸 벗어나기'에 골몰한 나머지 '새 몸 얻기'에는 크게 성공하지 못한 듯한 인상을 줍니다. 인간의 정신이 깃들 만한 자리를 찾지 못한 바람에 "위대한 영혼의 자유"(A. 브르똥)를 마치 유령 같은 떠돌이로 유배시켜버렸으며, 결국 예술을 삶과 일치시킨다는 본래 뜻에서도 차츰 멀어진 듯합니다.

## 4. 에메랄드의 말씀 : '그것'의 시학

그렇다면 정신이 깃들 자리는 어디서 찾아야 할까요? 새 몸을 얻는 길은 어디에 있으며, 예술이 삶에 연관되는 길은 어디에 놓여 있을까요? 두 가지로 요약하자면, 첫째 편협한 이원론과 양자택일의 틀을 벗어나기, 둘째 자연의 의미를 되새기기입니다. 물론 둘은 서로 나뉘지 않습니다. 그렇다고 인과적 선후나 시간적 선후로 이어지지는 않습니다. 자연은 이미 좁은 이원론을 벗어나 있기 때문입니다. 이것이 제가 바슐라르의 네 원소 시학에서 배운 점입니다.

저는 이 주제를 르네쌍스 연금술에서 부각된 '대립의 일치' 개념을 중심으로 생각했습니다. 또한 대립의 일치를 깨닫는 데는 상상력이 필요한데, 이때 상상력이란 단순히 주어진 대상의 형상을 재생하는 감각(sens data)도 아니고 턱없는 몽상도 아니며, 자연과의 교감에 바탕을 둔 질료-내용의 상상이라고 했습니다. 사실 바슐라르는 모더니즘을 두둔합니다. 그러므로 우리가 모더니즘의 한계를 단편적이나마 살펴본 마당에 그의 시학에서 모더니즘을 넘어설 실마리를 찾는다는 것 자체가 역설이기도 합니다. 하지만 그는 연금술의 '대립의 일치'라는 테마를 질료적 상상력에 합하며, 어쩌면 자기도 모르게 스스로 모더니즘의 틀을 벗어나는 실마리를 잡았다고 생각하는 것입니다.

이제 새삼스레 앞의 주제들을 다시 늘어놓기보다는 차라리 그 유명한 에메랄드 평판(tabula smaragdina)의 힘을 빌려볼까 합니다. 이것은 파라

오시대보다 먼저, 모세보다 대략 4백여년 전, 그러니까 예수보다 1900년 이전에 살았다는 이집트의 철왕(哲王) 헤르메스(Hermes Trismegitus)가 남겼다는 전설적인 기록입니다. 어떤 이는 아브라함의 부인 사라(Sarah)가 '대홍수' 이후에 동굴에서 헤르메스의 시신과 함께 찾았다고 하며 또 어떤 이는 알렉산더대왕이 헤르메스의 무덤에서 찾아내었다고 합니다. 이후에 알렉산드리아의 도서관이 불탈 무렵 사라졌다가 아랍어로부터 다시 중세 라틴어로 번역되어 유럽사회에 등장한답니다. 저는 라틴어판 (1541)을 바탕으로 프랑스어판(1557)과 영어판(1597)을 대조한 현대 영어 번역을 여기에 옮겼습니다.[5] 모두 13개의 항목 앞뒤로 두 문장이 붙어 있습니다.

*헤르메스의 비밀 말씀은 에메랄드 판 위에 기록되었으며 헤르메스의 시신이 묻힌 컴컴한 동굴 속 그의 두 팔 사이에서 발견되었다.

1. 이 말씀은 참되고 거짓이 없으며, 확실하고도 가장 참되다.

2. 아래에 있는 것은 위에 있는 것과 같으며, 위에 있는 것은 아래에 있는 것과 같다. 일물(一物, One Thing)의 기적들을 완수한다.

3. 그리고 하나(One)에 대한 명상(meditation)을 통해 모든 것은 하나로부터 유래했다. 이와 마찬가지로 모든 것은 개작(改作, adaptation)에 의해 이 일물로부터 태어났다.

4. 태양은 그것의 아버지이며 달은 그것의 어머니이다.

5. 바람은 그것을 자기 뱃속으로 가져왔다. 대지는 그것의 유모

자연과 같은 예술

(Nurse)이다.

6. 온 세계 모든 완성(Telesme)의 아버지는 여기에 있다. 그것의 강함과 힘은 그것이 흙으로 전환될 때 완성된다.

7. 흙을 불로부터 분리해내고, 미묘한 것(subtle)을 거친 것(gross)으로부터 분리하라. 부드럽고 꾸준하게.

8. 그것은 흙(대지)으로부터 하늘로 상승하며 다시 흙(대지)으로 하강한다.

9. 위에 있는 것의 힘과 아래에 있는 것의 힘을 그것에 모아라.

10. 이렇게 함으로써 세계의 모든 영광은 네 것이 될 것이며 모든 모호함은 네게서 날아가버리리라. 그것은 모든 강함 가운데 가장 센 강함이다. 왜냐하면 그것은 모든 미묘한 것들을 이기며 모든 단단한 것들을 꿰뚫기 때문이다.

11. 창조된 세계는 이와 같다. 이로부터 놀라운 개작이 완수될 것이며 그 방법이 여기에 있다.

12. 따라서 나는 헤르메스 트리스메기투스로 불린다. 나는 온 세계 철학의 세 부분을 모두 거머쥐었기 때문이다.

13. 태양의 작용에 대하여 말해야 할 것을 나는 모두 언급하였다.


  * 여기에서 헤르메스 에메랄드 평판이 끝난다.


에메랄드는 초록의 보석입니다. 우리는 초록이 대지에서 움트는 식물들의 색임을 압니다. 따라서 에메랄드는 부활의 생명을 상징합니다. 한편 에메랄드는 값비싼 보석입니다. 왜 연금술사들은 헤르메스의 비밀이 보석에 새겨졌다고 했을까요? 여러 측면에서 기독교와 대조되는데, 모세는 증거의 말씀을 돌로 된 판에 받아왔습니다. 우리는 이 대비를 통해 연금술이 이미 질료의 차원에서부터 내재적인 대립의 일치를 생각했음을 짐작합니다. 현실적 귀함과 연결되는 정신적 귀함, 다시 말해 현실과 초현실, 물질과 정신 사이에 있는 일치. 이런 점은 가령 도교의 황금꽃〔太乙金花〕, 불교의 다이아몬드〔金剛〕 같은 상징들과 통할 듯합니다. 이 값비싼 생명의 돌 위에 헤르메스는 비밀을 새겼답니다.

둘째 항목을 보세요. "아래에 있는 것은 위에 있는 것과 같으며, 위에 있는 것은 아래에 있는 것과 같다. 일물의 기적들을 완수한다." 정녕 '대립물의 일치'에 대한 원본 정의에 해당합니다. 사실상 세계의 특정한 부분을 다소 일면적으로 내세우던 서양 전통에 비하여 '서양 속의 동방 전통'이라고 할 만한 이 구절은 양가(兩價, binary)의 동시성을 참으로 요령있게 표현합니다. 그 의의는 지금도 빛이 바래지 않았습니다. 상호관계의 균형이 깨진 것에 균형감각을 주고 현실에서 양립이 불가능해진 것에 공생의 기회를 주려던 노력은 앞으로 우리가 세워나갈 문화의 지표가 될 법합니다.

융이 말했듯이 일면적인 관점이란 비록 충격적인 힘을 주는 것이긴 해도 알고 보면 야만성의 표시입니다. 신경질로 가득 찬 삶이 있을 뿐입니다. 이런 뜻에서는 프로이트의 설명도 일리가 있습니다. 그는 신경증의 원인을 "실패한 억압"으로 돌렸습니다. 저는 이렇게 새깁니다. '신경증은 다른 한쪽을 인정하지 않고 무리하게 억누르는 데서 온다.' 지금 우리 문명이 그런 형국입니다. 배타성에서 나온 신경질이 기승을 부립니다. 일면적인 관점으로 정신을 죄는 문명이 우리를 시들게 합니다.

　반면 생명이 있는 것에서는 대부분이 양가의 동시성으로 꾸려집니다. 예와 아니오, 그렇다와 아니다〔其然不然〕 같은 대립을 늘 가까이 둡니다. 삶과 죽음의 역설, 즉 탄생과 성장은 옛것의 죽음이자 바뀜이며, 태어남은 죽음의 시작이되 죽음은 곧 새 생명의 시작이라는 역설이 조금도 이상하게 느껴지지 않는 곳이 생명의 세계입니다. 나아가 부분과 전체가 맞서기는커녕 사이좋게 어울리며, 부분 속에 전체가 있다는 표현이 가장 맞아떨어지는 곳이 또한 생명의 세계입니다. 요컨대 유기적 영역이야말로 대립의 일치가 가장 뚜렷이 확인되는 영역입니다. 이 영역을 뿌리로 삼아 문명을 고쳐보려는 사상이 있습니다. 유기론(organology)은 세계를 물리법칙의 세계로만 보지 않고 기운 넘치는 자연으로 여깁니다. 그럼으로써 세계란 곧 생명이며 하나의 거대한 생명체라는 관점을 제안하며, 이러한 인식을 바탕으로 문명을 전환하려 합니다. 기본적으로 바슐라르의 시학도 마찬가지입니다. 유기론이야말로 그의 시학이 우리에게 주는 최고의 메씨지일 것입니다.

　다만 전통적인 유기론에 대해서는 몇가지 단서가 있어야겠습니다. 먼저 구모룡 교수가 강조하듯이, 보수성에 유념할 필요가 있습니다. 유기론에는 보통 "파괴된 전통"을 그리는 향수가 담겨 있는데, 이것이 곧잘 경직된 복고 취향으로 표출되기도 합니다. 더욱이 파괴된 전통의 향수가 사회적인 의미에서 유기적 전체의 향수에 결합될 때면 자칫 이야기가 정치적으로 과장되기 십상입니다. 개인적인 자아를 민족이나 국가 같은 전체 속에 넣음으로써 개인의 무력감을 넘어서려는 시도는 포악한 국가주의나 속좁은 민족주의로 나타나기도 합니다. 그러나 과연 억지로 된 연대가 얼마나 견디겠습니까? 유기적 전체와 사회적 전체의 성격에 차이가 있는 만큼, 유기적 단위를 사회적 단위로 적용하는 데는 늘 조심스러워야 할 것입니다. 경직된 복고주의로 흘러갈 우려가 있기 때문입니다. 물론 순수하게 심리학적으로 볼 때 무리는 아닙니다. "의식보다 무의식에 더 의존하는 개인은 심리적 보수주의로 기우는 경향"(융)이 있다면, 유기론이 보수 성향을 보이는 것도 무리는 아닙니다. 전통적인 유기론은 추상보다 구체, 집단보다 개체, 과학논리보다 생명원리, 낮보다 밤, 태양보다 달, 이성보다 광기, 남성보다 여성, 아니무스보다는 아니마, 의식보다 무의식을 선호합니다. 그러나 유기론이 만약 보수적인 태도만을 고집한다면 오히려 생명의 원리에 어긋납니다. 온전한 유기론이 되려면 역시 이질적인 것을 자기 품에 안아야 합니다. 그렇지 않다면 유기론 자체가 또하나의 병(病)이 될 수 있습니다. 가령 원시적인 유기론이 지금 우리에게 대안이 되기 어려운 것도, 그들의 사고는 몇천년 동안에도 변화하지 않고, 모든 낯선 것에 대해 두려움을 느끼며 옛것 속으로 위축되기만 한다는 데 있습니다. 그래서 원시인의 유기론은 또한 현대문명 앞에서 부적응상태로 빠지고 일종의 신경증으로 변할 수 있습니다. 우리는 이질성을 포용함으로써 좀더 높고 넓은 유기론에 도달해야 할 것입니다.

중국 도교의 텍스트(『혜명경』) 하나는 이렇게 시작합니다.


혜와 명의 뿌리를 조심조심 찌고 삶아라. 흩어짐 없이 머물며 환희가 일어나는 그 자리를 비추어 떠나지 않으면 참된 내(眞我)가 거기 숨어 있으리라.

이성적인 의식[慧]과 무의식적인 생명[命] 가운데 어느 하나도 빠지면 안된다는 메씨지가 들어 있습니다. 또한 연금술을 떠올리게 하는 '찌고 삶는다'(烹蒸)는 표현이 있습니다. 참된 나를 밝게 비추는 의식의 노력을 가리키는 것으로 볼 수 있습니다. 말하자면 우리는 의식과 생명을 함께 길러야 하며 둘이 합해야 비로소 온전한 삶을 산다는 메씨지가 들어 있습니다. 우리에게는 이처럼 통합적인 유기론이 필요합니다. 또한 헤르메스는 "태양은 그것의 아버지이며 달은 그것의 어머니이다"(4항)라고 말했습니다. 이 가르침 역시 통합적인 유기론의 실마리를 보여줍니다. 태양이 황이라면 달은 수은이며 태양이 빛의 근원이라면 달은 그 빛을 받아들이는 곳으로서 태양의 밝은 그림자입니다. 그리고 밝은 해와 밝은 그림자(달)가 한데 이어질 때 현자의 돌이 생겨납니다. 연금술의 도상 가운데 헤르메스(머큐리)가 생명의 물을 긷고 있고 하늘에는 해와 달이 함께 떠 있는 그림이 있는데, 그 제목이 「우리의 아들」입니다. 생명은 해의 아들도 아니고 달의 아들도 아니고 우리의 아들이라는 제목입니다. 이러한 관념은 아니무스와 아니마의 공존, 과학과 생명, 삶과 예술의 의식적 공존을 시사해줍니다. 또한 바슐라르가 늘 제시하던 주제입니다.

한편 유기론의 복고주의 경향이 자연을 일종의 정신적인 도피처로 만들어버리는 사례에도 유념할 만합니다. 광야, 사막, 인적이 끊긴 풍경, 황량한 들판…… 이른바 '자연친화'적이라는 작품에서 이런 소재들이 곧잘 눈에 띄는 까닭은 무엇일까요? 당대 사회에 만족하지 못하는 정신이 끝내 인간혐오로 발전한 것은 아닌지, 그리하여 시간적으로는 과거, 공간적으로는 비인간(非人間) 속에서 그 위안을 찾으려 한 것은 아닌지 하는 의혹이 생깁니다. 쉴러는 이렇게 말합니다.

시인은 자연이거나 아니면 자연을 추구할 것이라고 나는 말했다. 전자는 소박시인이 되고 후자는 감상시인이 된다.[6]

쉴러에게 감상시인이란 자연과의 직접적인 관계를 상실하고 "잃어버린 자연"을 추구하는 시인입니다. 하지만 사회나 과학을 혐오하는 데서 비롯된 자연예찬은 잃어버린 자아를 헛되이 투영하는 데 그칠 뿐입니다.

반면 헤르메스는 "창조된 세계는 이와 같다"(11항)고 말했습니다. 인공과 자연의 일치라는 테제입니다. 우리는 연금술의 창조와 우주의 창조가 같은 원리라는 이 주제를 다시 생각할 필요가 있습니다. "바람은 그것을 자기 뱃속으로 가져왔다. 대지는 그 유모이다"(5항). 연금술사들은 펠리컨용기를 우주의 "달걀"로 부르며 그 속에서 우주적 생명이 태어난다고 보았습니다. 용기 속의 고형물은 대지이며, 그 위의 기체 부분은 "철학적 하늘" 또는 바람이라고 했습니다. 현자의 돌은 이 하늘과 바람과 대지 속에서 자라는 것입니다. 옛 서양말에서는 핏줄의 정맥과 땅속의 광맥이 같은 말(vein)이었음을 아시는지요? 땅에 있는 광물도 살아 있다는 발상, 마치 정맥처럼 대지를 돌며 대지의 양분을 먹고 자란다는 발상, 다른 한편 가열용기를 우주의 달걀로 여기고 그 속에도 천지가 있다고 여기는 발상. 여기에서 인간과 비인간을 통합하는 실마리가 엿보입니다.

마찬가지로 바슐라르의 텍스트에서 엿보이는 자연은 도피처가 아니라 쉼터이며 출발점입니다. 사회의식보다 앞서는 존재론적 바탕이자 우리 모두에게 주어진 공통 의미(common sens)로서 인간을 구성해내는 뿌리입니다. 교감의 뿌리도 여기에 있습니다. 앞에서 저는 바슐라르의 맥락에서 자연과의 교감을 육감이나 감응으로 바꿔 쓸 수 있다고 이야기했습니다. "네 살은 홍시처럼 붉다 치솟는 젖무덤, 부푼 엉덩이 머리칼을 흩날리며 달려오는 너는 강이다 산이다 기름진 들이다"(이은봉). 육감이 관능적이라면 감응은 신비적이겠지만 바슐라르 시학에서 둘은 크게 다르지 않습니다. 실제로 자연과 사람이 한 몸이라면 몸과 몸의 육감은 곧 몸과 자연의 감응이 되기 때문입니다.

바슐라르가 솔깃해하는 것은 보들레르의 교감보다는 이런 종류의 교감입니다. 우주적 삶의 에너지로부터 몸을 얻어가는 우주적 노동 말입니다. 그래서 그는 "노동과 사랑의 융화"를 놓고 이렇게 썼습니다. "대지인가 여성인가. 아니 차라리 대지와 여성이다. 위대한 몽상가는 한 가지만을 선택하지는 않는다."[7] 훌륭한 몽상가는 좁은 이원론을 벗어납니다. 자연과 나의 동시성 속에서 상승과 하강을 느낍니다. "나의 심장은 할딱거리며 두 팔엔 굵은 힘줄이 파랗게 돋아져 나와 있다 멀리 강이 흐른다"(진명주). 이때 내적 감정을 토로한다는 서정적 자아는 어디에 있으며, 감정이입의 대상으로 불리는 것은 어디에 있습니까? 자아와 대상의 대립이 보이지 않습니다. 아니, 좀더 정확하게 말하면 내 삶을 떠받치는 중심점이 대상과 나 사이에 있는 어떤 보이지 않는 지점으로 옮겨간 느낌을 받습니다.

　하이데거의 제자이던 헤리겔(Herrigel) 교수는 여러 해 동안 일본에 머물며 활쏘기(弓道)를 배웠습니다. 그의 유명한 책(『궁도와 선(弓と禪)』)에 보면 이런 이야기가 나옵니다.

　　　아와(阿波) 선생은 나(私)를 버리고 쏘라고 말했다. "내가 쏘지 않고 누구더러 쏘라는 겁니까" 하고 물었으나 대답이 없었다. 여러번 묻자 "내가 없으면 그것(それ)이 쏜다" 했다. "그것"이 무엇이냐고 물었으나 역시 대답이 없었다. 다만 꾸준히 해보면 절로 느낀다고 할 뿐이었다. 어느 날 활을 당기자 선생은 내게 큰절을 하며 말했다. "방금 그것이 쏘았습니다." 기뻐하는 나에게 선생은 말했다. "당신이 아니라 그것에게 절을 했을 뿐입니다."

　사실 우리는 '말할 수 없는 무언가'를 가리킬 때 '거시기'나 '그것'이란 말을 곧잘 씁니다. 그리고 무언가를 말할 수 없는 상황을 보면 그것의 발언이 금지된 경우도 있고, 그것을 표현하는 발언 기능이 멈춘 경우도 있습니다. 첫째 경우에 주목한 사람들은 정신분석학자들입니다. 대문자로 써서 이드(Id)나 싸(Ça)로 불렀습니다. 물론 어떤 말이라도 좋습니다. 하지만 '그것'을 남근(男根)이란 뜻에서의 '거시기'나 '무의식' 정도로 환원하는 데 찬성하기는 어렵습니다. 어떤 다른 문제가 있는 듯하기 때문입니다. 그래서 저는 둘째 상황에 주목합니다. 무엇을 표현하는 기능이 한계에 부딪힌 경우 말입니다. 헤리겔은 "활을 쏘았을 때나 책을 쓰는 지금이나 그것을 말로 설명하지는 못하겠다"고 털어놓았습니다. 무언가 알기는 한데 말로 표현할 재간이 없는 상황입니다. 저는 이때 언어표현의 한계보다는 특별한 의식의 **변화**라는 문제를 생각합니다. 헤리겔의 의식에는 어떤 사건이 일어났는가? 나(자아)와 화살(자연 사물)을 움직이는 또다른 축이 드러났습니다. 물론 그 축을 느낀 뒤에 바뀐 것은 없으며, 나는 나대로 화살은 화살대로 여전합니다. 하지만 그와 동시에 다른 축을 깨달았습니다. 그럼으로써 내 힘의 중심이 '나 아닌 것'과 나 사이에 있는 어떤 잠재적인 지점으로 옮겨갔습니다.

처음 에메랄드의 기록을 읽었을 때 저는 난처했습니다. 몇줄 안되는 글에 '그것'이 왜 그리 많을까? 흔한 대명사쯤으로 보고 넘기려 했지만, 묘한 데가 있었습니다. 문장의 구조에서 볼 때 그것이 '일물'(2항)을 가리키는지 아니면 '하나'(3항)를 가리키는지 모호했습니다. 하지만 이내 알게 되었습니다. 그것은 둘을 동시에 가리키고 있었습니다. 그렇다면 뜻으로 볼 때 그것은 무엇을 가리키는가? 열세 항목을 통틀어보아도 직접 언급된 구절은 없지만 그것이 곧 현자의 돌임에는 틀림이 없습니다. 현자의 돌은 한번도 지칭되지 않았고 텍스트는 오직 그것의 하나됨을 이야기할 뿐입니다. 그리고 이 하나됨은 여러 기적적인 성질들을 하나로 모으며 하늘과 땅의 사물들을 조화롭게 합니다(10항).

한편 3항을 다시 읽어보십시오. 일물과 하나가 조심스럽게 구별되어 있습니다. 문맥에서 볼 때 하나가 좀더 근원적임은 분명합니다. 모든 것을 낳은 태초의 근원을 가리키는 것입니다. 그런데 일물은 어떻습니까? "이와 마찬가지로" 모든 것을 낳지 않았습니까? 하나가 태초의 근원이라면 일물은 좁은 뜻에서 철학자의 돌입니다. 그런데 둘의 작용방식은 "마찬가지"입니다. 둘은 서로 다르지만, 마찬가지로 만물을 낳는 것입니다. 즉 연금술의 작업은 세계가 창조된 과정과 다르지만 같으며, 소우주 속에는 대우주와 다르지만 같은 과정이 담겨 있다는 뜻입니다. 그래서 저는 '그것'이 가리키는 바를 깨닫게 되었습니다. 이 '둘이면서 하나'이자 '하나이면서 둘'인 무엇을 말로 표현하기 어려운 탓에 다만 그것이라고 해둔 게 아니겠습니까?

생각이 여기에 미치자 언뜻 헤리겔의 체험을 떠올리게 되었습니다. 그래서 굵은 표시를 해두며 물었습니다. 헤리겔이 활을 쏠 때 느꼈던 그것은 에메랄드 평판의 그것과 닮지 않았을까 하고 말입니다. 그런데 이런 종류의 느낌은 다른 데서도 찾을 수 있었습니다. 미켈란젤로가 그린 사수(射手)들을 떠올려보십시오. 아홉명의 벌거벗은 사람들이 헤름의 앞가슴에 걸린 표적을 겨누며 화살을 쏩니다. 그리고 헤름 밑으로는 화살 묶음 위에 잠든 큐피드가 보이며 아홉 사람 뒤에는 사티로스 같은 인물이 옷자락을 휘날리며 활시위를 당기고 있습니다. 그런데 이상한 점이 있습니다. 표적에 꽂힌 화살들이 보이긴 해도 사수들은 아무도 활을 갖고 있지 않습니다. 많은 분들이 그 이유를 작품이 미완성이기 때문이라고 했지만, 저는 파노프스키를 따라 활과 화살이 일부러 생략되었다고 믿습니다.[8]

인물들은 마치 거역할 수 없는 힘에 홀려 있는 듯이 보인다. 그 마법의 힘이 마치 화살을 쏘는 것처럼 그들을 행동하게 하지만, 실제로는 그들 자신이 사출(射出)된 화살인 셈이다. (…) 그림의 인물들이 스스로 겨냥한 헤름을 향하여 몰아지고 그들이 쏘았을 수 없는 화살로 헤름을 적중시키고 있으므로.

대관절 누가 누구를 쏘는 것입니까? 사도 바울은 "이제는 내가 산 것이 아니요 오직 내 안에 그리스도께서 사신 것이라"고 말했습니다. 그리고 조지훈은 시(詩)를 "자기 이외에서 찾은 저의 생명이요 자기에게서 찾은 저 아닌 것의 혼"이라고 했습니다. 하나는 종교이며 하나는 시학이지만 담론의 구조는 통합니다. 자아는 '그것'과 분리되어 있지 않으나 '그것' 속에서 사라지지도 않습니다. 다만 중심점이 움직입니다. 한편 바슐라르는 말합니다.

300

> 이미지는…… 우리 내부에서 '상상하다'라는 동사의 주어가 된다. 이미지는 '상상하다'의 목적어가 아니다. 세계는 인간의 몽상 속에서 이제 스스로 상상한다.

참 어려운 이야기입니다. 하지만 적어도 '그것'의 시학을 말한다는 짐작을 해볼 수는 있습니다. 연금술사들도 마찬가지입니다. 그들은 비학이라는 이름으로 은밀한 '그것'의 과학을 꿈꾸었습니다. 이때 '그것'은 부르기 나름입니다. 일물, 현자의 돌, 자연, 세계, 네 원소, 이미지 없는 이미지…… 무엇이든 좋습니다. 비록 바슐라르에게 '그것'이 인격성을 띠지는 않은 듯하지만, 더 중요한 점은 결국 나는 '그것' 속에 있고 '그것'

은 또한 내 속에 있다는 점, 그리고 헤르메스 식으로 말하면 '그것'은 내 속에도 있고 바람의 뱃속에도 있으며 연금술의 달걀 속에도 있다는 점입니다.

이들에게 중심은 도처에 있으며 또한 어디에도 없습니다. 나를 포함한 온 자연이 중심이기 때문입니다. 중심이란 말은 이제 무의미합니다. 너무나 많은 중심을 품었기에 딱히 하나의 중심으로 한정되지 않기 때문입니다. 이 무의미한 중심에서 바라볼 때 자연과 인간에 존재하는 숱한 대립쌍들은 마치 높은 산마루에서 내려다보는 골짜기의 물살 같을 것입니다. 높은 산마루에서 내려다본다고 해서 물살이 사라지지는 않듯이 대립은 여전히 남을 것입니다. 하지만 더이상 격정에 휩쓸리지는 않을 것입니다. 융이 "강제로부터 해방되는 경험"이라고 불렀던 순간에 가까울까요? 대립과 분리에서 오는 강제가 우리를 고통스럽게 한다면 대립되는 항목들을 한번에 보는 경험이 우리를 해방시킬 것입니다. 이처럼 드높은 의식상태가 대립의 공존을 마련하며 잔치를 열어줄 것입니다.

바슐라르의 시학이 정녕 '그것'의 시학이라면 마땅히 신비주의적이라는 평가를 피할 수 없을 것입니다. 설명될 수 없는 무엇을 바탕에 깔고 있기 때문입니다. 그러나 설명될 수 없다고 해서 무조건 표현될 수 없지는 않을 법한데, 이때 연금술사들이 비유와 상징에 기댔다면 바슐라르는 이미지에 기댔습니다. 연금술사들에게 상징은 비(非)입문자에게 진리를 숨기되, 입문자에게는 진리를 계시하는 매체였으므로, 그들은 늘 더 나은 상징을 모색했습니다. 연금술은 따라서 상징의 시학이었습니다. 바슐라르에게 이미지는 한편으로 일차적인 감각에 닿아 있어 참된 깨달음을 가로막되, 다른 한편으로는 우주적 진실에 다가서게 해주는 유일한 매체였으므로 그는 늘 더 나은 이미지를 추구했습니다. 따라서 시학은 이미지의 연금술이었습니다. 저는 상징적 통합이라는 관점에서 이들의 노력을 이해하고 싶습니다. 새로운 중심이 자리잡을 때 일어나는 의식의 변화를 시학과 비학의 상징으로 표현하고 이해하려 했다고 말입니다. 의식과 무의식, 인간과 자연, 정신과 물질…… 이 둘이 주고받는 이야기들은 정녕 숨어 있는(occult) 중심의 높이에 오르지 않으면 들리지 않습니다. 그들은 이 소식을 상징을 통해 들려주려 했고 또 들으려 했습니다.

"봄의 느낌은 자연이나 인생이 같을 것이다"(이병기). 인간 바깥의 자연을 말하기도 어렵고, 상징 바깥의 자연을 말하기도 어렵습니다. 자연 속의 인간과 인간 속의 자연이 저마다 줏대를 잃지 않은 채로 한 몸 안에 들어 있기 때문입니다. 그러나 우리는 무의식적 동일성에 사로잡혀 때로는 사물과 생물, 때로는 어버이와 자기를 동일시하며 이들이 행사하는 주술에 휘둘려서는 안될 것입니다. 의식과 생명의 뿌리를 더불어 찌고 삶음으로써 동일과 이질을 함께 놓는 동일성을 놓치지 말아야 할 터입니다. 그때서야 우리는 "자기 바깥의 제 생명, 자기 속에 있는 저 아닌 것의 혼"이라는 유기론을 제대로 세우며 사람, 자연, 상징이 잔치를 벌이는 봄소식을 들을 것입니다. 그리고 헤르메스가 전해주는 아버지의 소식을 들을 것입니다. "온 세계 모든 완성의 아버지는 여기에 있다. 그 강함과 힘은 그것이 흙으로 전환될 때 완성된다"(6항). 그렇습니다. 모든 일은 그것이 땅으로 되돌아올 때 완성됩니다.

연금술의 네 단계로 말하자면 접근과 적화의 최종 단계이며, 색깔로 말하자면 에메랄드로 빛나는 생명의 초록빛이 차츰 노랑으로 익을 때, 초록과 노랑이 더해져 만들어내는 빨강입니다. 대지의 색깔 다음에 붉은 피 색깔이 태어난다는 이 과정을 그려보십시오. 자연의 푸른 생명력은 마침내 핏기가 도는 생명을 낳음으로써 완성됩니다. 끝없는 자연의 생명이 저마다 자기 방식으로 실현될 때 완성된다는 뜻입니다. 기실 자연이라는 '그것'의 체험은 우리를 쉽게 해줄 것이지만 그 체험이 저마다 삶에서 형상화되지 않는다면 아직 생명의 완성은 멀었습니다. 사람 속에도 있고 사람 바깥에도 있는 '그것', 총체적인 생명의 끈을 자기 식으로 묶어 매듭을 지어야 합니다.

여기에 예술의 몫이 돋보입니다. 예술은 가장 개성적인 방식으로 자기 매듭을 짓는다는 뜻에서 최고의 자기실현이며, 온 자연의 끈을 가장 독특한 방식으로 자기 속에 끌어들인다는 뜻에서 최고의 통합을 보여줍니다. 이때 자연은 예술가의 충동에 의해 살아나며, 예술가의 창조활동은 자연의 창조를 연장합니다. 예술은 이제 자연을 모방하지 않습니다. 예술은 자연의 일부이기 때문입니다. 그리하여 자연의 재현이라는 좁은 틀을 벗어나 온 자연이라는 '그것'이 진실로 머무는 곳, 그 절대성을 불러 맞이하는 신접(神接)의 장소가 됩니다. 이렇게 하여 떠도는 영혼은 "옷 입듯이" 새 몸을 입으며, 정녕 어버이보다 오래된 인연을 만날 것입니다.

— **1** 이병창『이야기로 풀어보는 20세기 사상사』, 천지(2001).

— **2** 루이스 멈포드『예술과 기술』, 김문환 옮김, 민음사(1999) 14면.

— **3** 미셸 쎄르『해명』, 박동찬 옮김, 솔(1994) 31면.

— **4** 구모룡『제유의 시학』, 좋은날(2000) 89면.

— **5** Patrick J. Smith, *The Emerald Tablet of Hermes Trismegitus*, The Alchemical Press 1997.

— **6** 프리트리히 쉴러『소박문학과 감상문학』, 장상용 옮김, 인하대학교 출판부(1996) 35면.

— **7** 바슐라르『풍경』, 이가림 옮김, 열화당, 31면.

— **8** 에르빈 파노프스키『도상해석학 연구』, 이한순 옮김, 시공사(2002) 425~30면.

# 1. 몸 벗어나기와 몸 얻기

> 호문쿨루스: 나는 이렇게 여기저기를 떠돕니다. 어떻게든 최상의
> 방식으로 태어나고 싶어요. 이 유리를 깨뜨리고 나오고 싶어 못 견디
> 겠어요. 하지만 지금까지 본 바로는 내게 무엇이고 확신을 준 것이
> 없었어요. 다만 당신한텐 털어놓지만, 지금 나는 두 철학자의 뒤를
> 따르고 있답니다. 귀를 기울이자니 그들은 늘 자연이란 한마디를 되
> 새기고 있소. (…) 이 두 사람이 가는 길에서 벗어나고 싶지 않아요.
> 어쨌든 이 지상세계의 일은 잘 알고 있을 테니까요. 그들로부터 아마
> 끝내는 배우겠지요. 내가 무엇을 해야 가장 현명할 것인지를.
>
> ─괴테 『파우스트』

『파우스트』에 나오는 호문쿨루스(Homunculus)는 작은 유리시험관에
서 태어났습니다. 요즘 말로 하면 '인공생명'이라고 할 만한 과학의 산물

이지요. 그러므로 호문쿨루스 또한 세상 모든 것을 아는 존재입니다. 하지만 제대로 된 몸이 없습니다. 몸이 없는 만큼 물질적인 조건에 얽매이지 않는다고도 하겠지만 온전한 사람 구실을 할 수도 없습니다. 자유로운 지능, 그러나 몸이 없습니다. 그런데 이제 그는 몸을 얻으려 합니다.

　사람 몸 얻기에 대한 이야기는 예로부터 많습니다. 여우나 곰이 사람이 되었다는 우리나라 이야기도 있고, 뱀(Mélusine)이나 백조가 사람이 되었다는 서양 이야기도 있습니다. 물론 곰처럼 성공한 사례는 드뭅니다. 그럼에도 이런 전설에는 자연과 인간의 연속성, 즉 인간이 자연으로부터 멀지 않다는 생각이 들어 있습니다. 한편 이런 전설을 통해 엿볼 수 있는 주제가 하나 더 있습니다. 정신에는 그에 걸맞은 몸이 있어야 한다는 주제입니다. 제아무리 꾀많은 여우나 뱀이라 해도 쉽게 사람이 될 수 없습니다. 사람만한 정신을 가진 짐승만이 짐승 몸을 벗고 사람 몸을 얻을 수 있는 법입니다. 그게 사람이 될 권리인지 당위인지는 모르겠습니다. 하여간 어떤 수준의 정신에는 그에 걸맞은 몸이 있다 또는 있어야 한다는 생각입니다. 동서양을 따지지 않더라도 꽤 널리 퍼진 관념입니다.

　눈길을 사람 쪽으로 돌려보면 재미있는 물음이 나옵니다. '정신에는 거기에 걸맞은 몸이 있어야 한다'는 말이 옳다면, 뛰어난 정신의 인간은 어떨까요? 적어도 사람 몸을 벗어나려 하지 않을까요? 그래서 바로 "타락으로 빚어진 육(肉)과 여기에 갇힌 영혼을 슬퍼하라"는 기독교적 관념이 나올 수 있는 것입니다. 물론 억지스럽게 들릴 수도 있지만, 이 말이 뜻하는 바를 살펴보면 기독교뿐만 아니라 여러 서양사상을 통틀어 핵심적인 주제였음을 알게 됩니다. 우리는 그 주제를 이렇게 요약할 수 있습니다. 온갖 욕망과 죄악의 근원인 몸 벗어나기. 가령 몸-감옥에 갇힌 순수 영혼(플라톤), 몸-기계 없는 순수 영혼(데까르뜨) 등은 서양을 대표할 만한 개념입니다. '천재는 요절한다'는 말도 마찬가지로 '순수한 정신은 일찍 몸을 벗어던진다'는 식으로 이해할 수 있지 않을까요?

조금 자세하게 말해본다면 이렇습니다. 먼저 서양학문의 뿌리로 불리는 기하학이 그렇습니다. 기하학은 칠판에 그린 도형을 다루지 않으며 실제로는 정의(definition)된 도형들을 다룰 뿐입니다. 가령 원이라고 하면 칠판 위에 있는 동그라미가 아니라 '중심에서 거리가 같은 점의 집합'으로 정의된 원을 다룹니다. 그런데 세상 모든 동그라미에는 색깔이나 질감이 있지만, 이런 정의의 원에는 어떤 색깔도 없습니다. 더구나 '사랑이 네모냐 세모냐' 하고 묻는 것이 어리석은 것처럼, 정신 속에 있는 원은 어떤 재료나 몸뚱이도 갖지 않는 것이어서, 사실 둥글다고 할 수도 없는 기막힌 원입니다.

또한 서양과학에서 으뜸가는 방법이라고 할 만한 추상(abstraction)은 한마디로 탐구대상에서 군더더기를 버리고, 알맹이만 뽑아올리는 과정입니다. 가령 동그라미의 색깔이 노랗다, 또 그려진 곳이 좋다 하는 것은 모두 군더더기입니다. '중심에서 거리가 같은 점의 집합', 이게 알맹이입니다. 그런데 문제는 이 군더더기야말로 원이 실제로 세상에 존재하는 방식이라는 데 있습니다. 이 구체적인 실존방식을 생명에 빗대어 몸뚱이라 해도 되겠지요? 반면 알맹이로 추상되는 것은 이런 몸을 벗어던진 것입니다. 과학은 이런 종류의 추상으로 현실세계를 설명하려 듭니다. 이런 관점에서 본다면 철학은 더 말할 것도 없습니다. 이를테면 플라톤의 '영혼불멸'이론에 바탕을 둔 '영혼의 고양'을 비롯해 20세기 후썰 현상학의 '순수직관'에 이르기까지 철학은 '순수'를 강조했는데, 이 순수란 결국 '몸 없음'이 아니던가요?

지금까지 한 이야기를 정리하면 이렇습니다. 서양의 신화와 민간전설은 사람보다 낮은 존재가 사람 몸을 얻는 사건을 이야기합니다(이는 동양도 마찬가지입니다만). 다른 한편으로 서양의 종교, 과학과 철학은 대개 정신의 상승을 통한 몸 벗어나기를 권합니다. 서양의 이런 몸 벗어나기 틀을 통해 파우스트의 '몸 없는 호문쿨루스'를 다시 볼 수 있습니다. 호문쿨루스는 서양 이상의 극한입니다. 자기 삶을 위한 몸의 생리도 없이, "너무 꼭 껴안으면 깨어질 유리" 속에 들어 있습니다. 몸이 작을수록 정신이 크다는 틀로 보면 최소한의 몸을 가진 만큼 거의 순수한 정신(지성)입니다. 하지만 그는 이제 유리를 깨뜨리고 '지상의 의미에서 생성'을 희망합니다. 순수한 정신으로 남아 있지 않고 몸을 얻으려 합니다. 여기에 주목해야 합니다. 바로 이곳에 몸과 자연의 문제가 들어 있습니다. 먼저 그가 태어난 서양의 전통을 놓고 몸이란 무엇인지 생각해보겠습니다.

## 2. 두 권의 책

한마디로 서양의 신체이론을 저는 감히 플라톤이 들어 있는 철학과 없는 철학으로 나누겠습니다. 또한 플라톤의 도식을 이렇게 쓰겠습니다. 사람=기표(신체)+기의(영혼). 앞에서 말한 서양의 몸 벗어나기는 대개 이 도식으로 가둘 수 있습니다.

'나무'라는 청각영상이 기표(signifiant)라면, '나무'를 정의하는 개념 내용이 기의(signifié)입니다. 그런데 사람의 몸이 기표고 영혼이 기의란 말은 얼른 알기 어렵습니다. 하지만 가령 『삼국지』에 나오는 관우를 생각해봅시다. 그가 관우인 근거는 수염이 길다는 데 있지는 않겠지요. 수염을 잘라도 여전히 관우일 테니까 말입니다. 그렇다면 겉보기가 아닌 데서 근거를 찾는 게 좋겠습니다. 이를테면 조조가 구슬려도 유비를 찾아 한달음에 달려가는 마음에서 말입니다. 플라톤도 마찬가지로 어떤 사람이 바로 그 사람인 까닭은 마음에서 찾아야지, 몸에서 찾기는 어렵다고 말합니다. 그래서 몸은 기표이며 영혼이 기의라는 생각이 나왔을 것입니다. 이처럼 몸보다 영혼을 존중하는 태도는 '몸이라는 감옥에 갇힌 영혼' 개념의 바탕을 이룹니다. 또한 몸의 감각을 믿지 말고 정신의 깨달음을 믿으라는 서양의 오래된 전통도 여기서 비롯됩니다.

여기까지가 대체로 플라톤의 생각이지만, 우리는 조금 상상력을 끌어들일 수 있습니다. 알다시피 기표와 기의가 합해지면 기호(sign)가 됩니다. 따라서 만약 '사람=기표(신체)+기의(영혼)'라면, 결국 사람=기호가 되겠지요. 한편 이런 사람=기호가 모여 사회를 이루며, 나아가 우주가 될 수 있습니다. 그렇다면 사회는 작은 텍스트, 우주는 큰 텍스트가 됩니다. 자, 이런 생각의 종착점은 어디일까요? **우주는 한 권의 책이라는** 생각에 이르게 됩니다.

우주가 책이라면 중요한 것은 뜻입니다. 우주의 물질 윤곽이 기표라면 우주의 의미가 기의이지요. 그리고 사람이 할 일은 이 책을 읽어 뜻을 아는 일입니다. 플라톤은 『티마이오스』에서 사람의 눈을 이렇게 예찬했습니다. "눈은 밤과 낮, 해와 달이 바뀌는 것을 보여주면서 우리에게 수(數)와 시간, 나아가 우주의 본성을 사색할 수 있게 해준다. 나아가 눈은 하늘 천체의 회전을 보면서 우리 속 사유의 순환이 하늘의 본성과 같음을 알려준다." 요컨대 눈이 할 몫은 우주의 겉보기가 아니라 속뜻을 보는 겁니다. 확실히 중세교회가 『티마이오스』를 좋아했을 것 같지 않습니까? 기독교 또한 우주라는 책을 지은 저자의 창작의도를 깨닫는 데 사람의 근본 역할이 있다고 본 점에서는 크게 다를 바가 없을 듯합니다.

　물론 책이란 비유를 플라톤이나 기독교가 그리 쉽게 받아들이진 않을 터입니다. 아니, 오히려 반대할 공산이 큽니다. 사실 앞의 생각을 밀고 나가면 사람에게는 두 권의 책이 있는 셈입니다. 하나는 말 그대로 진리의 글자로 되었다는 책이며 다른 하나는 자연이라는 책입니다. 플라톤만큼이나 전통 기독교는 여기에 쉽게 동의하지 않을 듯합니다. 플라톤은 자연에 대한 지식이 아무리 정교해도 결국에는 '그럴듯한 이야기'(likely story) 수준을 넘지 못한다고 합니다. 지식이 잘못된 게 아니라 자연이란 것 자체가 시시각각 변하는 것이라서 그렇습니다. 영원한 이데아세계의 불완전한 모방에 지나지 않는 자연, 이 덜떨어진 존재에 감히 책이라는 무게를 싣지는 못할 노릇입니다. 영혼의 앎만이 확실한 진리입니다.

　한편 기독교는 진리의 책을 성경이라 하겠지만 자연을 성경으로 여기지는 않을 것입니다. 후자를 전자에 **대등**한 책으로 여기지는 않을 테지요. 성 아우구스티누스에게서 이런 생각은 분명히 나타납니다. 특히 사람과 자연의 관계로 보면, 어쨌든 사람은 신의 모습(Imago Dei)을 따라

빚어졌다고 했으니, 감히 자연이 따라올 바가 아닙니다. 사람에게는 신의 모습을 비출 수 있는 높은 자질이 있기 때문입니다. 물론 13세기의 토마스 아퀴나스에 이르면 '자연은 신을 아는 수단'이라고 해서 사정이 많이 나아집니다. 하지만 크게 보아서 자연은 여전히 덜 떨어진 존재입니다. 요컨대 이렇습니다. 자연에도 신의 은총이 배어 있지만, 자연은 성경에 비할 만큼 수준 높은 책은 아니다. 따라서 자연이 한 권의 책이란 개념은, 비록 어떤 측면에서는 기독교와 어울리지만, 전통 기독교가 공식적으로 받아들인 개념은 아닙니다.

## 3. 자연비학의 형성과 육화 개념의 비틀림

그런데 중세가 끝날 무렵에 재미있는 일이 벌어집니다. 자연에 대한 새로운 생각이 나왔습니다. 자연을 성경에 대등한 책으로 인정하는 관점이 나온 것입니다. 이를 흔히 '서적신비주의'라고 합니다. 기독교와 플라톤의 생각 한구석에 잠겨 있긴 했지만 좀체 인정될 수 없었던 생각이 이제 전면으로 떠올랐습니다. '두 책이 대등하다'는 말은 자연을 말 그대로 책으로 부를뿐더러 이 책의 알파벳은 무엇이며 이들을 엮는 문법은 무엇이며 근본 줄거리는 무엇이다 하는 식으로 자연에 접근했다는 뜻입니다. 말하자면 자연을 진지하게 '문헌언어학'적으로 접근했다는 것입니다. 우주의 알파벳과 문법을 무엇으로 보느냐 하는 것은 사람에 따라 달랐지만, 하여간 자연을 말 그대로 책처럼 다루는 입장이 나왔습니다.

자연의 지위가 성경만큼 높아진 셈입니다. 이를 두고 흔히 자연의 회복이라고 하는데, 대개 고대 그리스의 것을 되살렸다는 뜻으로 해석되어 왔습니다. 고대 그리스에서는 인간은 물론이고 신마저도 자연 속의 존재로 여길 만큼, 자연을 으뜸으로 모셨다고 하니까 말입니다. 다만 이 시기에 회복되었다는 그리스정신은 당시까지 주류를 차지하던 플라톤 전통, 또는 기독교의 여과를 거쳐 해석된 플라톤의 전통이 아니라는 점에 주의해야 합니다. 오히려 중세를 통해 주목을 받지 못하거나 배제된 그리스 정신을 가리킵니다. 서적신비주의는 후자를 되살려 자연의 지위를 성경만큼 드높인 사상입니다. 저는 이 사상을 두고 당시 사람들이 신비주의로 불렀던 것도 당연하다고 생각합니다. 신비주의의 사회학적 의미는 한마디로 주류 입장이 아니라는 뜻이기 때문입니다.

실제로 중세기독교 전통에 속해 있던 사람들은 자연을 낮게 평가했던 모양입니다. 빠스깔(Pascal)은 『빵세』(Pensée)에서 "거대한 판(Pan)은 죽었다"고 했습니다. 판이 무엇입니까? 그리스신화에서 산양의 머리에 뿔이 달린 반인반수(半人半獸)의 괴물로서 이리저리 날뛰는 자연력과 번식의 상징이 아닌가요? 니진스키(Vaslav Nijinsky)의 공연 「목신(牧神)의 오후」나 스트라빈스키의 음악에서 이상한 광기가 느껴지는 것은 모두 판의 힘이 꿈틀거리기 때문이 아닙니까? 그래서 판은 공포나 재앙을 뜻하는 낱말(panic)의 어원이 되기도 합니다. 판이 일으키는 심성의 위기를 기독교는 금욕의 율법과 도덕으로 다스리려 했습니다. 기독교는 판을 그렇게 기죽였습니다. (중세 때 그려진 악마의 형상은 판의 모습을 본떴다는 이야기도 있습니다.)

그런데 이제 서적신비주의를 앞세우며 판이 되살아났습니다. 물론 예
전과 똑같지는 않습니다. 단잠을 방해하면 재앙을 내리는 변덕과 막무가
내식의 성욕과 정열을 추스르고, 성숙한 모습으로 다시 태어났습니다.
'기독교의 토양 위에 핀 그리스의 꽃'일까요? 판의 마구잡이 변덕은 이제
말쑥한 상상력과 꿈 그리고 생명력으로서의 자연이라는 관념으로 거듭
났습니다. 피터팬이 그랬듯이 점잖은 중세에 맞서는 어린아이의 꿈이 다
시 등장한 것입니다. 자기 마음대로 날뛰는 판의 그림자를 몸에 맞게 꿰
매어 피터팬은 꿈의 섬으로 날아올랐습니다. 그림자, 꿈 그리고 무의식,
이런 시적인 소재들이 이야깃거리로 등장합니다. 이러한 판의 재생은 사
람들이 르네쌍스라고 부르는 움직임과 겹칩니다.

아니, 서적신비주의가 자연존중사상이라 치더라도, 그게 곧 르네쌍스
와 겹치다니! 그러나 신비주의를 유별난 사이비종교로만 봐서는 곤란합
니다. 사실 제가 보기에는 어느 종교나 철학도 신비주의 요소를 갖지 않
은 게 없을 정도입니다. 요컨대 신비주의도 엄연히 한 시대의 사상이란
것입니다. 그렇다면 서적신비주의가 르네쌍스의 바탕이란 말도 그리 엉
뚱하진 않을 것입니다. 정확히 말해 전자의 입장을 공유하는 연금술이나
헤르메스주의 등, 자연을 존중하는 여러 비학사상은 르네쌍스의 한 축을
이룹니다(앞으로 '자연을 존중하는 비학'을 줄여서 '자연비학'으로 부르
겠습니다). 저는 그래서 자연비학이 르네쌍스의 바탕이었다는 말보다는
오히려 르네쌍스가 오직 그리스 전통의 부활이라는 데 조심스럽습니다.
다만 서양 안에서만 르네쌍스의 뿌리를 찾을 때 옳기 때문입니다. 저는
르네쌍스에 유대교나 이집트, 아라비아를 비롯한 동방사상이 배어 있다

고 생각합니다. 왜냐하면 르네쌍스의 바탕에는 자연비학이 깔려 있기 때문입니다.

실제로 연금술의 영혼은 알렉산드리아에서 나왔으며 그 몸은 아랍에서 나왔고 그 정신은 그리스의 자연철학에서 나왔다는 표현이 있습니다. 알렉산드리아란 소위 제설(諸說)혼합, 즉 고대 그리스, 이집트, 유대민족의 사상들을 비롯하여 영지주의, 점성학, 주술 등이 뒤섞여 있음을 가리킵니다. 아랍이란 경험(실험)적 실천을 가리키는데 여기에는 기술적 지식과 실험기구뿐만 아니라 연금술의 언어에서 가장 중요한 특징인 격률과 비유의 사용 등이 포함됩니다. 끝으로 고대 그리스란 기원전 6세기 무렵으로 거슬러올라가는 자연철학의 전통을 가리킵니다. 하지만 여기서 이런 이야기를 길게 할 필요는 없습니다. 다만 르네쌍스 오직 '하나'의 전통이 부활한 것이다. 그것은 그리스 전통이다 하는 생각은 서구인의 과장이라는 점, 그리고 관념의 역사에서 이질적인 것의 공존이 얼마나 훌륭한 결과를 낳을 수 있는가 하는 점, 또한 거꾸로 말해 이질적인 것의 공존을 보는 관점을 놓치면 얼마나 단선적인 사고를 하게 되는가 하는 점을 상기하는 것으로 만족하고 계속 이야기를 이어갈까 합니다.

지금 중요한 것은 소수 입장에 그치던 자연비학이 어떻게 르네쌍스의 한 축이 될 수 있었던가 하는 문제겠지요. 물론 자본주의의 발생과 관련하여 사회학적으로 풀 수도 있습니다. 여러 자연비학이 꽃피는 것은 15세기 피치노(M. Ficino)의 번역작업부터입니다. 그는 메디치집안(Cosimo di Medici)의 부탁으로 헤르메스전서를 라틴 말로 옮겼습니다. 그런데 왜 메디치는 이런 작업을 부탁했을까요? 임금도 부럽지 안던 메디치집안도 차츰 자신의 부를 정당화하고 싶어졌는데, 그러려니 전통 기독교의 금욕이나 청빈 같은 '정신'주의는 어울리지 않는 듯하고, 그래서 찾아낸 사상이 바로 물질적 자연의 살아 있음을 믿고 존중하는 동방신비주의나 그리스 전통이었다는 것입니다. 그렇다면 문제는 어떻게 기독교와 조화롭게 새 전통을 잇느냐 하는 것인데, 이때 징검다리가 된 게 이른바 태고(太古)신학입니다. 태고신학은 한마디로 신의 말씀은 유대민족뿐만 아니라 태고 때 여러 선지자를 통해 여러 겨레에 동시에 주어졌다는 입장입니다. 이교신학 전통을 유대-기독 전통과 나란히 놓는 입장입니다. 다분히 '포스트모던'한 다원주의 신학인데, 하여튼 이런 관점을 통해서 메디치집안은 기독교와 다른 전통을 이을 수 있었다는 것입니다.

그런데 이런 풀이는 반쪽에 지나지 않습니다. 자연비학이 가장 꽃핀 15세기를 당시 이딸리아사회와 연결하는 한 가지 방식에 지나지 않습니다. 가령 팔레스타인에 원정을 갔던 십자군과 기사단이 12세기 무렵에 동방신비주의를 가져왔고, 이것이 르네쌍스 신비주의가 세워진 경로 가운데 하나란 사실을 어떻게 보아야 할까요? 더구나 금욕과 청빈을 내세웠던 프란체스코 교단이 13세기 유럽에서 동방신비주의와 연금술의 온상이었으며, 1317년에 교황 요한 22세가 "만들어낼 수 없는 것을 약속하는 자들……"이라는 금지령을 내림으로써 수도사들이 연금술과 동방신비주의에 빠지지 않도록 애썼다는 점은 또 어떻게 풀 수 있을까요? 알고 보면 이 수도사들이 황금에 눈이 멀었거나 기독교신앙이 없는 이들이었다고 할 수도 있습니다. (물론 이렇게 말하려면 성 프란체스코와 토마스 아퀴나스, 또 그의 스승 알베르투스 마그누스마저 도마에 올려야 합니다.) 아니면 이런 점들을 다 제쳐두고, 자연비학이 설령 자본주의와 사상적으로 무관했다 해도, 마침 자본주의의 요구에 맞아떨어졌기에 그처럼 유행했다 할 수도 있습니다. 자본주의가 요구하지 않았더라면, 르네쌍스로 불릴 만큼 온 유럽을 뒤흔들어놓지는 못했다는 말입니다.

그러나 저는 좀더 사상 내부의 흐름으로 르네쌍스 자연비학이 세워지는 배경을 알 수 없을까 고민했습니다. 그러다가 이런 생각이 들었습니다. 어쩌면 서양 중세전통에 이미 자연을 존중하는 개념이 들어 있었을지도 모른다. 다시 말해 기독교에도 자연을 존중하는 개념이 있었고, 그 덕분에 다른 자연비학 전통을 받아들일 수 있었다. 그리하여 기독교와 서로 다른 전통들이 한데 어우러져 르네쌍스 때 새롭게 화학적 변형을 이루었다. 화학적 변형인 까닭은 원래 개념이 새 개념 속에 융합되어 본디 모습 그대로를 유지하지 못하기 때문이다.

이 가설은 대개 "소수 사상은 기존 다수 입장을 등에 업고 확대된다"는 데서 착안했습니다. 니체도 "철학은 늘 가면을 쓴다"고 했지만, 아무리 좋은 견해라 해도 다수 입장(=전통)을 업거나 이용하지 않는다면 어찌 다수에게 스며들 재간이 있겠습니까? 제 가설은 물론 앞에서 본 사회학적 풀이의 뒷면이 될 것입니다.

특히 저는 예수의 육화(肉化, incarnation) 개념을 살펴보기로 했습니다. 서양말 육화의 어근인 살(caro)은 그 자체로는 상승과 하강의 방향에 대해 중립적입니다. 곰이나 여우가 사람 몸을 받을 때 상승의 육화를 겪었다면, 예수는 내림의 육화를 겪었다 할 수 있습니다. 둘 다 사람 되기는 같지만 방향이 반대인 셈입니다. 그런데 예수의 경우에는 저 높은 신성이 왜 자기에 걸맞지 않은 몸을 얻으려 했을까 하는 의문이 생깁니다. 상식으로는 이해되기 어려운 대목으로서 세계초월적 존재가 세계내재적 존재로 애써 바뀔 까닭이 어디에 있나 하는 것입니다. 따라서 육화란 그 자체로 신비입니다. 그렇다면 이 신비의 의미를 어떻게 풀 것인가? 기독교에서는 신의 사랑과 관련하여 풀이하였습니다. 사실 따지고 보면 달리 적당한 대답도 없을 성싶습니다. 사람을 사랑했기 때문에, 사람에 의존하지 않는 자리에서 내려와, 사람과 부대끼는 세계-내(內)-존재의 관계 그물 속으로 들어왔다는 것입니다.

그럼에도 유대교에서 예수의 신격, 다시 말해 신의 인격을 인정하지 않는 까닭도 어쩌면 여기에 있습니다. 초월존재가 세계-내-존재로 바뀌는 합리적 이유를 찾기 어렵기 때문입니다. 물론 유대교라 해서 내재를 말하지 않은 것은 아니지만 여기서 내재는 '근본원리로 세계를 꿰뚫기'에 가까우며, 섭리(법칙)를 통한 세계의 지배에 가까운 듯합니다. 말하자면 모든 존재 속에는 신의 원리가 배어 있는데, 원리가 배어 있는 만큼 신은 세계 속에 내재한다는 식입니다. 그러나 유대교의 신은 늘 초월성을 유지합니다. 반면 기독교의 육화는 초월존재가 참으로 세계-내-존재로 되는 과정입니다. 왜 기독교 교리를 놓고 이토록 오래 이야기하는가? 나머지 서양 전통이 상승을 강조하는데, 유독 이 육화만은 하강을 말하기 때문입니다. 다른 서양의 신화, 전설이나 철학은 각기 사람보다 낮은 존재의 상승을 이야기하거나, 아니면 정신의 상승을 통한 몸 벗어나기를 이야기하지만, 이런 상승의 큰 줄기에 거스르는 게 바로 몸 얻기, 육화입니다.

르네쌍스의 자연비학은 육화 개념에 기대어 여러 전통적인 관념을 포용하는 동시에 그것들의 실질적인 의미를 뒤집어버립니다. 그리고 마침 내는 육화 개념 자체의 의미도 바뀌버립니다. 그 결과 육화에 있어 초월 과 내재, 상승과 하강의 대립 자체가 의의를 잃게 됩니다. 이런 역전과 재역전을 비틀림이라고 부른다면 르네쌍스 비학에는 곳곳에서 비틀림이 엿보입니다. 아니, 육화에 대한 여러 관점이 교차하여 비틀리는 곳에 바로 자연비학의 묘미가 있다고 할 정도인데, 그 내용을 줄여 네 가지로 말하면 다음과 같습니다.

### 1) 자연은 신성의 육화이다

초월존재가 세계 속으로 들어오는 데 주목하다 보면 사람들은 차츰 신의 초월성보다는 내재성을 내세우게 됩니다. 한걸음 더 나아가 육화라는 관념을 자연 전체로 넓히면 대단히 파격적인 명제가 세워집니다. 가령 예수의 사람 되기를 압축한 구절은 "말씀이 육신이 되어 우리에게 거하시매"(요한복음 1장 14절)입니다. 그런데 '말씀'을 천지창조 때의 말씀으로 넓혀 생각하고 육신을 자연으로 확장한다면 어떻게 되겠습니까? '말씀이 자연이 되어 거한다'는 생각이 나오지 않겠습니까? 즉 자연은 신의 육화라는 테제가 나오는 것입니다. 나아가 자연이 말씀의 육화라면, 그래서 말씀이 자연 안(ad intra)에 거한다면, 굳이 자연 바깥(ad extra)에서 일부러 신을 찾아야 할 까닭이 어디 있겠느냐 하는 매우 급진적인 이념이 나옵니다.

이것은 곧 신이 내재화된 세계와 신 자체가 둘이 아니라는 이념입니다. 자연이 곧 신이란 뜻입니다. 한편 신이 세계를 구원한다면 이제 신이 곧 자연이므로, 자연은 스스로 자기를 구원한다는 생각마저 나오게 됩니다. 물론 이쯤 되면 기독교 전통과 멀어지고 있습니다. 신의 초월성을 인정한다면 도저히 할 수 없는 말을 하고 있는 것입니다. 그러나 자연의 자기구원은 육화 개념을 확장하여 받아들일 때 참으로 있을 법한 결론이 아닐까요? (심지어 영지주의의 영향을 많이 받은 연금술의 계열에서는 야훼가 만든 이 미완성의 세계를 개선하고 완전하게 하는 것이야말로 연금술의 사명입니다. 이때 연금술은 태양계의 일곱 행성 너머에 있는 '신성한 불꽃' 또는 '영적인 황금'을 가져옴으로써 완성되는 것입니다. 하지만 이 불꽃이나 황금도 자연물이라고 할 때, 크게 보면 자연의 자기구원에 상응합니다.) 마찬가지로 피하기 어려운 결론은 '자연의 존재 하나하나가 살아 있다'는 겁니다. 신이 살아 있다면, 신의 현시로서 자연이 살아 있음은 당연하겠지요. 그렇다면 우리는 르네쌍스를 풍미했던 서적신비주의가 두 권의 책을 대등하게 보았던 까닭을 알 수 있습니다. 성령의 말씀(성경)이 살아 있다면, 그 육화인 자연도 그만큼 생생한 말씀입니다. 중국 시인 소동파(蘇東坡)라면 이렇게 노래했겠지요.

계곡물 소리가 바로 부처님 설법인데
산 빛인들 어찌 청정 법신이 아니랴.
(溪聲便是廣長舌 山色豈非淸淨身)

## 2) 내재적 절대성, 자기생성, 대립의 일치

이제 절대나 초월의 뜻이 바뀌었습니다. 자연에 육화 개념이 들어온 뒤로부터 말입니다. 본디 절대란 '짝이 없는 것'으로서, 자기에게 나란히 견줄 만한 것이 하나도 없는 존재입니다. '하얗다'가 '까맣다' 또는 '하얗지 않은 것'에 맞서는 반면 절대는 함께 놓고 비교할 상대규정을 갖지 않습니다. 그런데 규정이란 것치고 상대규정 아닌 게 없습니다. (한 낱말의 뜻은 오로지 다른 낱말과 맺는 관계에 따라 규정됩니다.) 이처럼 절대에는 상대규정이 없고, 또 상대규정은 곧 규정 자체라면, 결국 절대에는 어떤 규정도 없어야 하는 것입니다. 그런데 이전에 이야기되던 절대자는 어떠했습니까? 자연이라는 피조물을 만든 존재로 정의되었지요. 그렇다면 이 조물주는 엄격한 뜻에서 절대적인 존재가 아닙니다. '피조물을 만든 존재'로 규정되어 있기 때문이지요. 다시 말해 자신의 정체가 피조물을 통해 규정되기 때문입니다. 따라서 기존의 절대자는 실제로 절대적이라기보다는 오히려 **피조물에 대해** 초월적인 존재였다고 말하는 편이 낫습니다.

반면 자연이 곧 신이라는 관점에서는 더이상 초월성을 인정하지 않습니다. 신이 자연 속에 내재해 있기 때문입니다. 그렇다면 이제 절대성이라는 개념도 버려야 할까요? 아니, 그 반대입니다. 신과 자연이 하나라면 이 전체(신=자연)의 바깥이 없어지므로, 이 전체야말로 절대가 되는 것입니다. 이 전체는 어떤 상대적인 정의로도 제한되지 않습니다. 다시 말해 어떤 규정도 받지 않는다는 것입니다. 그런데 '어떤 규정도 없는 존재'란 과연 어떨까요? 있다, 없다는 게 모두 상대규정이고 보면 그것은 있는 것도 없는 것도 아니며, 거꾸로 있다 해도 없다 해도 좋은 것입니다. 그렇다면 그것에는 어떤 뜻이 있을까요? 모든 낱말이 뜻을 가지려면 상대낱말을 가져야 하는데, 그것에는 어떤 상대존재도 없습니다. 그래서 절대는 이제 무의미하게 되었습니다. 뜻이 하나도 없다는 말이 아니라 너무 많은 뜻을 담아서 특정한 뜻이 없다는 말입니다. 그리고 그것은 인식의 대상이 아닙니다. '무엇'이라 할 수 있는 규정을 갖지 않기 때문입니다(그렇게 규정할 수 있으면 이미 절대존재가 아닙니다). 신플라톤주의의 영향을 크게 받은 꾸자누스는 신이 이처럼 인식의 대상이 아니라는 점을 두고 "성스러운 무지"라고 불렀습니다.

이제 전통적인 생각이 뿌리부터 흔들립니다. 신을 사람에 빗대어 인격신으로 본다거나, '신은 이러저러한 분이시다' 하며 신의 본성을 이야기하는 것은 물론이며, '신이 있다 없다'를 따지는 것부터가 의미 없게 됩니다. 이런 '무의미'를 다루는 방식에는 두 가지 길이 있을 수 있습니다. 첫째는 서양 근대과학과 철학이 걸어온 길이며, 둘째는 르네쌍스 신비주의를 비롯한 다른 전통이 걸었던 길입니다. 첫째 길은 간단합니다. 무의미한 것은 우리 세계에 어떤 영향도 주지 못한다고 판단합니다. 현실세계에서 작용을 주고받으려면 반드시 '있는 것'이라야 하기 때문입니다. 그래서 무의미한 무엇이 설령 있다고 해도, 알 길이 전혀 없으므로 아무의의가 없는 것으로 여겨집니다. 반면 둘째 길은 '있는 것도 없는 것도 아닌' 가물가물한 무엇에 좀더 적극적인 의의를 부여합니다. 그리하여 만물의 근원자리에 놓아버립니다. 언뜻 보기에 전통 기독교랑 다를 바가 없을 듯하지만 지금 '가물가물한 이것'은 자연 바깥에 초월해 있으면서 자연을 창조하는 절대존재가 아닙니다. 이 묘한 것이 바로 자연이기 때문입니다. 더구나 마음속에 있다는 생각도 하지 않습니다. 자연이 곧 묘

우리의 이야기

한 것이기 때문입니다. 물론 우리는 그 자연 속에 들어 있습니다.

성스러운 무지를 말했던 꾸자누스의 생각이 전형적입니다. 우주는 신의 펼침(explicatio Dei)이며, 신은 이 펼침의 수렴인 접힘입니다. 종이 앞면을 접으면 뒷면이 펼쳐지듯이, 신과 자연은 둘이 아닙니다. 이때 펼침이란 말을 돌이켜보면 창조하고 꽤 다릅니다. 창조가 매우 불연속적이며 일회적인 사건이라면 펼침은 좀더 연속적이지 않을까요? 꾸자누스는 이처럼 신을 이야기하지만, 전통 기독교의 초월신과는 달리, 자연에 연속되면서 내재하는 신을 이야기합니다. 한편 저는 앞에서 '자연의 존재 하나하나가 살아 있다'는 생각을 말씀드렸습니다. 신이 살아 있다면 그 신의 육화인 자연도 살아 있다는 것입니다. 이처럼 자연 하나하나가 살아 있다면 각 존재는 저마다 신성을 드러내고 표현하지 않겠습니까? 또한 꾸자누스는 자연의 개체를 '신의 수축'(contractio Dei)이라 불렀습니다. 개체는 마냥 자연의 부분이 아니라 신, 즉 자연이 압축된 '작은 전체'라는 뜻입니다.

16세기의 마지막 해에 화형당한 브루노(Bruno)의 생각도 비슷합니다. 그에게는 더이상 초월신이 없으며, 다만 우주영혼으로서 자연에 내재한 신이 있을 뿐입니다. 이것을 내재하는 원인이라고 부르기도 했습니다. 우주가 곧 신인 셈인데, 이 무한한 우주는 끝없이 접혀 있다가 몸체로 압축되어 구체적으로 펼쳐진다고 보았습니다. 결국 육화과정이라고 할 수 있습니다. 이때 접힘(implicatio)이란 꾸자누스의 신=접힘(complicatio)과 비슷합니다. 후자에는 함께(com-) 접힘이 강조되었을 뿐입니다. 함께 접힘이란 가령 동그라미가 끝없이 크다면 그 둘레를 직선으로 여기게 되듯이 무한한 신에게는 원과 직선을 비롯한 모든 대립—상대규정이 함께 조화롭게 접혀 있다는 뜻입니다. 꾸자누스는 이것을 대립의 일치라고 부르며, 또한 자연도 신의 펼침인 만큼 대립의 일치가 이루어진다고 보았습니다. 그런데 대립되는 것이 함께 접혀 있다면, 이처럼 이상한 것도 없습니다. A와 A 아닌 것이 함께 있다니! 일반적인 규정과 의미를 벗어나는 '가물가물한 것'이며, 혼돈입니다. 이런 혼돈이 스스로를 펼치고 접어 구체적인 몸(형태)을 얻어낸다는 게 바로 꾸자누스와 브루노의 자연입니다.

한편 태초의 무한한 접힘을 브루노는 공간(spatium)이라 했는데, 차라리 한자말 공간처럼 '비어 있음'에 가깝습니다. 그렇다고 허무가 아니라 너무나 많은 뜻이 접혀 있기에 딱히 어떤 뜻이 없는, 그래서 우리가 알지 못할 끝없는 뜻을 내포한 빔입니다. 다시 한번 대립물의 공존이자 혼돈입니다. 미안한 말이지만 브루노가 화형당한 것도 이상한 일은 아닙니다. 그는 우주를 낳은 신이 A와 A 아닌 것이 접혀 있는 공존이라고 했습니다. 그런데 이것은 요컨대 괴물이 아니겠습니까? 신을 두고 괴물이라고 했으니, 어찌 스스로 그 시대의 괴물이 아니었겠습니까?

### 3) 상승과 하강의 일치는 자연의 상승과 맞물려 있다

그러나 브루노가 괴물이 아닌 것처럼 우주를 낳은 신은 괴물이 아닙니다. 아니, 대립물의 공존이 만약 괴물이라면, 오히려 이런 괴물이야말로 훌륭한 것입니다. 충만하기 때문이지요. 거듭 말하지만, 온갖 대립이 한데 들어 있는 전체란 마치 아무런 규정이 없는 것과 마찬가지라서 구체적인 상황을 만나면 거기에 맞추어 모습을 가져야 할 여지를 남겨두고 있습니다. 구체적인 몸 얻기가 필요하다는 뜻입니다. 동서고금의 여러 현자들은 이 문제를 의식한 것으로 보입니다. 하지만 초월과 내재라는 관점에서 볼 때 결론은 서로 다릅니다.

가령 퇴계 선생이 '이기'(理氣)논쟁을 벌였던 것도 이런 문제를 닿아 있지 않을까요? 이(理)는 근원원리이지만 어쨌든 원리에 지나지 않으므로 실제 자연에 작용하려면 구체적인 형상을 가진 기(氣)에 올라타야 합니다. 그렇다면 현실적으로 기가 으뜸이냐 이가 으뜸이냐 하는 물음이 나왔겠지요. 유대교 또한 신의 절대초월을 내세우긴 했지만 비슷한 문제에 부딪혔습니다. 신도 막상 세계를 창조하려면 절대존재 자리에서 내려와야 한다는 것입니다. 그래서 유대의 밀교 까발라(Kabbalah)는 진짜 신에게는 아무런 이름조차 붙일 수 없지만, 창조에 뛰어든 신에게는 '얼굴'이 있다고 했습니다. (탈무드와 까발라를 배운 현상학자 레비나스가 윤리의 실천대상으로 '타인의 얼굴'을 내세운 것도 우연이 아닙니다. 얼굴은 신의 구체적인 모습이기 때문입니다.) 또한 신은 창조 때 왕좌에서 내려와 일종의 수레에 올라탔다고도 합니다. '이가'가 '기'에 올라타듯이 말입니다. 어쨌든 신은 절대자리에서 일단 물러서야 하는데, 이 물러섬(retreat)을 넓은 뜻에서 하강의 육화로 보지 못할 법도 없습니다. 이런 테마는 동서양 우주론 곳곳에서 찾을 수 있습니다. 꼭 신이 아니라 해도 구체적으로 분화되지 않은 존재(존재-자체, 원질료, Nirguna Brahman)를 참된 궁극 실재로 놓으며, 이것의 표출을 우리 자연세계(Saguna Brahman)로 보는 생각이 널리 퍼져 있습니다.

그러나 문제는 역시 초월과 내재입니다. "궁극 존재란 다만 분화되지 않은 것 또는 대립의 일치이다. 그리고 이것의 분화가 자연이다" 하는 데서 그치면, 우리가 이야기하는 자연비학이 아닙니다. 문제는 그 근원이 초월적이냐 아니냐 하는 것입니다. 이를테면 본디 자연을 넘어선 것이 자연 속으로 들어왔다고 하면 우리 관점과는 다릅니다. 핵심은 비(非)자연 → 자연이 아니라 무한한 자연 → 구체적 자연입니다. 말하자면 자연을 속에 품은 근원이 자기를 펼쳐, 자기표현 또는 자기확장으로 자연을 낳는 과정입니다. 한마디로 내재적 육화로 불러봅시다. 이때 무한한 근원은 구체적 자연과 개념적으로 구별되는 동시에, 어디까지나 자연이라는 한 울타리에 들어 있습니다.

이렇게 내재의 육화를 놓고 나면, 상승과 하강을 다시 생각하게 됩니다. 초월 → 내재의 경우에 육화는 거의 일방적인 내림에 초점이 맞추어져 있지만, 내재 → 내재의 경우에는 그렇지 않습니다. 내림과 오름의 대립이 무의미해집니다. 관점을 물질(자연) 쪽으로 돌려보면 오히려 자연이 신성을 얻어 상승했다고 할 수도 있습니다. 너무 억지스럽지 않냐구요? 그러면 먼저 12세기 유럽의 성 베르나르두스(St. Bernardus de Clairvaux)로부터 예수의 의미를 들어봅시다. 본디 하느님은 무한한 길이(영원), 넓이(사랑), 높이(권능), 깊이(지혜)를 갖춘 분인데, "예수의 탄생으로 길이는 줄어들고 높이는 낮아지고 깊이는 수평으로 되었다"는 겁니다. 초월적 하느님이 예수 덕분에 사람과 가까워졌다는 게 요지이지만, 이것을 우리 관점으로 바꿔볼 수 있습니다. 높이가 낮아지고 깊이가 수평으로 되었다는 말은 내림과 오름이 함께 일어났다는 말입니다. 요컨

오래된 이야기

대 예수의 사람되기는 추상적인 하느님이 몸을 얻은 것이지만, 그 덕분에 사람의 자질도 함께 올랐다는 말입니다.

르네쌍스 자연비학은 이러한 육화 개념을 자기 식으로 바꿉니다. 자연의 내재적 몸 얻기를 내세우며, 초점을 일방적인 내림으로부터 상승과 하강의 동시발생으로 옮겨놓았습니다. 이때 자연은 결과적으로 상승의 운동 속에 있습니다. 물론 자연의 오름은 전통 기독교처럼 초월존재의 은총이나 구원에 기대는 게 아니라 자연의 내재적인 오름, 곧 자기구원에 따르는 것입니다. 즉 자연에서 스스로 일어나는 대립의 일치로 상승, 하강을 보는 것입니다. 이런 오르내림의 결과가 굳이 '수평'인지는 모르겠지만, 앞에서 품었던 의문 하나는 풀린 셈입니다. 저 높은 신성이 왜 내려왔느냐? 자연비학은 이렇게 대답할 것입니다. 아니, 내려오지 않았다. 처음부터 자연 속에 깃들어 있었기 때문이다.

자기구원이니 상승, 하강의 일치니 하는 것은 모두 자연이 신성한 근원의 육화이며, 이 근원은 또한 자연 속에 들어 있다는 생각에서 비롯됩니다. 한마디로 자연이 자연을 낳았다는 생각입니다. 이런 이야기를 듣고 알쏭달쏭해진다면, 이야기가 제대로 된 셈입니다. 지금 저는 자기 꼬리를 물고 맴도는 뱀의 형상을 말했기 때문입니다. 이 상징은 참으로 연금술에서 대립의 일치를 대표하는데, 흔히 우로보로스의 뱀으로 불립니다(히브리어로 뱀의 임금이라는 뜻이랍니다). 물론 대립의 일치는 징그러우며 괴물 같습니다. 그러나 전체적이므로 신성합니다. 자연은 신성합니다. 자기변형을 통해 온갖 대립 형상을 넘어서기 때문입니다. 자연비학이 내세웠던 것은 바로 형상을 넘어 뱀처럼 가로지르는 질료의 운동이

었으며, 바슐라르는 이 꿈틀거리는 움직임을 가리켜 질료의 상상이라고
했습니다.

연금술의 텍스트에서 곧잘 등장하는 근친상간의 상징도 마찬가지입니
다. 바슐라르가 대지의 이미지에서 묘사하였듯이 "어머니 자궁으로의 회
귀"니 "누이와의 결합"이니 하는 상징들은 "모든 것의 동일한 근원"과 대
립의 순환을 말합니다. 모든 것의 근원은 같으며, 이 근원에서 보면 대립
의 일치(조화)가 있다는 것입니다. 그래서 상승-하강이나 자연의 산출-
구원이라는 대립도 자연이라는 동일한 근원에서 보면 같은 운동입니다.
즉 자연의 육화라는 동일한 운동의 두 측면입니다. 얼른 보기에 자연의
자기구원은 "제 멱살을 잡아 올려 늪에서 벗어났다"는 허풍선이남작 이
야기처럼 허황합니다. 하지만 자연 바깥의 존재를 말하지 않는다는 데서
는 오히려 자연스럽다고 할 수도 있겠지요.

### 4) 자기 규모에 맞게 재연되는 육화

그리고 중요한 것은 이런 육화가 근원존재뿐만 아니라, 세계-내-존재
에서도 저마다 자기 수준에 맞춰 일어난다는 것입니다. 다시 말해 근원
존재가 개체를 낳은 양상은 개체 수준에서도 비슷하게 이루어집니다.

생물체는 매순간마다 어떤 결단을 내려 자기 몸을 환경에 맞춥니다.
자연 속의 물리적 개체도 지속적으로 존재하려면 반드시 어떤 모습(규
정)을 가집니다. 그런데 규정이란 곧 여러 가능성 가운데 하나를 고르는
일입니다. 따라서 여럿 가운데 하나를 고르다가 실로 대립의 일치를 깨
뜨리지는 않을까 하는 의문이 들 수 있습니다. 그 결과 대립의 일치는 신

연지의 이우기

에게만 가능한 것이고 신의 표현인 개체에서는 그렇지 않다는 생각을 해볼 수도 있습니다. 물론 일리가 있는 생각입니다. 자연은 신의 표현임에 틀림없지만, 그럼에도 차이가 있습니다. 무한한 근원존재(접힘)와 구체적인 자연(펼침)에는 차이가 있습니다. 후자는 양과 질 모두에서 전자만큼 풍성하지는 못합니다. 그러나 자연 속의 개체들도 자기 수준에 맞는 대립의 일치로 몸을 얻습니다. (바슐라르는 특히 네 원소들이 사물을 만들어낼 때 보여주는 대립의 일치에 초점을 맞추었습니다. 가령 나무를 보면 위로는 하늘로 자라는 가지, 아래로는 땅으로 뻗는 뿌리가 있습니다. 상승-하강의 운동이 한번에 들어 있습니다.)

일찍이 엠페도클레스는 자연의 모든 것이 사랑과 미움이라는 두 가지 대립적인 힘으로부터 태어난다고 했습니다. 연금술도 이와같이 우주의 근원에 자리잡은 원천적 대립의 관념을 넓게 받아들였습니다. 용해와 응고, 융해와 고정, 증류와 액화를 비롯하여 심장의 수축과 확장, 마침내 "모든 사물 속의 그렇다와 아니다"(뵈메)로 적용했습니다. 심지어 황과 수은을 각각 남성원리와 여성원리에 상응시켜 해와 달, 빨간 신랑과 하얀 신부 등의 짝으로 대체하여 표현하기도 했습니다. 여성원리는 대개 자연현상에서 나타나는 변화무쌍하고 유동적인 힘을 가리키며 남성원리는 형상을 주고 고정시키는 힘을 가리킵니다. 그런데 연금술은 물질의 각 단계에서 대립만을 보는 것이 아니라 항상 대립의 공존을 보려 합니다. 우리는 연금술의 '위대한 작업'이 절정에 닿을 때 결합(conjunction)이 일어난다는 사실을 알고 있습니다. 이것은 남성과 여성, 하늘과 땅, 불타는 정신과 축축한 물질이 결합하는 사건으로 묘사됩니다. 이 우주적 결합으로부터 태어나는 것이 바로 현자의 돌 또는 '태양의 붉은 아들'입니다.

그것은 남성-여성원리의 통일로서, 자웅동체 또는 레비스(rebis, 두 가지)로 불리기도 합니다. 한마디로 대립의 일치입니다. (심리학자 융은 현자의 돌이 무의식과 의식이 통일된 인간의 자아를 표현하는 데 적합한 이미지라고 봅니다.) 심지어 '지상에 존재하는 하느님의 원형'으로 불리기도 합니다. 예수라는 뜻이지요. 인간이면서 인간이 아닌 예수가 두 가지 본성을 겸했다는 뜻에서 전체적이라면 현자의 돌도 그렇습니다. 남성이면서 여성이고, 돌이면서 돌이 아닙니다. 또한 예수가 전체적이므로 아름답고 전체적이므로 성스럽다면, 현자의 돌 또한 그렇습니다. 그리고 현자의 돌이라는 새 몸 얻기는 상승과 하강이 함께 이루어지는 육화입니다.

물론 그것이 간단하게 얻어지는 것은 아닙니다. 매우 힘겹고, 수많은 단계를 거쳐야만 합니다. 먼저 부패와 죽음의 단계가 있습니다. 바탕물질을 가열하는 하소(calcination)과정으로서 연금술사들은 이것을 검은 잿더미, 지옥, 무덤, 관, 까마귀, 해골, 섬뜩한 죽음이나 살해장면 등으로 표현합니다. 한편 분리의 단계가 있습니다. 휘발성을 없애는 과정으로서 손발이 잘려나간 무서운 그림들로 표현됩니다. 다른 한편 흰비둘기, 목욕을 하거나 물에 빠져 죽었다 되살아나는 그림으로 표현되는 용해와 소화 단계가 있습니다. 그리고 증류와 승화의 단계가 있습니다. (에메랄드 평판으로는 8, 9, 10항에 해당합니다. 용기 속의 증기가 농축되었다가 다시 증발하는 과정은 '영적인 것'이 몸에서 떨어져나왔다가 다시 정화된 상태에서 몸과 결합하는 과정에 상응합니다. 좁은 뜻에서 꼬리를 문 뱀 또한 이 순환을 상징합니다. 바슐라르는 공기, 가벼움의 이미지를 주로

이 단계에서 찾았지만 어쩐지 승화라는 상승운동에 치우친 인상을 주기도 합니다. 그러나 우리는 '증기의 농축을 통한 재결합'에서 참으로 오름과 내림을 함께 볼 수 있습니다.)

이렇게 힘든 과정을 거쳐 바탕물질은 현자의 돌이라는 새 몸을 얻습니다. 우리는 이로부터 대립의 조화가 간단하게 이루어지지 않음을 알 수 있습니다. 죽음과 부패, 팔다리가 잘려나가는 고착을 겪고서야 정화되어 거듭 새 몸을 얻을 수 있습니다. 죽음과 삶은 이처럼 꼬리를 문 뱀처럼 맺어져 있으며, 기독교의 죽어 거듭남도 이처럼 자연비학에서 새로운 뜻을 얻습니다.

다만 잊어서는 안될 점이 하나 있습니다. 귀하고 이상적인 현상이긴 해도, 현자의 돌이 만들어지는 과정은 자연의 일반원리, 즉 대립이 조화되는 몸 얻기라는 원리를 따릅니다. 우리는 여기서 자연과 이상의 공존이라는 주제를 생각할 수 있습니다. 현자의 돌은 보통 돌이 아닙니다. 죽음과 승화로 거듭난 돌이며 장차 자기 몸에 닿는 여러 물질을 금으로 거듭나게 해주는 존재입니다. 그러나 현자의 돌이 될 만한 원석(原石)은 우리 눈에 보이는 모든 곳에 있다고 합니다. 하늘, 바다를 비롯해서 언덕과 길가에 널려 있지만 아무도 깨닫지 못한다는 것입니다. 자연과 이상이 한데 물려 있습니다. 모든 곳에 보편적으로 있다는 점에서 자연적이지만 그와 동시에 이상적입니다.

이런 종류의 역설은 우리 한의학에서도 찾아볼 수 있습니다. 『황제내경』에 나온다는 음양화평지인(陰陽和平之人) 개념을 들 수 있습니다. 보통 두 글자로 줄여 평인(平人)이라고도 하는데, 문자 그대로는 '보통 사람'이지만 실제로 흔한 사람은 아닙니다. 현실 차원에서 볼 때는 하나의 이상 상태입니다. 평인의 몸을 얻으려면 남다른 노력이 필요한 것입니다. 그러나 원리 차원에서 볼 때 자연과 조화를 이룬다면 누구나 될 수 있는 보편적인 상태입니다. 연금술에서도 비슷합니다. 대립의 조화이지만 현재로선 이상적인 상황으로 놓여 있습니다. 이상을 실현하는 데는 죽음에 맞먹는 노력이 요구되는 것입니다. 평인이 보통 사람이 아니듯이 현자의 돌은 마냥 얻어지는 돌이 아닙니다. 그러나 자연의 본디 모습은 조화로운 것입니다.

연금술 자체가 이러한 이중성을 보여줍니다. 연금술은 광물의 성질을 바꾸는 일입니다. 이 변성작업의 의미란 불의 도움을 받아 "금속을 원죄로부터 구원하는 것"이며 심지어 "물질의 승천"으로 표현되기도 합니다. 승천은 다름아니라 기저물질이 순화(정화)되어 구원받는 과정을 뜻합니다. 그러나 구원의 과정은 본디 자연에서 일어나는 과정입니다. 연금술은 다만 자연의 일반과정에 걸리는 시간을 줄여줄 뿐입니다. 본디 대지는 어머니이며, 광물들은 그 뱃속에 들어 있는 아기들인데, 아기들이 자라듯이 광물은 더욱 완전하게 익어갑니다. 다만 연금술사는 이같은 자연과정을 인공적으로 단축하는 사람입니다. 그래서 엘리아데는 연금술의 핵심이 시간의 가속화, 단축에 있다고 보았습니다. 이 가속화의 정점에 있는 것이 현자의 돌입니다.

그래서 현자의 돌은 하나의 이상적인 모델이 됩니다. 근원존재가 개체를 낳은 양상이 개체 수준에서도 이어진다는 측면뿐만 아니라 자연과정은 심지어 인공과정 속에서도 이어진다는 측면을 드러내는 모델이 됩니

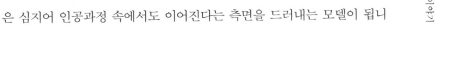

다. 다만 인공과정은 자연과정의 극한(이상)일 뿐입니다. 이로부터 우리는 하나의 결론을 내릴 수 있습니다. '연금술사는 신의 창조작업을 자기 수준에서 되풀이하는 사람이다.'

　이 대목이 자연비학의 절정입니다. 13세기부터 내내 연금술사들의 '사도신경'으로 자리잡았던 에메랄드 평판에 이런 글이 있습니다. "아래에 있는 것은 위에 있는 것과 같으며, 위에 있는 것은 아래에 있는 것과 같다. 일물의 기적들을 완수한다." 이 말은 흔히 "위에서처럼, 아래도 같이"로 요약되어 자연비학을 대표하는 표어가 되었습니다. 현자의 돌이 완성될 때는 위-아래, 하늘-땅, 정신-물질의 대립마저 일치됩니다. 대립을 조화롭게 만드는 내재 근원으로서 신이 있다면 이 조화를 실행하는 사람은 자기 수준에서 신이 되는 것입니다. 신이 대규모로 실행하는 내용을 본받아 소규모로 되풀이하기, 한마디로 소우주 재창조를 맡았다고 할까요?

　영지주의와도 상통합니다. 이에 따르면 사람은 바탕물질계로 떨어진 신성으로서 자기본성을 잠시 잊었지만, 영지를 체험함으로써 신성을 되살릴 수 있습니다. 요컨대 신과 같은 존재가 될 수 있는 것입니다. 더구나 현자의 돌을 예수로 볼 때 연금술사는 예수와 더불어 신성을 나누는 것입니다. 르네쌍스 자연비학에 깊은 영향을 주었다는 프로클로스(Proklos)는 이렇게 말했습니다. "우리는 일자(一者)가 되고 신이 된다."

　다만 신성의 성격을 놓고 볼 때 이들의 신이 절대초월의 존재가 아니므로 연금술사도 마찬가지입니다. 기독교에서 신과 인간은 "창조주와 피조물"로서 상호간에 엄격한 "존재론적 격리"가 있습니다. 반면 연금술사에게 그러한 존재론적 간격은 없으며 다만 "존재론적 위계"가 있을 뿐입니다.[1] 이들에게 창조주는 곧 자연이며, 자연으로부터 태어난 개체와 신(=자연) 사이에는 어떤 간격도 없습니다. 연금술사나 물질은 모두 자연속에 있으며, 하나같이 자연의 위대한 원리를 따릅니다. 같은 근거로부터 우리는 한 가지 윤리준칙을 짚어낼 수 있습니다. 아무리 비천해보이는 존재라 해도 그것을 업신여겨서는 안된다는 준칙입니다. 모든 존재는 저마다 현자의 돌이 될 수 있기 때문입니다. 그러므로 자연의 모든 것은 저마다 자기 수준에서 꿈을 지니며 살아간다는 점을 잊어서도 안됩니다. 오직 황금만을 좇던 자들이 위대한 비밀을 알아내지 못했던 까닭은 바로 여기에 있습니다. 납 같은 쇠붙이에게도 저마다 이루고 싶은 꿈이 있다는 점, 또한 이 꿈들을 모르는 자는 자신의 꿈을 찾지 못한다는 점을 잊었기 때문입니다. 오직 다른 사물을 사랑하여 이들의 꿈을 더불어 사랑하는 자만이 위대한 비밀에 다가서며, 이때 우주의 모든 사물은 힘을 모아 그의 꿈을 도와주는 것입니다.

기실 사랑이야말로 15세기 자연비학의 대가 피치노의 사상에서 중심을 이룹니다. 사랑(amor)은 신이 자신을 세계로 흘려넣는 원동력이며, 거꾸로 세계가 신으로 되돌아가는 원동력이기도 합니다. 피치노에 따르면 사랑은 "신에게서 세계로의 순환(circulus), 그리고 세계에서 신으로의 순환"으로서 "자체 귀의적 흐름"을 가리킵니다.[2]

기독교의 사랑은 이렇게 바뀌었습니다. 이제 사랑하는 사람은 이 신비한 자기순환 속으로 자신을 던집니다. 그들은 어떤 사물이 진화할 때 그 주위에 있는 모든 것이 더불어 진화함을 알고 있었습니다. 바로 이런 까닭에 물질을 바꾸는 사람은 반드시 물질과 함께 바뀐다는 것도 알고 있었습니다. 근원자연이 내재적 육화에서 그랬듯이 그도 또한 현자의 돌을 얻는 과정에서 새 몸을 얻는 것입니다. 그러므로 연금술의 최고 경지는 사실 연금술사 자신이 현자의 돌이 되는 것입니다. (심지어 손을 대거나 눈으로 보기만 해도 물질을 금으로 바꾸는 경지를 꿈꾸기도 했습니다.) 그들이 작업할 때 늘 깨끗한 몸과 마음을 유지하려 애쓴 것도 같은 맥락입니다. 자기 몸이 정화되는 것은 현자의 돌이 정화되는 것과 동일한 법입니다.

## 4. 현대인의 호문쿨루스

저는 앞에서 육화의 여러 관점이 교차하고 비틀리는 곳에 자연비학의 묘미가 있다고 했습니다. 자연의 구원이니, '현자의 돌은 지상의 하느님'이니 하는 말씀을 드렸고 무엇보다 연금술사가 자신의 꿈과 더불어 다른 사물들의 꿈을 사랑하는 과정에서 스스로 신이 된다는 이야기를 했습니다. 그런데 사람들은 대개 이런 관념을 놓고 의인화라는 낱말을 떠올립니다. 연금술은 '자연에 자신의 꿈을 투영한 결과'라는 것입니다. 하지만 우리가 이 관점을 받아들인다 해도 문제가 그리 쉽게 풀리지만은 않습니다. 의인과 역(逆)의인이 꼬리를 문 뱀처럼 참으로 꼬여 있기 때문입니다. 만약 신이 의인 관점에서 나왔다면, 그것을 뒤집어 자기가 신이 된다는 구조입니다. 이상(李箱)이 아버지와 자신의 관계를 "나는나의 아버지의아버지……" 하는 식으로 이야기했다면 우리도 비슷한 구조를 이야기할 수 있습니다. 신이 곧 자연이라면, 자연은 곧 신이고 자연에 관여하는 사람도 신이다. 그런데 신은 자연을 통해 몸을 얻는데, 자연에 관여하는 사람은 곧 신이므로 또한 자연을 통해 새 몸을 얻으며, 신이 살아 있는 만큼 자연도 살아 있고 사람도 살아 있다. 이것을 소우주와 대우주의 상호투영 관계로 생각해도 좋겠습니다. 상호투사(投射) 관계야말로 자연비학의 핵심을 보여줍니다.

이와같은 견지에 따르면 오늘날 우리가 대립시키는 수많은 것들 사이에 평화가 자리잡습니다. 이른바 인식주체와 대상으로 쪼개진 나와 자연의 대립도 없으며, 정신과 물질의 대립도 없습니다. 서로가 서로를 비추며 맞물리기 때문입니다. 그러나 연금술을 비롯한 자연비학은 근대사회에서 명맥을 이어가지 못했습니다. 그래서 애거서 크리스티(Agatha Christie)의 탐정(뿌아로)처럼 구두에 흙 묻히기를 싫어하며 "잿빛 뇌세포"를 내세우는 현대인의 태도와는 아주 거리가 있습니다. 반면 바슐라르의 생각은 자연비학에 가깝습니다. 후자에서 대립의 일치라고 한 것을 그는 "대립의 연결"(liaison)이라 부르기도 하면서, 그 연결을 "상상력"에 맡겼습니다.

끝으로 한 가지 변명을 늘어놓고자 합니다. 저는 자연비학을 많이 들먹였지만, 이를 두고 어떤 분은 신성모독으로 일관된 이단의 교리로 무슨 자연을 이야기하는가 할 테고, 또 어떤 분은 제가 풀이한 자연비학이 옳지 않다고 지적할 것입니다. 특히 걱정되는 것은 후자입니다. 저는 솔직히 자연비학의 여러 이론 가운데 제 입맛에 맞는 입장을 주로 뽑아내었습니다. 이를테면 시대나 사람에 따라 견해가 다를 텐데, 마치 하나의 자연비학이 있는 것처럼 이야기했습니다(특히 신에 대해서는 '전문가'들의 비판을 각오하고 신플라톤주의의 내재론을 기본 입장으로 내세웠습니다). 융이 연금술을 다룰 때 비판받은 것과 똑같은 근거로 여러분은 저의 역사성 없음을 비난할 수 있을 것입니다.

그렇다면 도식화의 위험을 무릅쓰고 이런 이야기를 한 까닭은 무엇일까요? 중세가 무너질 때 사람들의 정신적 공백을 메워준 게 바로 자연비학입니다. 그렇다면 근대의 건설이념이 무너진 오늘날 다시 거기서 실마리를 찾을 수는 없을까 하는 생각이었습니다. 특히 자연이 살아 있다고 믿고, 소우주와 대우주의 일치를 말하는 연금술의 언어가 저를 사로잡았습니다. 물론 그대로 되풀이는 안되겠지요. 그래서 헤매다 보니, 미로를 찾는 아리아드네의 실처럼, 이야기가 제 생각을 따라 꼬불꼬불하게 되었습니다.

이때 떠올린 게 바슐라르입니다. 20세기에 연금술의 언어를 사용한 극히 드문 철학자이니까요. 더구나 연금술 언어가 정신치료를 맡을 수 있다는 융의 견해도 한몫했습니다. 사실 저는 융처럼 연금술을 모두 심리학으로 풀이하는 데는 반대합니다. 하지만 특히 신경증이라는 심리학적 문제에 관해서는 배울 점이 있다고 봅니다. 저는 지금 연금술의 언어가 가지는 생동성과 열림을 말하고 있습니다. 신경증의 언어, 곧 우리의 언어가 일방적인 반면 연금술의 언어는 상징적이며, 듣고 말하는 사람들이 심상으로 함께 이어져 새 의미를 열어갑니다.

더구나 연금술은 가령 어떤 온도를 말할 때, 말똥의 습도와 따뜻함, 묵직함으로 표현합니다. 열은 결코 열을 주는 몸으로부터 추상될 수 없다는 뜻입니다. 추상개념에 길들여진 우리를 신선하게 만드는 심상, 열림, 몸의 언어가 아닐 수 없습니다. 그래서 자연과 서정의 상실에서 비롯된 정신의 치료를 자연비학과 더불어 고민하게 되었습니다. 자연의 의미는 일방적인 몸 벗어나기에 매달린 과학의 언어만으로는 알 수 없다는 게 지난 세기의 교훈이었습니다. 우리는 괴테의 호문쿨루스를 따라 자연이라는 낱말을 되새길 때가 되었습니다. 이렇게 여기저기를 떠도는 우리의 영혼은 어떻게든 유리를 깨뜨리고 나와야 합니다. 그리하여 최상의 방식으로 몸을 얻어야 합니다. '지상의 방식으로 다시 태어나기', 이것이 문제입니다.

## 5. 표상에서 동일성과 차이

가까운 벗으로부터 편지를 연거푸 받았습니다. 주로 바슐라르에 대한 제 생각을 지적한 것이었습니다. 읽어보니 퍽 중요로운 대목이 있었습니다. 함께 생각하면 좋을 듯해서 이렇게 옮겨봅니다. 꼬박꼬박 존댓말을 쓴 것이었고, 매우 어려운 말로 되어 있었지만 논지는 대략 이러했습니다.

바슐라르의 논의를 '대립물의 일치'라고 한다면, 그건 '동일성'에 대한 이야기가 아니냐? (…) 동일성의 차원이 아니라 의미의 '공유'라는 차원으로 읽어도 마찬가지이다. 한 형상이 다른 두 차원의 의미를 동시에 공유한다는 것인데, 여기서도 문제는 발생할 수 있는 것 같다. 예컨대 의미가 어떻게 발생하느냐 하는 것이다. 쏘쒸르에게서 볼 수 있듯이 의미는 이항대립에 의해 발생한다. 따라서 의미는 차이를 통하지 않고는 안되는 것처럼 보인다. 그렇다면 선차적으로 해결해야 하는 것은 대립의 일치가 아니라 차이의 부각이 아니냐? (…) 동일성의 논리가 강조된 근대성이 차이를 배제하고 세계를 중심의 동일성으로 집약시키려고 했다면, 중심의 논리에서 거부된 차이들을 무대에 세우는 것이 필요하다. 물론 자연비학도 중심의 논리에서 거부되었겠지만 자연비학이 동일성을 강조한다면 역시 문제가 아니냐?

그렇지 않아도 몇군데 짚고 넘어갔으면 했는데, 참으로 적시타(適時打)입니다. 편지를 빌미삼아 마음에 담아두었던 이야기를 꺼내볼까 합니다. 먼저 동일성을 생각해볼까요? 특히 이 범주를 문제삼은 것은 포스트모더니즘입니다. 이들은 근대가 추구해온 기획을 동일성의 논리라고 요약하며 매우 격렬하게 비판했습니다. 동일성을 추구한 바람에 다양한 차이가 억압되었다고 보기 때문입니다. 이때 도마 위에 오르는 게 표상(representation) 개념입니다. 표상은 흔히 재현(再現)으로 불리는 것으로서 근대정신이 세계를 인식하는 전형으로 간주되었습니다. 근래 들어 좋은 논의들이 나왔으므로 새삼스럽게 말할 필요는 없겠지만 한 가지 짚어둘 게 있습니다.[3]

결론부터 말하면 표상을 곧 동일성논리로 보기는 어려울 성싶습니다. 포스트모더니즘이 주장하는 바를 모르는 것은 아니지만, 표상을 곧 동일성논리라고 말하게 되면 자칫 문제를 도식적으로 이해할 우려가 있습니다. (사실 포스트모더니즘은 이야기를 극단적으로 하는 경향이 있어서 한편으로는 재미있지만, 너무 도식적이기도 합니다.) 표상을 미시차원과 거시차원으로 나누어 살펴보겠습니다. 먼저 미시차원은 개인 주관의 차원입니다. 첫째, 일단 세계와 나를 둘로 갈라놓은 다음, 세계 전체를 대상으로 놓고 인식하는 것입니다. 하이데거가 풀이했듯이 표상은 '자기 앞에(vor-) 세우는 것(stellen)'이며 다양한 존재들을 내 앞의 대상으로 세우는 것입니다. 그런 다음 모든 표상에다 내 것이라는 소인(燒印)을 찍습니다. 나를 중심으로 세계를 한데 묶어 종합합니다. 둘째, 그것은 다시(re-) 제시(presentation)하는 것이기도 합니다. 가령 책상이란 개념을 머릿속에 떠올릴 때 우리는 책상의 모든 면모를 떠올리지는 않습니다. 불가능할뿐더러 그렇게 해서는 책상에 대한 또렷한 개념을 얻을 수도 없습니다. 잡다한 것(차이)들을 버리고 본질적인 무엇을 뽑아놓아야 합니다. 또한 그렇게 해두면 다음에 언제라도 똑같은 표상을 '재현'할 수 있습니다. 본질-추상에 의한 동일성이라고 할까요?

　미시차원에서 표상의 동일성은 이처럼 자아가 중심이 되어 대상의 특정 측면을 선택하고 나머지를 배제하는 데서 비롯되는데, 모든 대상을 자기 것으로 동일화(=자기화)하는 한편, 서로 다른 책상들을 모두 책상이라는 관점에서 동일시하고 추상적으로 보는 것입니다. 다음으로 거시차원에서 문제는 표상과 표상, 나아가 한 표상체계와 다른 표상체계 사이에서 생깁니다. 근대정신은 대상을 앞에 두고 명석판명(clear and distinct)한 표상으로 사물과 나의 거리를 좁히는 전략을 취했는데, 이때

한 표상체계가 거리를 좁히는 데 성공했다고 판정되면, 거기에 최고의 가치를 붙여주었습니다. 가령 자연과학의 인식이 그런 가치를 부여받았습니다. 이로부터 여러 표상 사이에는 일종의 위계질서가 세워집니다. 그러나 가치를 매기는 방식이 너무 독선적이었습니다. 이를테면 서로 다른 의미체계를 가진 사람들이 만나 대화를 한다고 합시다. 문화권이 아주 다르거나 아니면 매우 다른 인식구조를 가진 사람들끼리라면 한 의미체계의 우월성이 상대방에게 통하지 않을 수도 있습니다. 여기서 체계의 우선권 문제가 나옵니다. 어떤 표상체계가 나은가? 재현 논의의 많은 부분은 이 물음에 닿아 있습니다. 재현 자체보다는 재현체계의 위계에 대한 이의 제기로서, 한 체계가 자기만을 으뜸으로 내세우는 데 반대하는 것입니다.

말하자면 근대정신은 한 체계를 높게 둠으로써 다른 체계를 모두 부차적으로 여겼을 뿐 아니라 마침내 다른 체계들이 모두 자기체계로 완전하게 번역될 것으로 믿었습니다. 보편수학의 이념이 근대와 함께 나온다는 점을 잊어선 안됩니다. 보편수학의 이념은 처음에 '수학은 모든 지식 영역의 기초이다' 정도였지만, 차츰 '모든 지식은 수학으로 번역될 수 있다', 나아가 '수학으로 번역되지 않으면 지식이 아니다' 하는 이념으로까지 전개되었습니다. 그 바람에 모든 지식체계는 수학(과학)성이라는 간판을 내걸지 않으면 먹혀들지 않는 지경에 이르렀지요. 이것이야말로 거시차원에서 제기되는 동일성의 위협입니다. 여러 표상체계들의 차이가 모두 한 체계로 환원될 수 있음을 내세우며, 마침내 환원-동일시되지 않는 차이들을 무시한다면 그것은 동일성의 폭력일 터입니다.

그런데 폭력은 내재적인 모방을 낳습니다. 패권을 잡은 동일성은 일종의 본보기가 되어 '동일하지 않은 것'들이 모두 자발적으로 자신을 본뜨게 만듭니다. 한때 근대학문이 모두 수학-과학을 흉내내었듯이, 지배적인 표상체계는 다른 모든 체계가 스스로 자기를 모방하게 만듭니다. 영화「굿모닝 베트남」에서 미국인 주인공이 베트남 사람들에게 야구를 가르치는 것이 미국적 보편(동일)화에 이어진다면, 「화기소림」에서 미국 국적의 중국인이 소림사 승려들에게 야구를 가르치는 것은 그 동일화에 대한 이중적 동일시(모방)일 것입니다. 그렇다면 전근대사회에서는 모방이 없었느냐? 물론 있었습니다. 다만 전근대의 모방이 직접적인 방식이었다면, 근대의 모방은 좀더 자기에게 고유한 방식을 따르는 내재적 베낌입니다. 다양하고 주체적으로 베낀다고 할까요? 완전히 자기 것으로 소화해서 모방하기에 마치 자발적인 다양성으로 오해될 정도입니다. 그럼에도 이들 다양성이 결국에는 동일성으로 되돌아오는 것이므로 어쨌든 차이의 소멸을 가져옵니다.

이처럼 근대적 인식으로서 표상은 거시적으로나 미시적으로 동일성 논리에 이어집니다. 그러므로 포스트모더니즘의 비판에는 일리가 있습니다. 그럼에도 이 결론만 듣고 보면 마치 근대성이 처음부터 동일성만 내세운 듯한 인상을 받기 십상입니다. 하지만 중세와 비교할 때 근대성은 오히려 차이의 기획으로 출발한다는 측면을 잊어서는 안됩니다. 저는 이 측면을 짚은 다음에 포스트모더니즘의 결론으로 되돌아오겠습니다. 그러나 저는 이때 포스트모더니즘이 제시하는 것과 전혀 다른 해법을 찾아 다시 떠날 것입니다.

근대성이 전제한 차이의 기획을 또한 미시와 거시차원으로 나누어 이야기한다면 이렇습니다. 먼저 미시차원에서 표상(재현)은 나와 사물이 하나로 되는 인식이 아닙니다. 어디까지나 사물과 뚜렷이 구별되는 인식 주관이 사물을 앞에 놓고 냉철하게 바라볼 때 얻어지는 인식입니다. 흔히 주객대립으로 불리는 이 거리(distance), 차이가 객관적인 표상의 바탕입니다. 더구나 표상은 사물을 있는 그대로 떠오는 게 아니라 나름대로 다시 제시하는 것입니다. 일정한 변형이나 오차를 처음부터 전제합니다.

그리고 나와 사물의 거리는 곧 말과 사물의 거리로 이어집니다. 언어의 측면으로 보자면 말과 사물의 일치를 내세우는 자연언어 개념을 물리치고 사회적 규약에 의한 말과 사물의 자의(임의)적 결합만을 인정합니다. 물론 전근대 시기에도 이런 견해가 없었던 것은 아닙니다. 굳이 따지자면 플라톤과 아리스토텔레스를 비롯하여 5세기 무렵의 성 아우구스티누스도 이미 내놓았던 견해입니다. 그럼에도 전근대 사람들은 이런 견해를 근대인들처럼 보편적으로 받아들이지는 않았던 모양입니다. 중세와 르네쌍스를 통틀어 볼 때 말과 사물의 거리는 훨씬 가까웠을 것으로 보입니다. 반면 근대인은 대개 처음부터 말과 사물의 일치를 불가능하게 여겼습니다. 그러므로 어떤 말에도 절대적인 신뢰를 부여하지 않았습니다. 이에 따른 현상이 바로 개방적인 논쟁과 토론입니다. 근대적 인식을 대표하는 과학활동을 생각해보세요. 과학은 왜 지식의 공공성을 강조했으며 객관적인 실험과 공개적인 논쟁을 강조했을까요? 말과 사물의 불일치, 표상의 오류가능성을 전제했기 때문입니다. 즉 어떤 말도 전적으로 믿을 수는 없으므로 일단 공동체의 검토를 거쳐야 한다는 식입니다.

전근대 사람과는 참 다릅니다. 말과 사물의 일치를 인정한 사람들이 경전 내용 자체의 진리 여부를 놓고 논쟁을 벌이는 법은 없습니다. 다만 해석의 타당함 여부를 둘러싼 논쟁이 있을 따름입니다.

거시차원을 보자면 표상과 표상, 말과 말의 관계를 생각해볼 수 있습니다. 유사성에 따라 세계를 인식하는 방식에서 벗어나, 그 유사성의 연결을 자르고 나온 것이 근대의 표상임을 생각해볼 수 있습니다. 요컨대 근대는 같음의 논리가 아니라 다름의 논리를 따르는 셈입니다. 도표를 한번 보십시오(이 도표는 이종흡 교수의 연구에서 가져왔습니다).

| 예수 | 4복음서 | 삶 | 덕 | 성자 |
|------|---------|-----|-----|------|
| 인간 | 마태 | 강생 | 분별 | 인간적 족보 |
| 소 | 누가 | 수난 | 희생 | 제사 |
| 사자 | 마가 | 부활 | 용기 | 깨어 있기 |
| 독수리 | 요한 | 승천 | 통찰 | 높은 데 있기 |

서양 중세문명의 중요한 단면을 보여주는 상징체계 가운데 하나입니다. "예수가 밟고 서 있는 인간, 소, 사자, 독수리", 이 모습을 담은 부조는 중세 교회건물에서 자주 볼 수 있습니다. 예수에게는 여러 속성이 있는데 대표적인 것이 인간, 소, 사자, 독수리로 상징된다는 것입니다. 상징 연결은 계속됩니다. 먼저 둘째 가로축을 보십시오. 인간성은 마태복음으로 연결됩니다. 마태복음이 예수의 조상들로부터 시작되기 때문입니다. 그래서 인간으로 태어남(降生)으로 이어집니다. 아래 줄들도 비슷한 방식으로 전개됩니다. 당연한 이야기지만 기독교를 모르는 사람이 이 가로줄로 진행되는 연결을 이해하리라 기대할 수는 없습니다. 수평연쇄

는 오직 첫째 세로줄의 수직관계를 전제할 때야 비로소 이해되기 때문입니다. 그런데 첫째 세로줄은 어떻습니까? 무엇보다 예수가 중심에 있습니다. 인간, 소, 사자, 독수리 등은 우리가 예수를 표현하기 위한 상징들입니다. 그렇다면 우리는 위의 도표에서 심층과 표층의 구분을 해볼 수 있습니다. 그리고 이렇게 추론해볼 수 있습니다. 어떤 심층적인 동일시 위에서 표층의 대체운동이 일어난다. 즉 예수와 인간, 소, 사자, 독수리들과의 심층적인 동일시 위에서 나머지 상징의 대체가 일어나고 있습니다. 그러나 바로 여기에 문제가 있습니다.

근대인들에게는 내적 표상, 외적 상징, 대체물들이 또렷하게 구별됩니다. 이를테면 "그녀는 장미"라는 말에서 표상내용은 아름다움이며 상징은 장미이고 대체물은 선녀가 될 수 있습니다. 즉 표상은 정신 안에 들어있는 내적 개념이고, 상징은 내적 표상을 객관화하거나 또는 바깥으로 드러낸 것이며 대체물은 한 상징을 대신할 수 있는 낱말입니다. 그런데이 도표에 나오는 항목들을 그런 식으로 나누기는 어렵습니다. 가령 셋째 가로줄(소, 누가복음, 수난, 희생, 제사)을 보세요. 어느 낱말이 내적표상에 해당할까요? 수난입니까 희생입니까? 또한 상징도 마찬가지입니다. 소라는 개념을 상징하는 것이 누가복음입니까, 아니면 누가복음을상징하는 것이 소입니까? 무엇이 표상, 드러냄, 대체물인지 서로 분명하지 않습니다. 각 항목은 모두 서로를 대체한다고 할 만한 지경입니다. 그러므로 무차별적인 드러내기와 대체관계라고 할 법합니다.

이러한 상징체계에는 "은유에 의한 해석"과 "해석에 의한 은유"가 엇갈립니다. 무엇이 무엇의 은유인지 명확하지 않습니다. 이런 교차를 통해 무차별적인 드러내기-대체 관계는 끝없이 확장될 수 있습니다. 움베르또 에꼬(Umberto Eco)에 따르면 타조는 깃털의 균등함이 통일개념을 시사한다고 해서 정의의 상징이었고, 유니콘은 처녀 무릎에 머리를 묻으면 처녀가 잡을 수도 있는 동물이라고 해서 하느님의 독생자, 또는 마리아의 몸에서 다시 태어난 이중적인 예수의 상징이 될 수 있었습니다. 이때 사람들은 한 개념에 해당하는 사물뿐만 아니라 그와 유사하거나 관련된 모든 것들을 포함시키려 한 것입니다. 멈포드(Mumford)가 일종의 "신경증"이라고 할 만큼 말입니다. 유사성에 의한 세계인식은 이런 형국을 가리키겠지요.

그러나 과연 중세사람들이 얼마나 대체관계를 믿었는가, 다시 말해 대체된 상징들을 얼마만큼 동일시했는가 하는 데는 의문이 남습니다. 실상 푸꼬처럼 전근대인을 모두 '유사성에 의한 동일성'으로 묶는다는 것은 너무 도식적이기도 하며 그것으로 모든 중세사람의 정신을 대표한다고 보기는 어렵습니다. 왜냐하면 기독교의 교리 자체가 동일시의 한계를 긋기 때문입니다. 거듭 말하면 무차별적인 상징체계에 일종의 분별을 끌어들이려는 시도 역시 지속적으로 존재했으며, 성 아우구스티누스에게서 그런 흔적을 찾을 수 있습니다. 또도로프(Todorov)에 따르면 그는 자연적 기호와 의도적 기호를 구분했습니다.[4] 가령 밭을 가는 동물을 '소'라고 부를 때 그것은 자연적 기호이지만 이 소가 만약 복음서의 저자를 상기할 때 쓰인다면 그것은 의도적 기호라고 했습니다. 이러한 차이를 그는 '본래의 기호'와 '전용된 기호'(translata)의 차이로 보기도 했습니다.

결국 기호는 본래적이거나 전용이다. 기호가 그것 때문에 만들어진 사물을 지시하기 위해 사용될 때 본래적 기호라고 불린다. 예를 들면 라틴어권의 모든 사람이 소라는 이름으로 부르는 동물을 염두에 둘 때 우리는 '소'라고 말한다. 우리가 본래의 용어로 지시하는 대상, 이것이 다른 대상을 지시하기 위해 사용될 때 기호는 전용된다. 예를 들어 우리가 'cow'(소)라고 말하면, 이 이름으로 불리는 관습이 있는 동물을 이 두 음절로 이해한다. 그러나 한편 이 동물은 복음서의 저자를 생각나게 한다. 사도의 해석에 따르면 성서는 다음과 같은 말로 그 저자를 가리키고 있기 때문이다. 곡물을 밟으며 걷는 소에게 재갈을 물려서는 안된다.

다시 말해 자연기호만 해도 관습으로 정해졌으며, 이것이 이차적인 무엇을 가리킬 때 그것은 두번 연속되는 정신적 조작을 요구하는 기호가 되는 셈입니다. 이 견해에 따르면 한 기호와 그 대체에 있어 일차적이냐 이차적이냐에 따라 기호의 단계가 뚜렷이 구별됩니다. 사실 기독교의 교리를 생각할 때 당연한 구별이 아닐 수 없습니다. 어떻게 소와 성인을 문자 그대로 동일시할 수 있겠습니까? 그러므로 우리는 중세사람이라고 해서 기호의 대체를 말 그대로 무차별적으로 대등한 연쇄로 보았다고 할 수는 없을 것입니다. 풍차를 거인과 동일시하고 달려들어간 돈끼호떼(Don Quixote)는 중세사람에게도 웃음거리였음에 틀림없습니다. 따라서 대체된 상징들을 완전히 동일시하지는 않았다는 전제 아래 우리는 다음과 같이 말할 수 있을 것입니다. 즉 앞의 도표를 받아들이는 사람들이 근대보다 중세에 훨씬 많았다는 것만큼은 말할 수 있을 것입니다.

반면 근대의 표상은 대개 상징들이 대체되는 무한확장의 연결고리를 끊으려고 합니다. 예컨대 사자가 부활인 까닭이 무엇인가 하고 묻습니다. 나와 사물의 거리가 곧 말과 사물, 나아가 말과 말 사이의 거리두기로 나타난 셈입니다. 근대적 인식은 거리를 전제합니다. 그 위에서 '명석판명'한 표상으로 거리를 좁히는 전략을 취했습니다. 사실 판명한다(distinct)는 것은 별개의(separate), 개별적(individual)이란 뜻입니다. 흐릿하게 이어진 말(사물)＝말(사물)의 등호 연결이 절단되어 분명한 차이를 드러내는 것입니다. 그러므로 앞에서 저는 중세와 비교할 때 근대성은 동일성에 반대하고 차이를 내세우는 기획이라고 했습니다.

그렇다면 근대를 동일성논리로 보는 포스트모더니즘은 틀렸을까요? 아닙니다. 다만 포스트모더니즘은 '근대성이 전제로 하는 차이마저도 동일성논리 앞에서 의의를 잃는다'고 봅니다. 간단하게 옮기면 이렇습니다. 가령 빨간 사과(a)와 파란 사과(b)는 분명히 다릅니다. 그런데 이 차이는 빨간 사과의 집합과 파란 사과의 집합 각각을 분할하며 그들의 정체(동일)성을 확보해줍니다. 이 점에서 근대적 표상은 분명히 차이를 전제로 합니다. 하지만 이 차이는 그보다 상위집합인 사과의 차원에서 보면 사라집니다. 빨갛든 파랗든 사과라는 점에서는 동일하기 때문입니다. 나아가 a와 b의 차이는 저마다 상위집합을 전제할 때만 가능합니다. 가령 빨간 '사과', 파란 '사과'의 차이란 것이지요. 요컨대 근대성이 전제로 하는 차이는 오직 상위집합 속에서만 이해되며, 그와 동시에 소멸합니다. (이를 두고 철학에서는 "유적 개념하의 차이를 포섭하는 동일성"이라고 합니다.) 즉 근대적 표상에서 차이는 집합 a와 b를 구분함으로써 a와 b 각각의 동일성을 확보해주지만, 그 차이는 언제나 더 큰 집합[類] 아래서만 이해되며, 나아가 더 큰 집합 속으로 용해되어버립니다. 이 차이의 용해를 놓고 포스트모더니즘은 폭력으로 규정하는 것입니다.

이렇게 해서 저는 처음 결론으로 되돌아왔습니다. 다시 말하면 근대적 표상은 중세와 비교할 때 상대적으로 차이를 바탕으로 합니다. 자아와 사물의 거리로부터 말과 말, 사물과 사물의 차이를 내세웠습니다. 그런데 다른 한편으로는 이 차이를 인정하는 동시에 미시-거시적 동일성을 추구합니다. 이 과정에서 일어나는 폭력성을 포스트모더니즘이 겨냥하는 것입니다. 그렇다면 '더 큰 집합'의 횡포에 맞서는 길은 무엇일까요? 여기에 포스트모더니즘은 차이의 권리를 내세웁니다. 정치적으로는 소수파, 타자(他者), 여성, 외국인에 대한 권리를 내세우며 형이상학으로는 '순수 차이'니 '개념 없는 차이'니 하는 것을 내세웁니다. 차이를 있는 그대로 보아달라는 것입니다. 그런데 이들이 내놓은 해법과 다른 것도 있을 법합니다. 바슐라르가 재발견한 연금술의 테마, 즉 대립의 일치를 되살리는 길입니다. 이 해법을 저는 '새로운 동일성'이라고 부르겠습니다.

## 6. 급진적 동일성: 아담의 언어를 찾아서

표상에서 동일성은 유적 차이에 따라 분할되며 정립된다고 했습니다. 거시적으로 보면 표상과 표상 사이에서 그러하며 미시적으로 보면 나와 사물 사이에서도 그러합니다. 반면 연금술은 그렇지 않습니다. 바로 유적 차이 자체를 없애려 듭니다. A와 B 사이에 차이를 두어 가르는 것이 표상이라면, A와 B의 거리를 해소하려 드는 것이 연금술입니다. 전자를 A/B라면 후자를 A＝B라는 등식으로 쓸 수 있을까요? 다만 A와 B를 감싸는 근원적 동일성 속에서 A와 B의 동일성을 생각합니다. (뒤에서 살펴보겠지만 완전한 동일성도, 완전한 등식도 아닙니다.)

동일성은 뭐니 해도 차이 또는 이질성의 반대입니다. 그런데 요즘 들어 동일성은 보수적이며 차이는 혁신적이라는 생각이 퍼져 있지만, 그것은 정의하기 나름일 수도 있습니다. 가령 근친상간이 무엇입니까? 인류에게 가장 위험한 일 가운데 하나인 근친상간은 오히려 차이의 극단적인 소멸에서 나옵니다. 급진적인 혼돈은 곧잘 차이가 아니라 차이의 소멸 때문에 일어납니다. 디오니소스의 축제는 어떻습니까? 축제에 참여한 사람들은 사회의 모든 차이를 벗어난 집단이 되었습니다. 여자와 남자, 노예와 귀족, 성(性)과 나이뿐만 아니라 신분의 차이가 모두 사라지는 것입니다. 광기에 사로잡힌 여자들은 짐승이나 남자를 향해 무차별적으로 덤벼들었는데, 소떼를 남자로 잘못 알고 달려들기도 했다면 심지어 동물과 사람의 차이마저 없어진 셈입니다. 그래서 디오니소스의 축제는 위험한 것으로 인식됩니다.

사회질서는 차이에 바탕을 두어 세워집니다. 특히 근대사회의 개인에게 정체성(identity)을 부여하는 것은 차이입니다. 고대, 중세의 신분질서보다는 훨씬 완화되었다고 하지만 다른 한편으로는 훨씬 세분화되었고 다양합니다. 삼권분립, 제정일치 반대, 정경유착 금지, 편집권의 독립처럼 좋은 것도 있는 반면, 예술과 과학의 분리나 대학 학과간의 특수화와 분리처럼 좋지 못한 것도 있습니다. 이들은 모두 차이의 체계이지 않습니까? 이때 차이를 지키지 않는 것이야말로 위험한 일이 됩니다. 바로 여기에 동일성 작업이 대항문화(counter-culture)가 될 수 있는 가능성이 있습니다.

그러므로 우리는 여러 종류의 동일성을 잘 구별해야 합니다. 바슐라르가 주목한 르네쌍스 연금술은 근대적 표상이나 중세적 우의(allegory)와 다른 맥락에서 동일성을 좇았다고 할 수 있습니다. 물론 그것은 중세도 근대도 받아들이기 어려운 생각이었습니다. 근대는 그렇다 치더라도 중세와는 어떻게 다른가? 중세보다는 훨씬 근원적이고 급진적으로 동일성을 추구합니다. 앞에서 저는 중세의 상징체계에서 무차별적인 대체가 있는 동시에 일종의 분별을 끌어들이려는 시도가 더불어 있었다고 했습니다. 그런데 르네쌍스 연금술의 언어는 다릅니다. 언뜻 보기에는 중세와 비슷하게 무차별적인 대체의 상징체계인 듯합니다. 하지만 좀더 깊은 차원의 실재를 바탕에 두고 대체의 운동이 일어나며 그와 동시에 운동의 양상이 대단히 자유롭습니다. 먼저 첫번째 측면을 간단히 말하자면 연금술은 성 아우구스티누스가 나눈 구분들, 즉 자연/의도, 본래/전용의 구분을 특별한 조건을 달아서 받아들입니다. 그것은 더 심층의 언어 아래 이들 기호를 설정하는 것입니다. 이렇게 써보겠습니다. '아담의 언어/대체언어(자연/의도적 기호).'

아담의 언어란 연금술사들이 그리던 이상적 언어입니다. 태초에 아담이 모든 동식물을 각자의 본성에 들어맞게 명명함으로써 다스릴 수 있었다는 언어입니다. 요즘 표현으로 하면 표현형식과 표현내용이 일치하며 기표와 기의가 필연적으로 일치하는 언어입니다. 그리고 여기에 가장 가까운 언어를 만들려는 노력이 실질적인 연금술의 언어를 이끌어냅니다. (그래서 저는 후자에 대체언어라는 이름을 붙였습니다.) 어쩌면 아담의 언어는 상식적인 뜻에서 언어가 아닐지도 모릅니다. 사물을 표현하는 형식과 내용이 완전히 일치하는 언어란 기실 사물 자체말고는 무엇이 있겠습니까? 그리고 지칭하고 싶은 사물을 있는 그대로 제시할 수 있을 때 더이상 무슨 말이 필요하겠습니까? 따라서 상식적인 뜻에서 볼 때 그것은 언어가 아니라 오히려 침묵으로 드러날 것입니다. 연금술사들은 이 이상적인 언어를 표현할 매체를 현실에서 찾아 헤매었고 그 과정에서 특히 상형언어를 선호했습니다. 이 언어는 소리를 수반하지 않는다는 뜻에서 '침묵의 언어'(mute language)이기 때문입니다.

디(Dee)에 따르면 상형언어는 "천지창조 때부터 신이 직접 자신의 손가락으로 피조물 위에 새겨놓은 문자기록"(written memorial)이며 "사물의 문자"랍니다. 그래서 일상적인 문법이나 담론 형식의 제약도 받지 않는 반면 일종의 보편성을 띠기도 합니다. 그러나 상형언어라고 해서 시각영상만을 뜻하지는 않습니다. 아니, 오히려 연금술사들은 상징의 시각적 이미지에 매몰된 사람을 '열등한 적'으로 여겼다고 합니다. 중요한 것은 상형의 겉모습보다는 그것에 일체가 되어 있는 직관이었습니다. 그러므로 연금술의 언어는 좁은 뜻에서 상형문자에 머물지 않습니다. 나아가 연금술의 가르침을 구성하는 그림, 도형뿐만 아니라 신화, 금언, 경구(aphorism), 수수께끼, 우의 등 여러 상징언어를 끌어들입니다. 기실 상형언어는 고도로 추상적인 관념을 표현하기 어려울 때가 있을뿐더러, 관념의 연결을 표현하기 어려울 때가 있을 것입니다. 이렇게 해서 연금술은 아담의 언어를 대체하려는 노력의 결과로 여러 언어를 만들어내었습니다.

어떤 분은 정신분석의 개념에 착안하여 아담의 언어를 '원초적 장면'으로 보고 이것의 의미를 찾아가는 기호들의 대체활동을 떠올릴지도 모르겠습니다. 한편 시(詩)적 언어의 형성을 떠올리는 분도 있을 것입니다. 아담의 언어를 마치 마음속에 번개처럼 번쩍하고 나타난 대단히 흐릿한 심상이라고 해둔다면 이 흐릿한 이미지를 구체적으로 표현하는 작업이 결국 시 쓰기가 아닐지 모르겠습니다. 그리고 연금술사들이 아담의 언어를 표현하려 할 때 새로운 문맥 속에서 일상적인 언어에 새로운 의미를 부여하거나 아니면 언어와 문맥 자체를 새로 만들어내는 작업에서 우리는 흐릿한 이미지를 대체할 만한 시어를 창조하는 과정을 떠올릴 수 있을지도 모르겠습니다.

중요한 점은 연금술 언어의 대체운동이 마냥 평면적으로 이루어지지 않으며 좀더 깊은 차원이랄까 심층의 언어를 전제한다는 점입니다. 한번 더 써보겠습니다. '아담의 언어/대체언어.' 이때 아담의 언어란 근원적인 대립의 일치가 이루어진 차원을 가리키며, 대체언어는 이 근본 차원 위에서 저마다의 방식으로 일치를 향하는 변형들을 가리킵니다. 후자를 놓고 보면 적어도 세 가지 차원을 생각할 수 있는데, 각 차원에서 우리는 대립의 일치로 불릴 만한 사건을 목격할 수 있습니다.

첫째는 아담의 언어와 대체언어 사이에 있는 일치입니다. 둘 사이에는 분명히 질적인 차이가 있습니다. 한쪽은 신성한 언어이며 다른 하나는 하여간 세속적인 언어에 바탕을 둔 것입니다. 그럼에도 우리는 두 언어의 일치가 결코 전자의 세속화가 아니라 오히려 후자의 신성화 과정임을 놓쳐서는 안됩니다. 전자를 대체하려는 과정에서 후자는 마침내 신성함을 얻게 되기 때문입니다. 우리는 여기서 일상언어에 대한 연금술의 혐오가 실질적으로는 일상언어를 새로운 문맥 속에 재배치함으로써 오히려 일상어와 신성어의 대립 자체를 폐기하는 수준에 이른다는 것을 알 수 있습니다.

둘째 차원으로는 물질적 과정과 정신적 과정의 일치입니다. 연금술의 기본 재료가 되는 근원물질이 '혼돈' '어두운 대지의 흙덩이' 또는 '공포의 음영'(umbra horrenda)처럼 정신적인 차원의 낱말로 불린다고 할 때 우리는 물질적 과정이 곧 정신적 과정으로 대체되고 있음을 알 수 있습니다. 말하자면 전혀 동떨어진 두 차원이 하나로 일치하고 있습니다.

셋째로는 그림언어가 여러 상징언어들(신화, 금언, 경구, 수수께끼, 우의)을 끌어들이는 과정에서 그림언어와 담론언어의 절대적인 분리가 폐지됨을 알 수 있습니다. 이것이 제가 볼 때 연금술의 대체언어가 드러내는 세 가지 대립의 일치입니다.

일치가 깨어질 때 우리는 낱낱이 분리된 군상들을 만납니다. 기실 연금술사들은 아담이라는 말이 옛 히브리어에서 '붉은 흙'(adamah)이라는 점에 주목했습니다. 네 원소의 견지에서 붉음은 본디 불의 색깔이며 하늘에 있는 태양의 색깔이므로, 붉은 흙은 그 자체로 하늘과 땅의 일치입니다. 더욱이 아담으로부터 여인(Sophia)이 태어났음을 생각해도 마찬가지입니다. 그래서 아담은 양성(兩性)의 거인으로 묘사되었던 것입니다. 독일의 한 연금술사(J. 슈페르버)는 이렇게 썼습니다. "신이 태초에 창조하신 대지는 완전하고 무결하였으며 현자의 돌과 같았다." 대지는 곧 붉은 대지, 아담을 가리키는 한편 현자의 돌이 붉다는 의미입니다. 그러나 아담이 타락할 때 "신의 노여움은 거대했으며, 신은 붉은 대지를 저주하고 그것의 자연적 비율을 파괴하였고, 동질성을 이질성으로 바꾸었으며, 원소들을 뒤섞어 물질로 하여금 혼란에 빠지게 하여 부패와 죽음을 겪게 하시었다." 태초에 붉은 대지로부터 붉음과 검음이 분리되는 바람에 죽음이 찾아왔다는 이야기가 아닐까요? 참으로 장자가 이야기한 '혼돈의 죽음'이 아닐 수 없습니다. 장자가 혼돈을 되찾으려고 했듯이 연금술사들은 아담 자신과 아담의 언어를 따라 대립의 일치를 되찾으려고 했습니다.

그리하여 중세 기독교보다는 공존의 범위를 훨씬 넓혀 자연 전체로 확장했습니다. 물론 앞에서 예로 든 도표에서도 보았듯이 중세 기독교에서도 연금술처럼 어떤 심층적인 동일시 위에서 상징의 대체운동이 일어난다는 점은 틀림없습니다. 예수와 인간, 소, 사자, 독수리들과의 심층적인 동일시가 있고, 이를 바탕으로 나머지 상징의 대체가 일어나고 있습니다. 그러나 이 대체에는 분명한 한계선이 있습니다. 바로 기독교의 교리 자체가 그어놓은 테두리입니다. 예수가 소로 대체되는 데는 한계가 있으며, 둘이 동일시되는 데는 한계가 있습니다. 성 토마스 아퀴나스는 "자연 대상들은 오직 성서의 문맥 안에서만 알레고리의 뜻을 가진다"고 했습니다. 에꼬의 표현처럼 "우주적 알레고리를 성서적 알레고리로 축소"한 셈입니다. 즉 중세의 동일성은 크게 보아 기독교의 테마로 제한된다는 뜻입니다. 이 때문에 자연은 풍성한 의미를 잃게 됩니다. 자연은 이제 '상징들의 숲'이 아닙니다. 다만 하늘과 땅, 성과 속, 그리고 사회적 위계의 울타리 안에서 유비의 운동을 받아들일 뿐입니다.

그런데 연금술은 다릅니다. 기독교가 그어놓은 테두리를 훌쩍 넘어섭니다. 정신과 물질이 일치할뿐더러 남성과 여성, 하늘과 땅이 일치합니다. 당시에 '하늘과 땅이 일치한다'는 말이 일으켰을 파장을 한번 생각해 보십시오. 급진적인 동일성을 뿌리부터 생각한 것은 바로 연금술입니다. 말과 사물, 말과 말, 사물과 사물의 연대를 생각했습니다.

그럼에도 대립의 일치란 실제로 대립의 공존입니다. 제가 아는 한 절대적 동일화를 내세운 연금술사는 아무도 없습니다. 그리고 공존의 실현만 해도 쉬운 일이 아닙니다. 연금술 책 곳곳에는 "많은 사람들이 위대한 작업에 실패했다"는 경구가 등장합니다. 동일성뿐만 아니라 공존의 실현에 대해서도 너무 낙관하지 말라는 뜻입니다. 연금술은 직접적이고 즉각적인 일치를 전제하지 않습니다. 그렇다면 우리는 근대적 표상과 중세적 유비의 가운데쯤을 보고 있는 셈입니다. 사물-표상-드러내기 사이에 완전한 동일성을 인정하지 않았다는 점에서는 근대에 가까운 것으로 보입니다. 하지만 그 균열을 정신적 표상으로 대신하려 들지는 않았습니다. 플라톤은 허깨비 같은 이미지를 버리고 순수한 지성의 힘을 빌려야 실재(이데아)에 도달한다고 했습니다. 하지만 거꾸로 연금술에서는 이미지가 권장됩니다. 지적인 추론이나 논리가 세속의 학문에 알맞다면, 이미지는 "실재의 압축"으로서, 보통 언어보다 훨씬 높은 경지로 인간을 이끄는 매개로 생각되었습니다. 그래서 우주에 대한 모든 직관을 이미지 속에 담으려는 작업이 진행되었습니다. "자연의 알파벳"을 이미지로 옮기려고 했습니다. 근대사람에게 알파벳이 다만 사회적 약속에 따라 사물을 정의하는 수단이라면 자연의 알파벳은 비록 근사적이나마 천지창조의 원리를 담은 것으로 여겨졌습니다. 근대인에게 알파벳이 결합하는 방식은 자의적인 것이라 결코 사물을 대신할 수는 없는 것이었다면, 자연의 알파벳이 결합하는 방식은 세계가 결합해 있는 방식에 가까우므로 세계를 대체할 수 있는 것이었습니다.

이렇게 자연과 근접한 이미지는 사실상 우리에게 친숙한 사물보다 더 실재적이었습니다. 이미지 하나하나가 온 우주를 근사적으로 압축한다고 믿었기에, 마침내 그 알파벳들을 다시 조합하여 새 우주를 창조하려는 시도까지 나온 것입니다. 계산기의 원형으로 알려지기도 한 레이몽 룰의 기술(Ars Lulliana)은 무엇보다 우주적 알파벳의 조합 기술이었으며, 사물을 상징하는 문자들로 채워진 '문자의 수레'가 돌아가며 "어떻게 무한한 다양함이 솟아오르는지"를 보여준 기술이었습니다. 사물의 문자는 곧 사물이기에 언어는 곧 마법의 언어였습니다. 언어를 바꾸면 세계가 바뀌기 때문입니다. 오늘날 돌이켜보면 참으로 허황한 꿈이었지만 시인이라면 한번 욕심을 내볼 만한 꿈이었습니다. 사물의 진정한 이름을 찾아 부르는 시, 세계에 작용하는 언어로서의 시, 연금술은 비록 실패한 과학이었지만 어쩌면 성공한 시학이 아니겠습니까?

이처럼 사물-표상-드러내기 사이에 있는 간극을 이미지가 이어나갈 수 있다면, 결국 대립의 일치에 가깝게 다가설 수 있습니다. 이미지에 기대어 그 직관에 도달한다는 것입니다. 이야기가 이쯤 되면 상상력 개념을 떠올릴 수 있을 터입니다. 그렇다면 이렇게 쓸 수도 있겠습니다. 우리는 상상력을 통해 대립의 일치에 다가간다. 그런데 여기서 상상력이란 '상(像) 없는 상상력'을 가리킵니다.

바슐라르는 『공기와 꿈』 서문에서 "이미지 없는 상상력"을 말합니다. 상상력이 '상 만들기'가 아닐 수 있다는 점에서, 둘을 구별한 셈입니다. 이것을 어떻게 풀이해야 할까요? 가령 오늘 아침에 강아지 한 마리를 보았는데, 자려고 누워도 자꾸 모습이 눈앞에 어른거린다고 해봅시다. 실제로 지금 강아지가 내 앞에 있는 것은 아닙니다. 오늘 아침에 본 모습이 지금 재생된 것으로서, 지각(perception)의 기억입니다. 그래서 흔히 재생(reproduction)적 상상이라고 합니다. 반면 우리는 한번도 본 적이 없는 강아지의 모습을 마음대로 그려볼 수 있습니다. 이를테면 파란색 털에 초록색 코를 하고…… 이 심상은 지각내용의 재생이 아닙니다. 물론 부분들을 보면 지각과 관련이 있지만, 전체적인 구성은 그렇지 않습니다. 한 번도 본 적이 없기 때문입니다. 그래서 흔히 생산적(productive) 상상이라고 합니다.

"이미지 없는 상상력"이란 후자에 가깝습니다. 『공기와 꿈』 서문에 나오는 다른 표현들도 마찬가지입니다. "애초의 이미지로부터 우리를 해방시키고 이미지들을 변화시키는 능력"이라거나 "예기치 않은 결합" 등은 모두 생산적 특성을 가리키는 것이지요. 사실 상상력이 곧잘 모방이나 표현 범주와 독립되어 다루어지는 까닭도 여기에 있습니다. 상상력은 기존 상징체계나 이론들의 구속을 벗어나는 활동에 직결되기 때문입니다.

그렇다면 '이미지 없는 상상력'은 말 그대로 아무런 상도 만들지 않는 게 아니라, 다만 '현실적 속박"을 벗어난 상 만들기가 될 듯합니다. 또한 대립의 일치를 깨닫기 위해 필요한 것은 바로 이런 종류의 상상력입니다. 물론 그것은 좁은 뜻에서 시각표상을 넘어섭니다. 아니 때로는 표상 자체를 넘어서기도 합니다. 때로는 논리적으로, 때로는 물리적으로 불가능한 것일 수 있기 때문입니다. 가령 『공기와 꿈』 결론에 인용되어 있는 생떽쥐뻬리의 상상력을 봅시다. 『인간의 대지』는 수상비행기의 출발을 이렇게 표현합니다.

> 이륙하려는 순간 비행사가 접하는 것은 물과 공기이다. 모터가 가동되었을 때, 비행기의 동체가 파고들듯이 막 바다를 가를 때…… 비행기의 동체는 마치 징처럼 울리고 비행사는 온 허리가 흔들거리는 가운데 비행기가 애쓰는 노력을 함께 체험할 수 있다. 그는 수상비행기가 속도를 점점 얻어감에 따라 시시각각 그 기체 속에 힘이 축적되는 것을 느낀다…… 비상을 가능케 할 저 힘의 성숙이 준비되어가는 것을 느낀다. 비행사는…… 그의 우묵한 손바닥 안으로 마치 어떤 선물처럼 주어진 이 힘을 인식한다. 조종간의 기계장치는 이 선물이 조종사에게 주어져감에 따라 바로 그 힘의 전달자가 된다.

한 가지로 굳이 가두기는 어렵지만, 그럼에도 어떤 막연한 이미지를 느낄 수 있습니다. 바슐라르는 여기서 피동체(被動體)와 동인(動因), 비행기와 비행사의 일치를 읽으며, "비행사가 이처럼 비상의 성숙에 참여한다는 것은 바로 **역동적 상상력에의 참여**"라고 이야기합니다. 물론 이런 물음도 가능합니다. 이 대목은 다만 "현재적 지각"을 묘사하지 않았느냐? 그러나 상식적으로 볼 때 어떤 사람이 과연 비행기의 노력과 힘을 지각할 수 있을까요? 여기에는 특정한 상상력이 개입한다고 말할 수밖에 없습니다. 바슐라르는 이것을 질료적 상상력이라고 했습니다. '눈에 보이는 모습'에 머물지 않으며 형상보다는 '움직임 자체'에 빠져드는 상상력입니다. 또한 자연의 몸짓을 느끼는 감수성, 육감을 통한 일치, 감응, 교감 등이야말로 질료적 상상력의 원천입니다. 즉 "이미지 없는 상상력"이란 바로 이런 것입니다. "현실적 속박"을 받는 시각이미지를 넘어, 우리를 대립의 일치로 이끄는 상상력입니다. (어떤 분은 질료적 상상력과 역동적 상상력을 애써 나누기도 합니다. 그러나 굳이 그럴 필요는 없다고 생각합니다.)

이 점에서만큼은 융의 "적극적 명상"(active imagination)도 그리 멀지 않을 듯합니다. 융에게 환상(fantasy)은 두 가지가 있습니다. 적극적(active)인 것과 수동적(passive)인 것인데, 특히 전자는 이렇습니다.

> 직관, 다시 말해 무의식을 인지하려는 자세에 입각하여 행해지며, 이때 리비도는 무의식에서 일어나는 모든 요소들을 즉시 사로잡으며, 이에 해당하는 자료를 연상케 함으로써 그것에 고도의 명확성과 인식 가능성을 부여한다.

적극적인 환상은 무의식을 직관하려는 적극적인 자세를 동반합니다.

반면 수동적 환상은 이와같은 직관적 태도를 갖지 않은 상태에서 말 그대로 의식과 무의식이 대립하는 수동적인 태도 아래 나타나는 환상을 뜻하는 것입니다. 융에게 대립의 일치는 결국 무의식과 의식의 성격들이 하나로 합쳐지는 것입니다. 그렇다면 수동적 환상의 내용이 의식에 대립되는 경향을 보이는 반면, 적극적 환상에서 의식과 무의식은 서로 긍정적인 참여의 자세를 띤다고 할 때, 후자를 바탕으로 하는 적극적 명상은 무의식과 의식의 일치를 향한 상상력에 해당합니다.

여기서 이미지의 몫은 큽니다. 가령 꿈의 이미지만 해도 그렇습니다. 프로이트처럼 그것을 꿈 뒤에 숨겨진 몇가지 무의식의 범주들로 환원하려 하지 않습니다. 꿈의 상(像) 자체가 중요하다고 보기 때문이지요. 거칠게 말하면 프로이트에게 이미지란 무의식의 내용이 검열에 통과하려고 애쓴 나머지 스스로를 왜곡하고 위장한 결과물이었습니다. 반면 융에게 이미지는 무의식이 제대로 형상화된 것일 수 있습니다. 다시 말해 무의식이 "자체 활성화되어 적당한 표현을 얻은" 것일 수도 있습니다. 그래서 가령 꿈에서 열쇠를 보았다면 무조건 성기로 해석할 것이 아니라, 왜 하필 열쇠인가, 왜 망치나 몽둥이가 아닌가 하는 관점에서 출발해야 합니다. 즉 이미지 그 자체와 다양성을 존중해야 한다는 것입니다. 바슐라르 식으로 말하면 이미지를 "현실적 속박"이나 "현실 지각"으로 환원하지 않는다는 말입니다. 이때 "꿈은 감추지 않는다. 그것은 가르친다"고 합니다.

무엇을 가르치는가? 무의식이 의식에게 건네는 메씨지를 가르칩니다. 다시 말해 의식으로 하여금 무의식을 알아감으로써 마침내 전체로서의 자기(Self)를 깨달으라고 전합니다. 전체로서의 자기를 되찾는 과정을 융은 개성화(individuation)라고 불렀지만, 이때 이미지는 무의식의 메씨지입니다. 그리고 무의식이 만드는 이미지들을 적극적으로 의식에 떠오르게 하는 것이 바로 적극적 명상입니다. 여기서 무의식과 의식이란 말만 빼고 보면 융의 생각은 결국 대립의 일치를 위한 상상력입니다. 적극적 명상이 무의식을 깨달으려는 적극적인 직관에 바탕을 둔다면, 연금술과 바슐라르의 상상력은 자연의 몸짓을 느끼는 감수성에 바탕을 두고 있습니다. 전자가 무의식과 의식의 분열을 넘어 전체적인 인간으로 우리를 이끈다면, 후자는 물질과 의식, 자연과 인간이 하나되는 일치를 이끕니다.

## 7. 현자의 돌: 무의미의 재분배

문제는 이렇습니다. 자연의 실상은 대립의 일치인데, 실상을 직접 깨닫기는 어려우므로 이미지의 도움을 받아야 합니다. 물론 이때 이미지는 일상의 지각을 수동적으로 반영하는 표상 수준을 넘어 자연과 적극적으로 교감할 때 떠오르는 이미지입니다. 따라서 이런 상을 만드는 것은 보통 뜻에서의 시각적 이미지를 끌어들이지 않고 이루어지는 상상력입니다. 그리고 이 상상력을 통해 우리는 근대적 표상을 벗어나 새로운 동일성을 시도해볼 수 있습니다.

자, 이쯤 해두고 넘어갈 수 있다면 얼마나 좋을까요? 그러나 제게 편지를 보낸 친구는 참으로 끈질깁니다. '이미지 없는 상상력'이나 '단순한 표상을 넘어선 이미지'라는 게 구체적으로 무엇이며 이것이 어떻게 다양한 이미지를 낳느냐 하고 되묻기 때문입니다. 편지 가운데 이런 구절이 있었습니다. "바슐라르의 논의를 '대립물의 일치'라고 한다면 그건 '동일성'에 대한 이야기인데, 그렇다면 의미는 어떻게 발생하느냐?"

저는 이 물음이 참으로 정당하다고 생각합니다. 그래서 이렇게 대답하겠습니다. '대립의 일치는 의미의 발생이 아니라 의미의 소멸에 대한 것이다. 심지어 무의미를 향한다. 그러나 모든 의미의 발생은 무의미로부터 나온다.' 다만 무의미의 말뜻을 분명히 해두어야겠습니다. 근대성의 꽃이라고 할 만한 언어학의 거장들은 대개 의미가 차이에서 생기는 것으로 봅니다. 남자는 여자가 아닌 것으로서, 즉 남자는 '남자가 아닌 것'과 구별됨으로써 정의됩니다. A의 의미는 'A가 아닌 것'(~A)과의 차이에서 생깁니다. 그리고 정확하게 말하면 차이라기보다는 차이의 체계에서 생긴다고 합니다. 가령 군대에서 중위라는 계급의 의미를 알려면 어떻습니까? 적어도 소위, 중위, 대위라는 체계를 한번에 알아야 중위계급 하나를 이해할 수 있지 않습니까? 형을 알려면 최소한 동생과 누나, 어버이의 체계를 알아야 하는 것과 마찬가지입니다. 요컨대 어떤 A의 뜻을 알려면 A를 일대일로 아는 것으로는 부족하며, A를 포함하는 전체 체계를 한번에 알아야 한다는 것입니다. (나아가 기호학자들은 이렇게 주장합니다. 무엇의 의미를 알려면 먼저 의미의 차이체계 전체가 주어져 있어야 한다고 말입니다. 이쯤 되면 근대적 표상체계가 차이를 바탕으로 한다는 말을 또 할 필요는 없겠지요.)

요컨대 한 기호의 의미란 다른 기호와의 차이에 의해 설정됩니다. 그렇다면 이때 A와 A 아닌 것은 의미 차원에서 각각 의미(sense)와 비의미(nonsense)로 볼 수 있습니다. 가령 형(兄)을 가리킨다고 합시다. 형의 의미를 고려할 때 형 아닌 것은 형에 대해 비의미입니다. (따라서 형이라고 해야 할 곳에서 누나라고 한다면 당연히 넌쎈스가 될 것입니다.) 형의 의미가 형 아닌 것과 구별됨으로써 정의된다고 할 때, 의미와 비의미는 한데 모여 통합적인 의미작용을 이룹니다. 이때 비의미는 오히려 의미를 가능하게 해주며, 어떤 측면에서는 의미를 얻기 위해 요청하는 것입니다. 비의미는 의미와 더불어 동일한 의미작용 속에 들어와 있는 셈입니다. 그렇다면 의미작용, 즉 의미-비의미가 교차하는 운동 전체를 하나의 커다란 울타리에 들어 있는 것으로 볼 수 있지 않겠습니까?

여기서 첫번째 물음이 놓입니다. 의미-비의미의 운동 전체를 담은 이 울타리는 무엇인가? 그것을 저는 무의미(a-sense)라고 부릅니다. 니체와 비트겐슈타인도 비슷한 낱말을 쓴 적이 있습니다. 그들은 공허한 의미(Leersinn)나 의미 없는(Sinnloser) 것에 맞서는 무의미(Unsinn)를 언급했습니다.

아니, 의미-비의미 꾸러미가 한 의미작용을 이룬다고 해놓고 왜 다시 그것을 무의미라고 하는가? 의미작용이 부분 차원이라면 무의미는 전체 차원을 고려합니다. 가령 세상에 사물이 모두 a, b 두 가지만 있다고 합시다. 의미 a에서 본다면 b는 비의미이며, 의미 b에서 보면 a가 비의미입니다. 의미와 비의미는 상대적인 관점에 지나지 않는 것이지요. 즉 a와 b는 서로 의지하여 서로의 의미를 낳고 있는 셈입니다. 그렇다면 a와 b 전체의 의미는 무엇입니까? 여기에는 a, b 차원에 적용되는 의미 범주를 쓸 수 없습니다. 이것을 굳이 부르자면 무의미라는 것입니다.

방금 말한 내용은 단순한 의미론을 넘어 제법 깊은 존재론을 건드립니다. 세계의 모든 의미는 상대적 관계에 따라 이루어집니다. 마치 '나와 너'가 상대적이라서 내가 없으면 네가 없고 네가 없으면 나도 없는 것과 같습니다. 그렇다면 세상 사람들은 나입니까 너입니까? 사람들 각자 입장에 서면 세상 사람 모두가 '나, 나……'이지만 내 입장에서 보면 모두가 '너, 너……'가 됩니다. 마찬가지로 세계를 주체적으로 보면 '의미, 의미……'라고 할 수 있을 터이며, 다른 무엇을 위한 잔여로 본다면 '비의미, 비의미……'라고 할 수 있을 터입니다. 그렇다면 세계는 의미입니까 비의미입니까? '의미, 의미……'로 되어 있다고 해도 좋고 '비의미, 비의미……'로 되어 있다고 해도 좋을 터입니다. 보기 나름입니다. 그런데 세계 자체의 의미는 무엇일까요? 의미이기도 하고 비의미이기도 한 이 전체, 또는 의미도 아니고 비의미도 아닌 이것의 의미를 무엇이라고 해야 할까요? 의미-비의미를 넘어선 탈(脫)의미라는 뜻에서 무의미라고 할 수 있지 않을까요?

제가 볼 때 대립의 일치는 이런 경지를 가리킵니다. 무의미라고 해서 아무런 의의가 없다, 허무하다는 식으로 생각할 필요는 없습니다. 딱히 무슨 의미로 규정되지 않는 것일 뿐입니다. 반면 세계의 의미작용을 구성하는 의미-비의미 운동은 모두 무의미라는 울타리 덕분에 태어납니다. 이렇게 본다면 무의미란 아무 의미도 없는 것이라기보다는 너무 많은 의미를 품은 탓에 특정한 의미로 규정되지 않는 초-의미가 아닐까요?

그것은 마치 연금술에서 말하는 현자의 돌과 같습니다. 이 돌은 수없이 모순적인 과정을 거쳐 태어납니다. 근원물질은 불의 연소와 물의 용해, 고체의 분리와 황의 결합, 기체의 승화와 액체의 고정, 그리고 부패와 부활을 거칩니다. 그럼으로써 '비천한 실체'로서의 근원물질은 자신의 '숨은 형상' '숨은 별자리'(constellation)를 발현하여 거듭납니다. 이렇게 태어난 현자의 돌은 모든 원소의 성질을 벗어난 돌이라고 일컬어집니다. 그럼에도 태초에 세상을 만들었던 붉은 대지와 마찬가지로 자신에 닿는 여러 광물들이 스스로 완성되는 것을 도와줍니다.

우리는 언어적 측면에서 볼 때 현자의 돌이 일종의 무의미임을 알 수 있습니다. 언어적 측면에서 대립의 일치를 찾는 우리의 발걸음은 차츰 의미 발생의 근원으로 다가섭니다. 그럼으로써 의미의 발생을 이해하게 됩니다. 이로부터 우리는 연금술 언어의 다의성을 이해할 수 있습니다. 끝없는 상징적 대체의 계열 말입니다. 그것은 한편으로 무의미라는 원형을 언어로 표현하려는 노력에서 나옵니다. 결코 이루어질 수 없는 일임에도 불구하고 추구되는 이 완전한 동일성을 향한 노력은 끝없는 대체운동을 낳습니다. 다른 한편으로 무의미 자체의 성격에서 나옵니다. 딱히한 의미로 한정되지 않는 무의미는 저마다 자신의 한 측면을 표현하는 상징들을 끝없이 수용합니다.

한편 바슐라르에게 상상력이 열어주는 것은 질료의 운동이며, 이것은 네 원소라는 이름으로 불립니다. 그리고 원소에는 저마다 대립의 일치를 이루는 고유한 방식이 있습니다. 즉 네 원소는 각각 하나의 무의미라는 뜻입니다. 이것을 직관으로 깨닫게 해주는 것이 곧 근원적 상상력으로서의 질료적 상상력입니다. 우리는 질료적 상상력을 통해 원소의 무의미를

연금술 이야기

만나게 됩니다. 그리하여 정신과 물질이 한데 만나 나누는 소식을 들어볼 수 있습니다. 그러므로 바슐라르가 보려 했던 것은 원소라는 무의미들이 낳는 다채로운 의미들이었습니다. 마치 아담의 언어를 대신하려는 언어들처럼 근원적 상상력을 표현하려는 이미지들의 계기(繼起), 끝없이 이어지는 이미지의 변형을 살펴보고 느끼려고 했습니다.

이것이 제가 말한 새로운 동일성의 기획과 연결됩니다. 어떤 분은 여럿을 넷으로 환원하여 동일화하고 다시 이것을 분화하는 것은 참으로 전통적인 사고방식이 아닌가 하고 지적할 것입니다. 형식적으로 보면 일리가 있는 지적이지만 내용으로 보면 그렇지 않습니다. 여기서 환원하고 동일화하는 과정은 결코 추상적인 개념을 통한 동일화가 아닙니다. 우리는 갈대와 오필리아의 머리칼, 심지어 혜공이 지귀의 심화를 막았던 새끼줄이 모두 물로 통합되는 것을 보았습니다. 여기서 통합이란 "유적 개념으로 차이를 포섭하는 동일성"이 아닙니다. 기존 상식의 차원에서는 도저히 같은 개념으로 포섭할 수 없는 것들이 뜻밖에도 함께 공존하는 과정입니다. 그뿐이 아닙니다. 이 과정은 기본적으로 이중적입니다. 물은 다시 그것과 대립하는 불과 공존을 이루어 술의 완전 연소라는 호프만 콤플렉스를 낳기도 합니다.

이처럼 무의미를 중심에 두는 동일화는 한편으로 동떨어지고 대립하는 것들이 하나의 무의미로 동일화되는 과정이며 다른 한편으로 하나의 무의미가 그것에 대립하는 무의미와 다시 통합되는 과정을 함축합니다. 그리하여 물과 불이 만나고 대지와 공기가 조화를 이루는 것입니다. 또한 이 동일화된 것이 분화되는 과정은 개념적으로 미리 정해진 규칙을 따르지 않습니다. 같은 용(龍)이라 해도 그것의 이미지가 운동하는 방식에 따라 물이 분화된 것일 수도 있고 공기가 분화된 것일 수도 있습니다. 같은 바람이라 해도 그것이 가벼움의 이미지가 아니라, 태어난 곳도 없고 사멸하는 곳도 없이 태고 때부터 대지 위를 돌아다니는 묵직함으로 나타날 때 그것은 공기의 분화가 아니라 대지의 분화에 속할 수 있습니다.

바슐라르의 네 원소가 저마다 보통명사인 동시에 고유명사인 까닭은 바로 여기에 있습니다. 같은 원소라고 해도 분화되는 사정에 따라 여러 가지 고유한 이미지로 구별됩니다. 우리는 이것을 재분배라는 말로 표현해도 좋을 것입니다. 한 가지 원소(무의미, 대립의 일치)로부터 여러 뜻밖의 이미지들이 분배되어 나온다는 뜻에서 말입니다. 이러한 동일화와 재분배는 기존의 소통질서를 흔들어놓으며 새로운 현실이 자리잡게 해줄 것입니다. 마치 연금술사들이 원소 성질의 조합을 바꿈으로써 물질의 변성을 기다렸듯이, 자연의 문자가 새겨진 수레바퀴를 돌림으로써 새로운 우주의 탄생을 기다렸듯이, 우리는 또다른 언어의 생성을 통해 또다른 현실이 생성하는 순간을 기다릴 것입니다.

— **1** 전광식 『신플라톤주의의 역사』, 서광사(2002) 99면.
— **2** 파노프스키 『도상해석학 연구』, 이한순 옮김, 시공사(2002) 특히 273면.
— **3** 『문화과학』 통권 24호(2000년 겨울) 특집과 서동욱 『차이와 타자』, 문학과지성사(2000).
— **4** 토도로프 『상징의 이론』, 이기우 옮김, 토도로프 저작집, 한국문화사(1995) 특히 55~65면.

예술과 연금술
바슐라르에 관한 깊고 느린 몽상

초판 1쇄 발행 • 2004년 1월 3일
초판 8쇄 발행 • 2023년 4월 5일

지은이 • 이지훈
펴낸이 • 강일우
편집 • 염종선·김태희·김경태·신선희
펴낸곳 • (주)창비

등록 • 1986년 8월 5일 제85호
주소 • 10881 경기도 파주시 회동길 184
전화 • 031-955-3333
팩시밀리 • 영업 031-955-3399  편집 031-955-3400
홈페이지 • www.changbi.com
전자우편 • human@changbi.com